A FICCIONALIZAÇÃO
DA HISTÓRIA

FUNDAÇÃO EDITORA DA UNESP

Presidente do Conselho Curador
Herman Jacobus Cornelis Voorwald

Diretor-Presidente
José Castilho Marques Neto

Editor-Executivo
Jézio Hernani Bomfim Gutierre

Conselho Editorial Acadêmico
Alberto Tsuyoshi Ikeda
Célia Aparecida Ferreira Tolentino
Eda Maria Góes
Elisabeth Criscuolo Urbinati
Ildeberto Muniz de Almeida
Luiz Gonzaga Marchezan
Nilson Ghirardello
Paulo César Corrêa Borges
Sérgio Vicente Motta
Vicente Pleitez

Editores-Assistentes
Anderson Nobara
Henrique Zanardi
Jorge Pereira Filho

MÁRCIA VALÉRIA ZAMBONI GOBBI

A FICCIONALIZAÇÃO DA HISTÓRIA
MITO E PARÓDIA NA NARRATIVA PORTUGUESA CONTEMPORÂNEA

© 2011 Editora UNESP

Direitos de publicação reservados à:
Fundação Editora da UNESP (FEU)

Praça da Sé, 108
01001-900 – São Paulo – SP
Tel.: (0xx11) 3242-7171
Fax: (0xx11) 3242-7172
www.editoraunesp.com.br
www.livraria.unesp.com.br
feu@editora.unesp.br

CIP – BRASIL. Catalogação na fonte
Sindicato Nacional dos Editores de Livros, RJ

G51f
Gobbi, Márcia Valéria Zamboni
 A ficcionalização da história: mito e paródia na narrativa portuguesa contemporânea / Márcia Valéria Zamboni Gobbi. São Paulo : Editora Unesp, 2011.

 Inclui bibliografia
 ISBN 978-85-393-0117-1

 1. História e literatura. 2. Literatura portuguesa – História e crítica. 3. Mito. 4. Paródia. I. Título.

11-2045   CDD: 869.09
                                                     CDU: 821.134.3(09)

Este livro é publicado pelo projeto *Edição de Textos de Docentes e Pós-Graduados da UNESP* – Pró-Reitoria de Pós-Graduação da UNESP (PROPG) / Fundação Editora da UNESP (FEU)

Editora afiliada:

Asociación de Editoriales Universitarias de América Latina y el Caribe   Associação Brasileira de Editoras Universitárias

Ao Gabriel e à Ana Luísa

AGRADECIMENTOS

À professora Maria Aparecida Santilli, que orientou meus trabalhos de mestrado e de doutorado, singelamente dedico este livro, como agradecimento pela presença constante e atenta, ao longo de toda minha trajetória acadêmica. Aos professores Benjamin Abdala Junior, Elza Miné, Maria Célia Leonel e Sylvia Telarolli, agradeço imensamente pelo profícuo diálogo que suas intervenções promoveram, e que procurei incorporar ao texto que agora apresento.

*Era uma vez um lugar com um pequeno inferno
e um pequeno paraíso, e as pessoas andavam de
um lado para outro, e encontravam-nos, a eles,
ao inferno e ao paraíso, e tomavam-nos como
seus, e eles eram seus de verdade. As pessoas eram
pequenas, mas faziam muito ruído. E diziam: é
o meu inferno, é o meu paraíso. E não devemos
malquerer às mitologias assim, porque são das
pessoas, e nesse assunto de pessoas, amá-las é que
é bom. E então a gente ama as mitologias delas.*

Herberto Helder, "Lugar, lugares",
em *Os passos em volta*

SUMÁRIO

Introdução   13

1 Posicionamentos teóricos e pressupostos metodológicos   23
2 A mitologia lusíada refigurada   55
3 Identidade: imagem/miragem   239

Considerações finais   247
Referências bibliográficas   255

Introdução

Viver seu tempo: para o que ir viver
Num deserto literal ou de alpendres;
Em ermos, que não distraiam de viver
A agulha de um só instante,
plenamente.
[...]
Ele ocorre vazio, o tal tempo ao vivo;
E como além de vazio, transparente,
Habitar o invisível dá em habitar-se.

João Cabral de Melo Neto,
"Bifurcados de 'Habitar o tempo'",
em *A educação pela pedra*

Há questões, em face da literatura contemporânea, que se projetam como essenciais para o leitor preocupado em fruir o sentido do texto literário não só como objeto estético (este, aliás, o inalienável direito de qualquer leitura), mas também como trânsito para a compreensão do homem de seu tempo nas relações com o mundo em que vive (e que é o resultado do seu próprio fazer). Desse ponto de vista, parece que à literatura contemporânea caberá enfrentar, uma vez mais, o desafio maior da criação artística: o da forma, entendida não como qualquer dificuldade técnica a resolver, mas na acepção mais ampla, e evidentemente mais complexa, de dar uma forma – uma configuração própria, um modo de ser e, logo, um sentido –, ao que parece deixar-se escapar como se escorresse pela trama de uma malha larga: o mundo à nossa volta e a nossa própria vida, o sentido da História e do homem nela.

A ficção contemporânea, dessa perspectiva, parece confrontar-se com uma dupla forma, pelo menos, de dissolução do sentido; a primeira, já elaborada pela clássica reflexão de Lukács ([196-]) (e recolocada por Bakhtin (1988) em termos exemplares) enquanto traço distintivo de gênero: o romance – a forma épica da modernidade, por excelência –, nos termos propostos pelo pensador marxista, empreenderia uma busca do sentido que nasce justamente da perda da compreensão totalizadora, da perda da imanência do sentido. Essas propriedades (a compreensão totalizadora e a imanência do sentido) constituem os fundamentos da épica clássica – o universo do mito –, que assim explicava o mundo e a experiência do homem no mundo; da cisão apontada é que nasceria a necessidade de buscar a explicação, de buscar o sentido, como tentativa, sempre falhada, de recompor uma integridade para sempre perdida. O segundo nó a ser enfrentado pela ficção contemporânea estaria na reconhecida agudização da dissonância homem/mundo nesse nosso "tempo ao vivo", entre séculos – tempo em que se diluem algumas certezas apaziguadoras e alguns motivos consolidados, o que nos exige mais que uma vida "distraída".

No entanto, Lukács, na mesma *Teoria do romance* ([196-]), já entrevia que essa busca do sentido só se poderia dar de forma irônica, entendida aqui – e até paradoxalmente – em sua dimensão mais trágica: um movimento tenso e ambivalente em que o homem, por um lado, quer impregnar o mundo de sentido, enquanto este resiste e recusa tal impregnação, e, por outro, dá-se conta, esse mesmo homem, do caráter limitado dos mundos alheios um ao outro – o do sujeito (o seu, interior, próprio) e o do objeto (o outro, exterior, diverso) –, o que resultará, enfim, na percepção da dissonância já apontada.

Todavia, a despeito dessa forma até perversa de conhecimento que se lhe apresenta como possibilidade, a ficção contemporânea

A FICCIONALIZAÇÃO DA HISTÓRIA 15

decide enfrentar esse esgarçamento do sentido. Uma de suas formas de combate é justamente o ancorar-se na História, na tentativa de perceber a dimensão e o alcance de uma experiência singular inserida na continuidade, nas transformações e nas rupturas – na dinâmica histórica, enfim –, talvez convencida de que a circulação generalizada da percepção histórica constitui não só a especificidade, mas também a identidade do nosso tempo como instala, paralelamente, um desafio, pois a ninguém se permite ficar fora da História.

As considerações até aqui apresentadas têm o intuito de assentar as bases para que então se consolide a justificativa deste livro: ao propor a continuidade do estudo sobre as questões concernentes às relações entre a ficção e a história, focadas na perspectiva do leitor interessado no fato literário, lançamo-nos ao desafio de ampliar o alcance dessas reflexões, introduzindo nelas um fator complicador, em grande medida, já que o que nos motiva, agora, é verificar como, na narrativa portuguesa contemporânea, em especial, se manifestam as figurações de um imaginário que, ao longo dos séculos, veio dando corpo (e sentido) à expressão do ser português.

Trata-se de uma expectativa de leitura que, como se vê, tem ainda em seu horizonte a questão da identidade, marcada, em nossa hipótese, pela presença recorrente de algumas constantes – ou por redundâncias, talvez em uma melhor expressão – que seriam capazes, ainda em uma consideração hipotética, de constituir um eixo articulador das questões lançadas às narrativas que compõem o *corpus* deste livro. Dessa perspectiva, o principal objetivo do estudo ora proposto seria, portanto, "tentar ler na história uma parte, pelo menos, da complexidade dos comportamentos nacionais" (Centeno, 1993, p.7), sempre levando em conta que se trata da leitura levada a efeito por uma leitora brasileira da literatura portuguesa[1] – o que, certamente, posiciona tal leitura em um horizonte diferen-

---

1 Agnes Heller (1986, p.130), a propósito, diz: "Não há mundo artístico sem um sujeito criador e um sujeito recebedor. [Isso] significa [...] que a obra de arte, embora seja uma coisa 'em-si', contém ao mesmo tempo algo 'para-nós', contém o sujeito nela, contém algo do sujeito criador como do sujeito receptor".

ciado, outro, mas que não nos parece limitador. Talvez essa mesma alteridade do olhar estrangeiro possa, simultaneamente, fixar os traços constitutivos de uma determinada identidade e questioná-los – exatamente como vem fazendo a literatura contemporânea, que, nesse sentido, e em grande medida, se coloca como o próprio outro de sua tradição.

É fato que a literatura portuguesa, durante os séculos em que se veio constituindo, foi grande propulsora e fomentadora de uma consistente mitologia lusíada, na mesma linha do que viriam a propor os teóricos alemães do romantismo, que acreditavam ser necessária a criação de novos mitos que pudessem unificar a literatura moderna da mesma forma como a mitologia clássica tinha unificado anteriormente a literatura da Antiguidade – e que, paradoxalmente, sabiam ser a própria arte a única forma de se criar esses novos mitos (Schlegel, 1994). Schiller pode ser considerado um dos primeiros a testificar a nostalgia de uma mitologia perdida que as artes deveriam recuperar para poder sobreviver (apud Ruthven, 1997, p.80). Schelling (2001, p.64), por sua vez, reforça tal proposição ao afirmar que "todo grande poeta tem a missão de transformar em algo integral a parte do mundo que se lhe abre e da matéria deste criar sua própria mitologia".

Pode parecer, como pondera Eduardo Lourenço (1999, p.92), que uma evocação do ser português em perspectiva mítica ou mitológica seja um reforço do conformismo universal (reforço evidentemente equivocado, impertinente, em tempos como o nosso, já "inundado pela vaga cultural de todas as formas de irracionalismo ou de obscurantismo triunfalistas, recalcada ou contrariada durante dois séculos pela exigência do 'espírito crítico'"). Não é assim que desejaríamos que fosse lida esta proposta. Assim como o do grande pensador do ser português em nossos tempos, que é, sem dúvida, Eduardo Lourenço, o propósito dele não é o de,

> complacentemente, revisitando o que nos parece ser característico da imagem e dos avatares do destino português durante oito séculos, compreender a realidade desse destino, ainda em devir, mas o

A FICCIONALIZAÇÃO DA HISTÓRIA   17

de insinuar que ele não só não é inseparável das ficções ativas com que os portugueses viveram ou vivem, como sua leitura é impossível sem ter em conta essas mesmas ficções, quer dizer, a mitologia que elas configuram [...]. Em suma, [sem ter em conta] a massa de sombra luminosa que chamamos imaginário, a face não iluminada de frente por nenhum conhecimento dito "histórico". Só em função dele e não o contrário é que qualquer coisa como a autognose é possível. O imaginário transcende a mitologia constituída ou plausível, mas é na mitologia, na ficcionalização imanente à história vivida, que melhor o podemos apreender. Adotando uma célebre fórmula de Kant podemos dizer que a Mitologia sem História é vazia e a História sem Mitologia, cega. (1999, p.92-3)

Quando nos referimos, então, à mitologia lusíada, pensamos em colocar sob o foco da investigação certas figuras, como as exponenciais de Inês de Castro e D. Sebastião, e certos acontecimentos históricos, como as próprias origens de Portugal como nação, figuradas "miticamente" na impagável Batalha de Ourique e no seu herói, o fundador Afonso Henriques; pensamos, ainda, no período áureo das navegações e dos descobrimentos e em tantas outras conquistas, mediadas, via de regra, por guerras mais ou menos necessárias, mais ou menos distantes no tempo – acontecimentos e figuras cujas presença e persistência, na tradição oral e nos documentos (históricos e literários) coevos e subsequentes, vieram moldando certo modo de pensar a nação, de firmar suas bases de referência na construção de um corpo coeso que, como não poderia deixar de ser, é imaginário.[2]

É assim que, então, pensamos justificar a reflexão que agora propomos: como a busca de um sentido para esse percurso de construção da identidade portuguesa. E nos propomos a fazê-lo a partir da leitura da literatura – único campo em que podemos minima-

---

2 Para Benedict Anderson (1989), o conceito de nação corresponde a uma comunidade política imaginada, existindo para seus membros através de uma imagem de comunhão e de companheirismo profundos.

18 MÁRCIA VALÉRIA ZAMBONI GOBBI

mente contribuir para essa discussão –, tomada, ela própria, como configuradora de sentidos, como logo de início nossa argumentação postulou. O sentido, na acepção de Compagnon (2001, p.86) e no âmbito mais estrito da teoria literária, é "o objeto da interpretação do texto" e constitui-se pelos elementos que se mantêm estáveis nele, os quais se associam aos elementos da experiência de leitura individual para traduzir-se, posteriormente, em significação. É fato indiscutível, no entanto, que esses elementos que norteiam uma experiência individual de leitura se estabelecem também nas experiências sociais vividas por comunidades inscritas em seu tempo histórico. Em uma amplitude que reconhecemos ser pouco rigorosa, mas que ousamos aqui assumir (amparados pela proposta subjacente a este estudo de colocar em discussão os limites, em suas várias formulações e modos de presença ou de ausência, entre a ficção e a história, discussões mediadas com o amparo do conceito de imaginário, que se manifesta como mito), cremos que se podem reconhecer como alguns desses elementos estáveis do texto – aos quais Compagnon se refere e que seriam responsáveis pela construção do sentido –, o que Gilbert Durand (2001), em sua teoria sobre as estruturas antropológicas do imaginário, chama de redundâncias (ou, tecnicamente falando, de mitologemas). Esses elementos teriam a função, justamente, de criar, recuperar ou manter uma estabilidade, uma articulação, uma coesão que, no pensamento de Durand, ainda que sejam verificáveis no texto, configuram manifestações do imaginário – e, portanto, permitem ser investigadas em uma variedade de textos. É, assim, na articulação desses dois dados – a presença dessas redundâncias nos textos e o fato de elas poderem ser consideradas como construções coletivas, ancoradas na inserção de uma determinada comunidade em seu tempo histórico, como quer Compagnon –, que fundamentamos este exercício de leitura da ficção portuguesa contemporânea que recoloca em discussão as dimensões desse ser português.

Já que o mito é, segundo Durand (2001), "o imaginário em discurso", e já que, para Levi-Strauss (apud Durand, ibidem, p.86), o mito caracteriza-se como "narrativas ou situações imaginárias que se distinguem pela sua persistente *redundância*", traço a que acabamos de nos referir, nada mais justificado do que tentar observar se e como, nas narrativas selecionadas, essas "recorrências míticas" se manifestam, operando a mediação crítica (e criativa) da literatura na revisão da memória de uma nação. É preciso enfatizar, ainda, e reforçando o traço de alteridade acima referido, que esta recuperação do passado – um dos grandes motes do romance português na contemporaneidade – faz-se, via de regra, de forma paródica, na medida em que este passado é lido a uma distância que permite a ironia, lançada, o mais das vezes, para a referida (e quase onipresente) mitologia lusíada.

Esta proposta apoia-se, portanto, em textos em que se opera, de diferentes maneiras, a ficcionalização da história, entendendose, assim, a criação literária como expressão também de reflexões sobre Portugal. Tais narrativas constroem-se a partir de certos procedimentos discursivos e de determinadas escolhas temáticas que, em certa medida, acabaram por definir o encaminhamento de alguns tópicos de análise que darão sustentação a este livro: o jogo dos tempos (ou mais especificamente, no texto contemporâneo, a concomitância de tempos, em um deslindamento das fronteiras da cronologia que acentua a reflexão de caráter histórico e, especialmente, realiza magistralmente o exercício de construção da narrativa); a reelaboração de textos do passado – em geral, como dissemos, com intenção paródica, que atinge também os grandes mitos da história e da história literária em Portugal; a reflexão sobre o passado como tentativa de avaliação e de reposicionamento de uma identidade própria, marcada, nos últimos anos, pelo processo de europeização que vem sofrendo Portugal a partir de sua adesão à União Europeia.

Esses recortes temáticos implicam a verificação de procedimentos formais a eles vinculados, como a estilização das formas narrativas do passado recuperadas pela narrativa posterior, o que leva, obviamente, ao estudo da intertextualidade; favorecem, por outro lado, a averiguação da existência do referido eixo imaginário comum a essas narrativas – uma espécie de memória coletiva e

20 MÁRCIA VALÉRIA ZAMBONI GOBBI

atemporal que retoma o mito e permite o simulacro: a versão nova capaz de recordar e, simultaneamente, tensionar a tradição.

É a partir desses pressupostos que se pretende realizar uma leitura crítica das narrativas a seguir elencadas, segundo o eixo temático comum que as articula, objetivando, em síntese, realizar uma investigação sobre a presença da história em textos de ficção. Nesse sentido, antes de cada conjunto de narrativas analisadas, procuramos recuperar algumas informações em torno de cada uma das "figuras" em foco, com o objetivo de mostrar como sua presença vai se deslocando da história ao mito. Essas construções de sentido são necessariamente mediadas pela linguagem. É por isso que julgamos imprescindível abrir um espaço de reflexão (o capítulo 1) para delimitar qual o conceito de mito que rege esta análise. Como ele está intimamente vinculado à ideia de uma manifestação do imaginário, também esse conceito mereceu um tópico de revisão teórica, assim como a paródia, estratégia de desconstrução do mito – ou, em nossa perspectiva, de sua revisão criticamente deslocada –, tópico no qual destacamos alguns dos seus mecanismos de funcionamento e de suas intencionalidades possíveis. Esse capítulo não tem, evidentemente, nenhuma intenção de esgotar as questões sobre as quais se detém, mas pauta-se pela finalidade de posicionar metodologicamente o estudo dos textos que sucede essa parte inicial do livro, até para justificar o fato de considerarem-se como míticas[3] as recorrências neles verificadas.

---

3 Gilbert Durand (2000, p.86) apresenta uma justificativa para seu estudo dos elementos constitutivos fundamentais do imaginário português que, embora deslocada de seu contexto de origem, parece encaixar-se perfeitamente nos objetivos deste livro. Diz ele: "Em primeiro lugar, [é preciso] saber se existem verdadeiros 'mitos' (isto é, narrativas ou situações imaginárias que se distinguem pela sua persistente redundância, traço que, segundo Levi-Strauss, caracteriza o mito) – que acompanham, como um fio permanente, a alma de um povo, e no qual se objetivam os acontecimentos. Em segundo lugar, nesta *légende dorée* das culturas, em que se repetem com monotonia os 'mitologemas' (estruturas quase formais de um mito ou de uma sequência de mitos) que, fora do seu contexto histórico-cultural, adquirem o aspecto redutor de estereótipos, saber de que modo uma cultura torna específico este ou aquele tipo de narrativa, e constrói, por assim dizer, uma identidade sociocultural imaginária."

A FICCIONALIZAÇÃO DA HISTÓRIA   21

Um último esclarecimento: as "figuras" do imaginário português que elegemos como objetos de análise – as origens da nação (tendo à frente Afonso Henriques), Inês de Castro, D. Sebastião, as navegações e a guerra – foram matéria de inúmeras narrativas ficcionais ao longo do tempo; evidentemente, nossa escolha daquelas que as revisitam situou-se, como primeira e fundamental delimitação do *corpus,* na contemporaneidade. Além disso, consideramos conveniente compor cada bloco de análise com duas narrativas – menos, talvez, com o objetivo de compará-las, mas, fundamentalmente, para caracterizar com maior pertinência o fato de avaliarmos como uma tendência da literatura contemporânea esse tratamento paródico dado à mitologia lusíada: um único texto a justificá-la talvez nos convencesse menos do que verificar que, embora cada uma a seu modo, as narrativas selecionadas investem na ironia e na paródia como estratégias de deslocamento dessas imagens cristalizadas que moldaram uma identidade imaginária. Além disso, com esse procedimento, conseguimos incluir um número maior de escritores no "panorama" da literatura contemporânea em Portugal que este livro não deixa de esboçar.

Nesse sentido, dentro do grande capítulo de análise das narrativas, intitulado "A mitologia lusíada refigurada", o primeiro bloco organiza-se em torno dos "mitos de fundação" – o herói fundador "vindo de fora" que se consubstancia na figura do cavaleiro cristão –, em que serão analisados o romance *História do cerco de Lisboa* (1989), de José Saramago, e o conto "A inaudita guerra da Avenida Gago Coutinho" (1983), de Mário de Carvalho; o segundo bloco terá por objeto o estudo do mito de Pedro e Inês, tal como é relido nas *Adivinhas de Pedro e Inês* (1983), de Agustina Bessa-Luís, e no conto "Teorema" (1963), de Herberto Helder. No terceiro, o mito das navegações é revisitado pela mediação dos romances *Peregrinação de Barnabé das Índias* (1998), de Mário Cláudio, e *As naus* (1988), de Antonio Lobo Antunes. D. Sebastião comparece nos romances *O conquistador* (1990), de Almeida Faria, e *Vícios e virtudes* (2002), de Helder Macedo; o quinto e último bloco, intitulado "O passado: medida cautelar", reúne textos que têm por substrato histórico acontecimentos mais recentes da história portuguesa – *Sinais de fogo* (1978), de Jorge de Sena, e *A costa dos murmúrios* (1988), de Lídia Jorge –, os quais, de certa forma, preparam a discussão que encerra o estudo dos textos, que, sob o título de "Qual memória e que destino para uma identidade em ruínas?", baseia-se em uma leitura do romance *O homem suspenso* (1996), de João de Melo. Este figura sozinho porque dele parte uma indagação sobre o que virá: essa identidade excessiva está agora quebrada; a "europeização" de Portugal exige que ela redefina seus contornos. Mais do que nunca talvez seja necessário a Portugal assumir que a identidade não é o oposto da diferença: a identidade depende da diferença.

É, então, sob o signo dessa alteridade que, reafirmamos, parte a nossa leitura. Mas o fato de sermos outros não nubla o profundo respeito e o mais "assumido" encantamento por essa literatura que fizemos nossa, por opção (e isso inclui – é claro – "as mitologias dela").

1
POSICIONAMENTOS TEÓRICOS E PRESSUPOSTOS METODOLÓGICOS

> *Por onde vens, Passado,*
> *pelo vivido ou pelo sonhado?*
> *Que parte de ti me pertence,*
> *a que se lembra ou a que esquece?*
>
> Manuel António de Pina,
> *"Neste preciso tempo, neste preciso lugar"*

O campo delimitado para a proposta de leitura: a historicidade dos textos e a textualidade da história

O entendimento do que seja a História tem passado, nos últimos séculos, por constantes intempéries, o que torna a ancoragem da ficção na história, no mínimo, merecedora de ponderações: de que história, afinal, a ficção se apropria? E, ao aproximar-se dela, estaria então a ficção buscando estabelecer outra verdade – diferente, *sua* –, em lugar das questionavelmente inabaláveis verdades históricas? Literatura e História, então, seriam "quase a mesma coisa"?

Quando Nietzsche, no final do século XIX, elabora, especialmente no ensaio "Verdade e mentira no sentido extramoral", a sua definição sobre o que é a *verdade* (sentido que parece fundamentalmente ser o buscado pela história), parece autorizar a ficção a estabelecer-se também como verdade, desautorizando, no mesmo movimento, a verdade construída pela história, já que ela nada mais é que resultado de um exercício retórico:

> O que é a verdade, portanto? Um batalhão móvel de metáforas, metonímias, antropomorfismos, enfim, uma soma de relações humanas, que foram enfatizadas, poética e retoricamente, transpostas, enfeitadas, e que, após longo uso, parecem a um povo sólidas, canônicas e obrigatórias: as verdades são ilusões, das quais se esqueceu que o são, metáforas que se tornaram gastas e sem força sensível, moedas que perderam sua efígie e agora só entram em consideração como metal, não como moedas. (1978, p.48)

O historiador Carlo Guinzburg, no entanto, no livro *Relações de força*, recusa frontalmente esse modelo relativista delineado por Nietzsche, e que teria embasado não só as formulações semiológicas de Barthes, como também as concepções de intelectuais como Paul De Man (o mais feroz dos representantes dessa linha, segundo Guinzburg), Hayden White, Richard Rorty, Michel Foucault e Jacques Derrida, só para ficar nos exemplos entre nós mais conhecidos que compõem essa "confraria cética" para quem o fato de constituir-se fundamentalmente como narrativa coloca a história como um exercício variante da criação literária:

> Para eles, tanto a história quanto qualquer romance, por exemplo, têm exatamente a mesma finalidade, a de criar mundos textuais autônomos e convincentes, sem nenhuma relação com quaisquer eventos externos ao universo da linguagem. História e ficção só existem como artefatos retóricos. (Sevcenko, 2003, p.4)

Guinzburg visa recuperar, em sua argumentação, a importância e o sentido da prova para a metodologia da pesquisa histórica e da sua construção narrativa, fundado na *Retórica* de Aristóteles, para quem a prova é o único elemento capaz de legitimar os procedimentos retóricos. Sem, portanto, negar completamente a argumentatividade da construção historiográfica, e analisando historicamente os motivos pelos quais a prova veio perdendo força à medida que se impunha o entendimento da retórica como arte do agenciamento dos sentidos, da excitação do imaginário e da manipulação da linguagem, traços que certamente a história assim concebida partilha com a ficção, Guinzburg mostra que é preciso atentar para as relações de força que estão por trás da pretensa coerência do tecido discursivo que constitui a narratividade da história, pois tais relações constituem o nexo explicativo entre os fatos que se impõem e as vivências que se escamoteiam.

No entanto, no final do seu livro, Guinzburg não se furta a fazer o exercício não propriamente oposto, mas, sim, complementar, de analisar produções artísticas, literárias e retóricas com o intuito de afirmá-las como fontes valiosas para aprofundar o conhecimento histórico.[1]

Na outra ponta dessa corda que ata o nó entre ficção e história está, então, todo um conjunto de intelectuais ligados a diferentes campos do conhecimento – a própria historiografia, as ciências sociais, os estudos da linguagem (a teoria literária, a linguística, a semiologia) etc. –, mas que podem ser aparentados pelo legado que assumem do estruturalismo que, como sabemos, postula e defende a natureza discursiva do conhecimento, evidentemente aí incluído o histórico. Nas formulações mais extremas dessa linhagem epistemológica encontramos sentenças como esta: "A história e a literatura não têm existência em si e por si. Somos nós que as constituímos como objeto de nossa compreensão" (Hutcheon, 1991,

---

1 O historiador brasileiro Nicolau Sevcenko (2003, p.5), em sua resenha sobre o livro de Carlo Guinzburg, destaca, desses exercícios de análise, aquele dedicado ao quadro *As senhoritas de Avinhão*, de Picasso, por considerar que em seu comentário Guinzburg decifra "o complexo jogo de trocas culturais, entre as colônias e a Europa, entre os tempos arcaicos e a modernidade, entre a arte e a história, que pulsam em tensão extrema numa das obras seminais da cultura contemporânea".

26 MÁRCIA VALÉRIA ZAMBONI GOBBI

p.135). Esse tipo de formulação decorre do que Eberhard Lämmert reconhecerá, em um primeiro momento, como uma "condenação categórica da exposição narrativa de acontecimentos pretéritos":

> Por Braudel e depois por Roland Barthes até Foucault, a história narrada foi apresentada não apenas como uma exposição ficcional, mas também como a propriamente ideológica, e isto porque ela reveste afirmações com a aparência de reprodução de fatos e, pelo menos em sua forma pura, não se lança à busca de fundamentos. Por isso, um narrador não poderia senão apresentar sua "ilusão subjetiva" do passado. (1995, p.302)

O referido aguçamento da consciência histórica no mundo contemporâneo parece-nos manifestar-se como um entendimento da História como operação cognitiva, produto, assim, de um sujeito que "domina" o instrumento que lhe permite tal operação: a linguagem. Esse domínio exerce-se sob a forma de múltiplas estratégias de manipulação que favorecem a percepção de todas as coisas como fatos de linguagem. Isso estabelece certo princípio de desconfiança que acaba por contagiar a própria noção de verdade histórica. Voltamos a Nietszche e à sua concepção da verdade como um exercício retórico a imprimir solidez a certas imagens ilusórias que acabam por nos identificar, como sujeitos e como coletividade. Será possível escaparmos a isso, definitivamente, hoje, tempo em que o poder da linguagem parece tudo dominar?

Evidentemente, a natureza provisória e indeterminada do conhecimento – e do conhecimento histórico em especial – não constitui uma "descoberta" da contemporaneidade; tratando-se da atividade ficcional, o que marca a diferença entre o texto contemporâneo e as narrativas do passado que tomam à História a sua matéria é a consciência desse caráter. Em outros termos: o movimento de autorreflexividade, de metaficção, que abre os bastidores do texto ao leitor (e que tem como operador a ironia) é o que constitui o motivo condicionante do distanciamento crítico que marca a forma de apropriação, pela ficção contemporânea, do conhecimento histórico. Atitude declarada, a ironia opera uma desestabilização dos cânones do conhecimento histórico ao atentar para a natureza de qualquer forma de realidade passível de ser conhecida, que se configurará, inevitavelmente, como simulacro, não no sentido de uma espécie de desonestidade para escapar à verdade, mas naquele de um reconhecimento da natureza específica do seu meio de expressão – a linguagem, marcada pelos signos da artificialidade, da convencionalidade e da subjetividade.

Daí decorre outro e fundamental aspecto que define as relações que ora nos ocupam, dessa perspectiva: os meios de expressão que permitem a organização da narrativa ficcional são os mesmos que instrumentalizam a narrativa histórica.

Tal asserção remete, em uma primeira visada, ao menos a duas proposições teóricas de Roland Barthes que interessam a este livro: a primeira, ao concluir que, discursivamente, nada diferencia a narrativa histórica da ficcional; a segunda, ao caracterizar a definição de mito também como uma construção de linguagem, a exacerbar ainda mais a medida das relações entre discurso histórico e discurso ficcional, dado que a própria história teria também uma base imaginária, como veremos melhor no tópico especificamente dedicado à discussão do mito como fala, na acepção barthesiana.

Parece inevitável, então, que tomemos as duas instâncias, História e ficção, como textos, uma vez que só temos da História, mesmo a contemporânea, a sua versão textualizada, o discurso sobre o acontecimento ou, na formulação mais extrema de Hayden White (1992), os "restos textualizados da História". Linda Hutcheon, ao sistematizar as relações discursivas entre as duas áreas, aponta para a natureza semelhante das duas instâncias narrativas nos seguintes termos: ambas constituem-se como sistemas de significação, entendidos como formas de mediar o mundo com o objetivo de introduzir o sentido. "O sentido e a forma não estão nos acontecimentos", afirma a ensaísta, "mas nos sistemas que transformam esses 'acontecimentos' passados em 'fatos' históricos presentes" (Hutcheon, 1991, p.122).

Por se constituírem como construtos linguísticos, História e ficção apresentam-se como gêneros permeáveis, convencionalizados em

28 MÁRCIA VALÉRIA ZAMBONI GOBBI

suas formas narrativas: "para apresentar um relato daquilo que 'realmente ocorreu', a própria História depende de convenções de narrativa, linguagem e ideologia", afirma a mesma autora (ibidem, p.149).

No entanto, parece que essa inevitável narratividade, configurada pela linguagem e sempre ideologicamente marcada, que aparenta ambos os domínios, tem favorecido a ficção que, ao contrário da historiografia, parece ter assegurado, ao assumir a subjetividade do tratamento que imprime ao dado histórico, uma "nova autenticidade". É o que defende Eberhard Lämmert em mais um significativo fragmento de seu ensaio "História é um esboço: a nova autenticidade narrativa na historiografia e no romance" (1995, p.303):

> [...] ao expor de forma radical a subjetividade da perspectiva pessoal, [as composições ficcionais] ganham uma nova verdade. Elas demonstram a refração necessária – e porventura múltipla e subjetiva – na conversão de notícias do passado e, ao mesmo tempo, facilitam o processo dessa conversão ao fazer com que o passado se reproduza preponderantemente em cima de *testemunhos linguísticos* legados. Assim, os romancistas não apenas se furtam ao sofrível debate sobre as relações que os fatos estabelecem com sua transformação em escrita – eles também tornam nítido que, na realidade, narrativas e tradições escritas determinam em grau elevado a visão de história do indivíduo e, em última instância, também visões coletivas de História. (grifos do autor)

Como a perspectiva traçada neste livro é, evidentemente, a do leitor da literatura e não a do historiador, as considerações até aqui apresentadas são importantes para situar um determinado entendimento dessas relações que permite justamente que se faça a leitura das tensões que envolvem fato histórico e fato literário. Sem esse campo aberto para a "batalha" que se realiza como invenção exercida sobre um determinado conhecimento histórico, não haveria ficção possível. É só como um imponderável *outro* da história – em que é possível, sim, que ela, a história, até se reconheça – que a literatura que toma dela o seu mote pode-se conceber. O importante,

A FICCIONALIZAÇÃO DA HISTÓRIA   29

aqui, é notar que História e literatura devem ser entendidas como as representações e os registros da subjetividade na linguagem e, como tal, processos instáveis na formação do sentido, portanto não mais produtos finais do sentido passado e fixo (Hutcheon, 1991, p.240). Desestabilizar essa "fixidez" talvez seja, então, a grande intenção da ficção contemporânea que toma sua matéria da história, mostrando-a também como discurso que, por suas estratégias constitutivas, é capaz de criar verdades, como os próprios mitos que sustentam uma imagem da nação. Além disso,

> Se frente a uma tal produção [...] de visões de História e também frente à historiografia categórica ainda resta alguma coisa para o romance, então é aquilo que a literatura ficcional, em todos os tempos, sempre teve de vantagem sobre a historiografia: romances podem, com a forma imagética imediata de seus textos, não apenas animar o diálogo entre o passado e o presente de seus leitores de forma sempre nova, como podem também desentranhar uma visão de relações de vida para as quais nem as instituições sociais nem as ciências jamais encontraram, no passado ou no presente, soluções compatíveis com a dignidade humana.
>
> Historiografia e romance oferecem, cada um a seu modo, versões da realidade. Mas o romance [...] sempre contrapõe um mundo próprio "ao mundo". Isso quer dizer: a História no romance é também sempre futuro. (Lämmert, 1995, p.304)

O imaginário em discurso

> *O modo literário de buscar a verdade continua sendo o modo simbólico do mito.*
>
> Leyla Perrone-Moisés,
> *Flores da Escrivaninha*

A historiadora Evelyne Patlagean, ao caracterizar um dos ramos da Nova História – justamente o ramo que coloca o imaginário

30 MÁRCIA VALÉRIA ZAMBONI GOBBI

como objeto da investigação e da reflexão do historiador –, define o domínio do imaginário como aquele constituído pelo conjunto das representações que exorbitam do limite colocado pelas constatações da experiência e pelos encadeamentos dedutivos que estas autorizam. Isso implica que cada cultura – portanto, cada sociedade –, e até mesmo cada nível de uma sociedade complexa, tem seu imaginário. Em outras palavras, diz a historiadora,

> o limite entre o real e o imaginário revela-se variável, enquanto o território atravessado por esse limite permanece, sempre e por toda parte, idêntico, já que nada mais é senão o campo inteiro da experiência humana, do mais coletivamente social ao mais intimamente pessoal: a curiosidade dos horizontes demasiadamente distantes do espaço e do tempo, terras desconhecíveis, origens dos homens e das nações; a angústia inspirada pelas incógnitas inquietantes do futuro e do presente; a consciência do corpo vivido, a atenção dada aos movimentos involuntários da alma, aos sonhos, por exemplo; a interrogação sobre a morte, os harmônicos do desejo e de sua repressão; a imposição social, geradora de encenações de evasão ou de recusa, tanto pela narrativa utópica ouvida ou lida e pela imagem quanto pelo jogo, pelas artes da festa e do espetáculo. (2001, p.291)

Disso resulta que, se quisermos conhecer por meio de todos esses temas o imaginário das sociedades afastadas de nós no tempo ou no espaço, não evitaremos traçar o limite que o separa do real exatamente onde esse limite passa por nós mesmos, em nossa própria cultura – o que fatalmente implica, dada a subjetividade que atua na demarcação desse limite, que a história do imaginário seja também a história imaginada.

É justamente por essa via que a literatura invadiria os domínios da história. Diz ainda a historiadora francesa que a literatura promove uma "evasão interior" no sentido do que é desejado, no sentido do que falta: o testemunho, em termos de imaginário, sobre a verdade das situações históricas e sobre sua evolução.

A FICCIONALIZAÇÃO DA HISTÓRIA   31

Patlagean conclui sua apresentação da história do imaginário, que se constrói pelo entrelaçamento de realidade social e sistema de representações, afirmando que o imaginário, como objeto histórico, é menos autossuficiente do que qualquer outro, já que as representações de uma sociedade e de uma época formam um sistema articulado com todos os outros (classificação social, religião e formas de comunicação, inclusive). O dado fundamental na valorização de uma história do imaginário estaria no reconhecimento da importância dele no deslizamento contínuo desses sistemas uns sobre os outros (deslizamento que poderia ser a definição estrutural da história) e no reconhecimento também de que o imaginário sempre foi socialmente diversificado, o que suscita respostas complexas e diferentemente determinadas para uma mesma situação histórica.

Outro argumento igualmente interessante e significativo para uma discussão sobre a presença do imaginário na mediação das relações entre a ficção e a história pode ser tirado da obra de Cornelius Castoriadis intitulada *A instituição imaginária da sociedade*, publicada na França em 1975. Com o propósito de tratar de saber o que é essencialmente a sociedade, o que a constitui fundamentalmente, em uma concepção do social inseparável de uma postura crítica sobre seu objeto, Castoriadis define a sociedade, como obviamente o título de seu livro revela, como o produto de uma instituição imaginária. A imaginação é, portanto, colocada como princípio fundador do modo de ser e de fazer do homem no mundo – e nisto estaria o grande trunfo e o polêmico estranhamento de sua proposta, diante de uma sociedade tão racionalizada como é a nossa. Segundo Luiz Roberto Salinas Fortes, que apresenta a tradução brasileira da obra do filósofo grego radicado na França,

privilegiar a *imaginação* e o *imaginário* é propor, na perspectiva de Castoriadis, o despertar de um sono dogmático, o da ontologia identitária [...] para a qual o *ser* teria sempre o sentido de *ser determinado*. Privilegiando o determinado, o acabado, tal ontologia petrificaria a realidade histórico-social, mascarando-a na sua

32 MÁRCIA VALÉRIA ZAMBONI GOBBI

dimensão de criação continuada. (Fortes apud Castoriadis, 2000, contracapa; grifos do autor)

É exatamente essa a compreensão que se pode ter da definição dada por Castoriadis ao imaginário, que não é *imagem de*, mas "criação incessante e essencialmente indeterminada (social, histórica e psíquica) de figuras/formas/imagens, a partir das quais somente é possível falar-se de 'alguma coisa'" (Castoriadis, 2000, p.13). Aquilo que chamamos de realidade e de racionalidade seriam, assim, os produtos dessa criação imaginária.

Um dos aspectos mais interessantes da tese de Castoriadis, no que diz respeito a uma contribuição para a discussão sobre as relações entre a criação ficcional e a história, é claramente exposto no fragmento que vem transcrito a seguir. Embora longo, ele caracteriza com exatidão um princípio que está na base da reflexão a que esta análise se propõe:

Não existem lugar e ponto de vista exterior à história e à sociedade, ou "logicamente anterior" a estas, onde nos pudéssemos situar para fazer sua teoria – inspecioná-las, contemplá-las, afirmar a necessidade determinada de seu ser-assim, "constituí-las", reflexionar ou refleti-las em sua totalidade. Todo pensamento da sociedade e da história pertence em si mesmo à sociedade e à história. Todo pensamento, qualquer que seja ele e qualquer que seja seu "objeto", é apenas um modo e uma forma do *fazer* social e histórico. Pode ignorar-se como tal – e é o que lhe acontece mais frequentemente, por necessidade, por assim dizer, interna. E o fato de conhecer-se como tal não o faz sair de seu modo de ser, como dimensão do fazer social-histórico. Mas pode permitir-lhe ser lúcido a respeito de si mesmo. O que denomino elucidação é o trabalho pelo qual os homens tentam pensar o que fazem e saber o que pensam. Também isso é uma criação social-histórica. A divisão aristotélica *theoria, praxis, poiésis* é derivada e secundária. A história é essencialmente *poiésis*, e não poesia imitativa, mas criação e gênese ontológica no e pelo fazer e o representar/dizer dos homens. Este fazer e este representar/dizer se instituem também historicamente, a partir de um momento, como fazer pensante ou pensamento se fazendo. (ibidem, p.13-4; grifos do autor)

Nesse sentido, parece interessante retomar o comentário que o filósofo Franklin Leopoldo e Silva faz, no ensaio *A liberdade de imaginar* (2002, p.251), à concepção de imaginário em Sartre, para quem toda imagem é sempre imagem *de* alguma coisa, "não no sentido de se referir a algo percebido, mas no sentido de ocorrer como um ato específico de intencionalidade". Assim, se em princípio parecem opostas as concepções de Sartre e Castoriadis, uma observação mais atenta de suas proposições nos dirá que ambos ressaltam o fato de a criação da imagem ser sempre motivada pela situação do homem no mundo, sendo, portanto, um processo que não dispensa a consciência, como "fazer pensante ou pensamento se fazendo" que é. Isso seria capaz de superar a rigorosa dicotomia entre idealismo e realismo, em Sartre apaziguada pela concepção de uma "consciência imaginante".

Por seu turno, Gilbert Durand apresenta, no conjunto de sua vasta e já clássica obra, a defesa do imaginário, no terreno que o antropólogo francês considera obviamente hostil a ele, do racionalismo contemporâneo. Durand opõe à sociedade racionalizada aquilo que chama de "a anti-história da antifilosofia", que quebraria essa espinha dorsal racionalista com a emergência de picos do imaginário. No volume *O imaginário* (1998), o fundador da Escola de Grenoble, que tem como proposta estudar todos os produtos da imaginação humana, afirma que o mundo ocidental sempre apresentou um "iconoclasmo endêmico" que, pela herança monoteísta da Bíblia e pela lógica binária e cartesiana do verdadeiro e do falso, deu às imagens e símbolos um papel secundário em seu universo mental. No entanto, sempre coube à literatura, principalmente, o importante papel de dar abrigo ao imaginário e de, em maior ou menor grau, oferecer um campo para a expressão da imaginação. Durand dedicou grande parte de sua obra ao estudo e à crítica da literatura com a mesma perspectiva de Bachelard, que utiliza a pró-

34 MÁRCIA VALÉRIA ZAMBONI GOBBI

pria lógica da imagem – de não exclusão dos contrários e de análise pela semelhança – para o estudo do fenômeno literário, mas com o acréscimo da ideia de que essas imagens que se repetem ou que são sempre retomadas pela literatura não apenas fazem parte de um conjunto mitológico razoavelmente fácil de ser verificado, mas constituem, elas próprias, novas mitologias, na medida em que conservam algumas características essenciais da narrativa mítica.

É no importante ensaio "Redundâncias míticas e renascimentos históricos", integrado ao volume *Campos do imaginário* (1998), que Durand apresenta, de forma clara e sistemática, sua proposta de pôr em paralelo mito e história, mediado pelo conceito (ou "termo operatório") de repetição. Diz-nos ele que a repetição está na base do mito ("o mito não apresenta provas e, para mostrar bem, repete" (p.186)), fundamenta a ciência e desafia o historiador. É disso que tratará na sequência do ensaio, centrado na noção (na ocorrência) de renascimentos históricos dos núcleos míticos.

Partindo de estudos sobre textos medievais, Durand indica a "circularidade redundante" da narrativa (mítica ou romanesca) e afirma que a reflexão indutiva – aquela que coleciona as semelhanças que, no tempo, se designam por redundâncias – é necessária também à história, do mesmo modo que é fundamental a toda a atividade "intelectual" do animal e do homem: "A aprendizagem animal ou humana – neste caso, a 'educação' – assenta na repetição que, pouco a pouco, apaga com os seus 'ensaios' os erros e os processos habituais" (ibidem, p.188). Todo processo de conceituação tem, portanto, necessidade das repetitividades indutivas que, no devir histórico, se constatam nos diversos renascimentos, por ele assim definidos:

> O Re-nascimento é a implicação de um recomeço, de um regresso. É isto que significa o prefixo "re", que encontramos, igualmente, na re-miniscência platônica, nas re-formas que são sempre fundamentalismos, na famosa *re*dundância que assinala o *sermo mythicus*. Ora, um re-nascimento é inseparável da identificação cultural. Como o *habitus*, segundo uma expressão célebre, é o poder do ser "em persistir no seu ser". (ibidem, p.189)

A noção de renascimento, que já traz em si a pluralidade repetitiva, remete, portanto, a uma identidade cultural estrutural, em sentido amplo, pautada na não separabilidade de suas ocorrências por marcos temporais, nem por matérias, nem por formas ou estilos – ao contrário de uma identidade cultural dada por distinção, por separabilidade no espaço e no tempo, a qual, segundo Durand, "não nos ensina nada sobre as qualidades do objeto identificado se não que ele é *hic et nunc*" (ibidem, p.190).

O renascimento estaria, dessa maneira, na base da concepção mítica da história. Durand afirma que há momentos históricos tão fortes, tão prenhes de significação que se instituem *ipso facto* no nível do mito. De todo modo, aquilo que caracteriza um renascimento é simultaneamente uma ruptura com um presente desqualificado, uma reforma mais ou menos draconiana desse presente e um recurso "fundamentalista" (no sentido de necessário a uma re-fundação) a qualquer modelo passado:

> "espaço contra", "época para" são as assinaturas de qualquer renascimento [...] E poderíamos interrogar-nos se a nossa modernidade "pós-moderna" não é, por seu turno, "um renascimento do Renascimento". Rejeitar os "modernismos" arquitecturais, pictóricos, musicais etc., e particularmente o funcionamismo estético, restabelecer e amplificar o *rétro* do *modern style*, desafectar as ideologias totalitárias em benefício de um ecologismo omnipresente, frenesi de renovação reivindicada por tantas "novas críticas", "novas histórias", "novos romances" e "novas vagas", parecem-nos bem ser as características de um novo renascimento! (ibidem, p.193-4)

Para especificar o grau de parentesco que existe entre qualquer narrativa redundante do tipo mitológico e os regressos, os renascimentos que a história assinala, ele estabelece alguns critérios. O primeiro é a regularidade do ritmo global do aparecimento dos diversos momentos "renascentes"; o segundo, a existência dos "séculos longos" – mais longos do que o século decimal dos nossos computadores e menos longos do que a soma de dois desses séculos:

"Cada 150-180 anos constatam-se grandes regressos nas éticas, nas estéticas e até mesmo nas políticas" (ibidem, p.194).

Esse século longo comporta-se, na concepção de Durand, como uma bacia semântica, composta de seis fases: os escoamentos, a separação das águas, as confluências, o reconhecimento do nome do rio (a fase de afirmação), o ordenamento das margens (as filosofias e teorizações) e os meandros e deltas (a sutilização e complexização do renascimento).

As qualidades principais, assinaladas por Durand, em todo renascimento, já referidas – a construção de um "espaço contra" e a consolidação de uma "época para" –, inscrevem-se nitidamente nas primeiras fases da "nova tendência", especialmente na separação das águas e nas confluências consolidadoras:

> Combater aquilo que pode subsistir das velhas águas ou, para falar como as escrituras, dos "velhos odres", constitui a fase polêmica, a recusa, a reforma iniciadora de todo o renascimento. Por outro lado, quando o peso das autoridades vigentes – os imperadores, os reis, os príncipes ou os papas – vem colocar-se sob bandeiras recentemente erguidas, verifica-se uma espécie de compromisso, uma mescla das orientações novas e das instituições ou dos costumes preexistentes, o que confere um aspecto de certo modo "retro" a essas confluências. Um renascimento é, simultaneamente, ruptura e regresso. Ruptura com o imediato, regresso aos *fundamentos* culturais. (ibidem, p. 195; grifo do autor)

Durand defende ainda que um renascimento é, no fundo, uma comemoração, já que só se pode afirmar bem a identidade de um grupo social se este for capaz de "renascer" periodicamente, "entalhando de era em era um pouco mais profundamente o semantismo do seu fluxo específico" – tal como o *certum*, que constitui a veracidade de um mito ou de uma narrativa literária, "só emerge da compreensão que se molda a pouco e pouco pelas iluminações incessantemente diferentes, mas dizendo sempre o mesmo, das redundâncias" (ibidem).

A FICCIONALIZAÇÃO DA HISTÓRIA   37

Durand faz, finalmente, um comentário que reafirma a relação entre a narrativa ficcional e a narrativa histórica a partir da mediação do mito, conforme propunha no início de seu texto, assim apresentado:

> Toda a narrativa, incluindo a histórica, inscreve-se num contexto imaginário específico. A história, mesmo que escrita por Jacques Le Goff, é em primeiro lugar tributária dos intertextos imaginários, dos estilos de época, das ideologias, dos mitos privilegiados deste ou daquele momento cultural. Assim, tanto aquilo que "liga Homero a Mallarmé" – recordando a bela frase de Malraux – como o que liga os poetas quer aos mitos imemoriais quer às "Histórias" de Tucídides, Plutarco, Bossuet, Michelet, Burckhardt ou Braudel, são o mesmo nó, a mesma tecedura do imaginário humano que faz com que todos os homens, *semper et ubique*, se "compreendam". (ibidem, p.196)

Fica evidente, nos posicionamentos assumidos pelos três autores referidos (Durand, Castoriadis e a historiadora Evelyne Patlagean), a concepção do imaginário como princípio fundante, estrutural, da vida humana em sociedade. Durand parece ir ainda mais longe ao afirmar que "o mito e o imaginário, longe de nos aparecerem como um momento ultrapassado na evolução da espécie, [manifestam-se] como elementos constitutivos – e instaurativos [...] – do comportamento específico do *homo sapiens*" (2001, p.429). Daí a justificativa, inclusive, para que sua obra mais conhecida se intitule, justamente, *As estruturas antropológicas do imaginário*. Para ele, longe de ser o resíduo do que poderia ser identificado como um "déficit pragmático" do ser e do saber do homem, o imaginário caracteriza-se como a marca de uma vocação ontológica, que se manifesta como atividade que transforma o mundo, como imaginação criadora e, sobretudo, como transformação eufêmica do mundo.[2]

---

2 O eufemismo, conceito caro a Durand, estaria na base da própria representação do imaginário – pela arte, em especial –, segundo sua lógica conceitual, já

38 MÁRCIA VALÉRIA ZAMBONI GOBBI

Dos argumentos apresentados decorre o entendimento do imaginário, em seu mais amplo sentido, como o de um dos maiores depositários das vivências privadas ou coletivas, das tensões, contradições, aspirações, frustrações e das tendências mais profundas de uma sociedade. Mas como, efetivamente, o imaginário se mostra? Em que instâncias é possível que ele se dê a conhecer e, mais que isso, se apresente como "analisável" – isto é, passível de ser recoberto por uma metalinguagem que tenha por intenção explicá-lo, interpretá-lo, estabelecendo relações entre o que se poderia talvez reconhecer como suas "figurações imaginativas" (Stierle, 2006, p.10), em uma compreensão evidentemente restrita ao nosso campo de interesse – o exercício da literatura?

W. Iser, em *O fictício e o imaginário* (1996), propõe uma reflexão sobre as duas "esferas" que justamente dão nome ao seu livro em termos que nos parecem interessantes para o prosseguimento de nossa discussão, na medida em que acabam por dar corpo à mesma questão por nós enunciada: é possível a concretização do imaginário? Para cercar essa questão, Iser estabelece a relação entre fictício e imaginário de uma forma que é soberbamente sintetizada por Karlheinz Stierle (2006, p.9) e que, por isso, reproduzimos:

> [...] enquanto no entendimento tradicional o fictício era tomado como conceito contrário ao real e a ficção como contrária à realidade, Iser vê o fictício como parceiro do imaginário e a ambos compreende como momentos de transgressão do real. Em Iser, a tríade realidade-fictício-imaginário enuncia que o fictício se torna um conceito de relação entre a realidade e o imaginário.

---

que sendo a retórica aquilo que "assegura a passagem entre o semantismo dos símbolos e o formalismo da lógica ou o sentido próprio dos signos", e "repousando a retórica nesse poder metafórico de transposição (translatio) do sentido", ela promoveria um desvio da objetividade, o qual consiste em "voltar para além do sentido próprio, resíduo da evolução linguística, à vida primitiva do sentido figurado, em *transmutar sem cessar a letra em espírito*" (2001, p.421). Assim, "como o espaço é a forma do imaginário [...], a metáfora é o seu processo de expressão, esse poder que tem o espírito, cada vez que pensa, de renovar a terminologia, de a arrancar ao seu destino etimológico".

A FICCIONALIZAÇÃO DA HISTÓRIA   39

O fictício concretiza-se no ato de fingir que, simultaneamente, provoca a "irrealização do real e a realização (*Realwerden*) do imaginário" (Iser, 1996, p.15). Nessa ordem de argumentos, seria o fictício (o ato de fingir) a instância "realizadora" do imaginário. No entanto, como comenta o mesmo Stierle (2006, p.10), para Iser o "fictício se organiza como texto, mas nele permanece o lugar por princípio aberto do imaginário que o próprio fictício nunca consegue fechar". Ou seja, Iser, de fato, não crê na possibilidade de "concretização" plena do imaginário no texto ficcional, considerando-o manifesto como "brecha sempre aberta" – ao que Stierle (ibidem) se oporá, defendendo que "também o nada precisa de figuração" e, ainda, postulando que "no conceito da própria ficção sempre e já se declara o momento do imaginário":

> [...] o imaginário alcança sua mais alta forma e, ao mesmo tempo, sua determinação suprema, ao se transformar em fictício e, em correspondência, se se põe sob as condições de uma redução medial. Só na obra o fictício alcança sua concentração mais alta e sua expressividade, mas deste modo também a aspiração do imaginário encontra sua via e sua evidência. (ibidem, p.11)

Esse argumento é reforçado pelo próprio Stierle (2006, p.13) ao retomar as *Metamorfoses* de Ovídio como o *locus classicus* da história do conceito de *fingere* e de suas derivações, quando então lembra que, nessa obra fundamental, "a ficção se mostra como um ato formativo" – ou seja, é como forma (como configuração) que ela se realiza; o próprio termo figura, então, é também uma derivação do *fingere* originário e isso mostra, ainda segundo Stierle, que o imaginário só se realiza como forma dada ao informe, como "conversão do barro em figura" (ibidem, p.14) – conversão que não necessariamente deve ser mimética, já que inevitavelmente nela se processará a contaminação da representação "meramente mimética" pela fantasia (produzindo imagens novas por meio de combinações imprevistas a partir de imagens conhecidas), esta justamente a definição mais atual e consistente que se pode ter de imaginário (cf. Teixeira, 2003, p.44).

40 MÁRCIA VALÉRIA ZAMBONI GOBBI

A realidade primordial da literatura consiste, assim, na "dramatização do ato de construir imagens" (ibidem, p.55). O que se espera do criador, do construtor, do configurador dessas imagens – o ficcionista – é que seja capaz de liberar, por sua fala, a "capacidade operadora do imaginário": "é esta a única condição para que o imaginário possa reivindicar a permanência" (Stierle, 2006, p.18).

O que queremos ressaltar, nessas breves considerações sobre as reflexões de W. Iser e de K. Stierle, é que ao dar forma ao imaginário, ao configurá-lo, a ficção o realiza plenamente e constrói para ele um sentido (proposição de Stierle que vem ao encontro daquela formulada por este livro), ainda que possa ficar em aberto, com suas brechas (como quer Iser), esse imaginário representado ficcionalmente, a chamar e mesmo a exigir o cruzamento dele com o imaginário do leitor (o que também vem ao encontro de nossa proposta, já que, por princípio, reconhecemos que esta configuração passa pelo lugar ocupado pelo sujeito receptor).

Por esse caminho, podemos chegar às considerações que seguem, as quais buscam, em uma tentativa de sistematização, investigar alguns modos pelos quais o mito – imaginário em discurso – vem sendo compreendido e valorizado pela reflexão teórica que para ele se voltou ao longo do tempo, especificamente no que diz respeito à sua presença na literatura – atividade criadora que, por meio de suas múltiplas faces e sentidos, é capaz de corresponder a esta vocação ontológica do homem: a manifestação de sua liberdade de imaginar.[3]

O mito é uma fala

Recuperar conceitualmente e legitimar metodologicamente a acepção de mito que tomamos neste livro talvez seja, de fato, o maior desafio a ser por ele enfrentado. Isso porque, é evidente, está sustentada na pertinência do conceito a própria justificativa

---

3 Lembramos que este é o título do artigo de Franklin Leopoldo e Silva referido neste capítulo.

A FICCIONALIZAÇÃO DA HISTÓRIA   41

da tese proposta, fundada na revisitação paródica, pela narrativa portuguesa contemporânea, do que temos chamado de mitologia lusíada. Nesse sentido, ainda que sem perder de vista os contornos específicos que o termo adquire nos diferentes campos pelos quais circula (a etnografia, a antropologia,[4] a psicologia, a filosofia etc.) e a que eventualmente teremos que nos referir, no decurso da argumentação desenvolvida nas análises do *corpus*, é estritamente no âmbito da linguagem que tencionamos assentar o conceito.

Nesse sentido, o ensaio "O mito, hoje", publicado por Roland Barthes originalmente em 1957, como sistematização teórica que sucede e complementa as análises por ele reunidas no volume *Mitologias*, é, ainda, a referência fundamental da qual desejamos partir.

A primeira assertiva de Barthes (1987, p.131) sobre o mito, no referido ensaio – "o mito é uma fala" –, é logo por ele justificada, dada a referência que faz ao fato de que tal acepção concorda plenamente com a etimologia. Embora não demonstre explicitamente isso em seu texto, sua afirmação pode ser confirmada, por exemplo, se retomarmos o verbo grego do qual a palavra procede (*mytheomai*), que significa desocultar pela *palavra*, ou se recuperarmos a origem historicizada do termo feita por K. K. Ruthven (1997, p.58; grifo do autor) no volume *O mito*, que diz o seguinte: "Para os gregos, o *mythos* era originalmente apenas uma coisa falada, proferida pela *boca* e, portanto, meramente o correlativo falado do rito feito, a coisa feita". Instalado desde o princípio no campo da linguagem (ainda que tomado como o correlativo falado da coisa, o que afirma sua referencialidade), o mito autorizadamente pode ser entendido como um "sistema de comunicação", e não pode ser, assim, "um objeto, um conceito ou uma ideia: ele é um modo de significação, uma forma" – ou, para usar a terminologia mais precisa de Barthes (1987, p.133), um sistema semiológico.

---

4 Mesmo se considerarmos o domínio estrito das ciências sociais, a acepção aqui proposta de mito não é inadequada, já que, se o mito é considerado, nesse âmbito, a primeira expressão da imaginação e do pensamento humanos, tudo o que se organize como linguagem pode recorrer e retornar a ele.

Também André Jolles, no já clássico *Formas simples* (1976), obra de base estruturalista que se propõe a tratar não ainda das formas literárias, mas daquelas que vieram da tradição oral – que depois serão reaproveitadas pela literatura de autor –, buscando definir para as tais formas simples (a legenda, a saga, o mito, a adivinha, o ditado, o caso etc.) uma estruturação fundamental, destacando o que é invariante em cada uma delas, reconhece o mito como uma "disposição mental" fundada em uma interrogação, cuja "resposta" se dará por meio de um gesto verbal, que se constituiria, então, como uma proposta de resposta, formulada como uma narrativa, para uma pergunta, afinal, "irrespondível": o homem interroga o universo e cria, por seu gesto verbal, respostas que garantam a solidez do seu universo. Como narrativa não atestada, o mito funda-se, para Jolles, muito mais na construção de um discurso verossímil que na colocação de valores como falso ou verdadeiro, o que situa sua concepção da forma do mito também no campo da linguagem, como queremos destacar com Barthes.

Já que o mito é uma fala, não há, portanto, voltando a Barthes, "conteúdos míticos por excelência": tudo pode constituir um mito, desde que seja suscetível de ser "objeto" de um discurso. Portanto, o mito não é definido pelo "o quê" de sua mensagem, mas pelo modo como a mensagem é proferida, não tendo, portanto, limites substanciais.

E qual seria, então, a forma do mito? Fundamentalmente, o mito, para Barthes, é uma metalinguagem: "uma segunda língua, *na qual* se fala da primeira" (1987, p.137; grifo do autor). Como procedimento, a construção do mito pela linguagem seria dada nos seguintes termos: um determinado signo (o conjunto básico, portanto, da língua, formado por significante e significado) – já dado, então, como um sistema semiológico primeiro, a que Barthes se referirá como linguagem-objeto – é apropriado pela linguagem, que o tornará o significante de um segundo sistema de significação, criando um novo signo, sobreposto àquele primeiro, que se serve dele para construir outro sentido, ideologicamente motivado por um determinado uso social que dele se pretende fazer e que se acrescenta, assim, à pura matéria – o signo primeiro.

A linguagem, dessa forma, toma posse de si mesma e reduplica o seu próprio mecanismo de construção de sentidos, caracterizando o processo de metalinguagem que define a fala mítica e imprimindo a esse procedimento uma perigosa "naturalidade" que apaga o seu traço fundamental: o de ser uma fala escolhida pela história: "a função do mito é transformar uma intenção histórica em natureza, uma contingência em eternidade. [...] o mito é constituído pela eliminação da qualidade histórica das coisas; nele, as coisas perdem a lembrança da sua produção" (ibidem, p.162-3).

É por isso que, ao longo de seu ensaio, Barthes se refere ao mito como linguagem roubada, marcando uma presença emprestada, construída por essa fala segunda, como um álibi, já que, nesse processo de construção sobreposta de um sentido, "toda uma história nova é implantada no mito" (ibidem, p.140), a qual postula uma cadeia de causas e efeitos, de motivações e de intenções que, em um necessário processo de desmitologização, precisam ser reveladas, trazidas à tona, mostradas como a construção intencional de um sentido. Isso porque, na verdade, "[...] o mito não esconde nada e nada ostenta também: deforma; o mito não é nem uma mentira nem uma confissão: é uma inflexão" (ibidem, p.150).

Dobrada sobre si mesma, essa forma precisa ser, então, desnaturalizada; é preciso mostrar que seus limites são definidos pela sociedade e pela história, pelo uso social que se acrescenta ao discurso.[5] Nesse sentido é que a paródia nos parece, justamente, uma privilegiada "arma de combate" contra o mito; isso porque, como construção de linguagem, só pela linguagem é que o mito pode ser desarmado. A paródia, utilizando-se de sua principal estratégia retórica, a ironia, não simplesmente afronta o mito, mas exacerba-o ou desloca-o de tal maneira, usando os mesmos truques que o con-

---

5 É importante ressaltar, aqui, que o fato de o mito ser uma forma, em Barthes, não impede que dele se faça uma crítica histórica; ao contrário, como afirma o próprio semiólogo francês, "[...] o estudo específico das formas não contradiz em nada os princípios necessários da totalidade da História. Antes pelo contrário: quanto mais um sistema é especificamente definido em suas formas, tanto mais é dócil à crítica histórica" (1987, p.134).

44 MÁRCIA VALÉRIA ZAMBONI GOBBI

figuram (como procedimento metatextual que é, já que também se apropria de outros textos, da mesma forma que o mito é uma apropriação da linguagem), que isso acaba por revelar os mecanismos de construção do próprio mito, como pretendemos acentuar no tópico seguinte dessa reflexão teórica e, principalmente, nas análises dos textos.

Voltando à configuração do mito: uma das características que mais recorrentemente o definem, em qualquer dos campos que o tomemos, é a sua disponibilidade para a repetição. Vimos já que Levi-Strauss concebe o mito como narrativas ou situações imaginárias que se distinguem pela sua persistente redundância que teria a função de tornar aparente a estrutura do mito e permitir, assim, a sua reatualização – "fenômeno" que também é destacado por Mircea Eliade ao definir o mito como uma narrativa que se insere em uma dimensão temporal diferente da nossa, da linearidade cronológica. Essa outra dimensão é a do eterno presente da criação, do tempo cíclico, em tudo oposto à nossa concepção de temporalidade; para Eliade, como sabemos, no mito sai-se do tempo profano, cronológico, e ingressa-se em um tempo qualitativamente diferente e indefinidamente recuperável (1972, p.21). A ideia do ciclo e do eterno retorno comporta-se, então, como característica essencial à configuração do mito, sendo daí que parte o princípio da necessidade de reatualização, de reiteração dele por meio do rito.

Ainda que diferentemente justificada, a repetição também é considerada na esfera da definição barthesiana de mito, e em uma acepção que em muito favorece a discussão sobre a questão da identidade que desejamos levar a efeito neste livro. Segundo Barthes, quando o conceito é pobre, a fala mítica serve-se da frequente reapresentação dele para suprir, quantitativamente, essa carência de relevância para o seu sentido. Essa repetição do conceito (para o nosso caso, tomado como a identidade nacional) se daria por meio de formas diferentes (para nós, as figuras que sustentam a mitologia lusíada).

Segundo Barthes (1987, p.141), é justamente essa "insistência em um comportamento que revela a sua intenção" e permite, em contrapartida, "decifrar o mito". Isso porque "o mito é um *valor*,

A FICCIONALIZAÇÃO DA HISTÓRIA   45

não tem a verdade como sanção: nada o impede de ser um perpétuo álibi: basta que o seu significante tenha duas faces para dispor sempre de um 'outro lado'" (ibidem, p.144-5; grifo do autor). É na exploração dessas interfaces do mito que se pode estabelecer uma leitura crítica dele, interessada em desvelar seus mecanismos de construção, como reiteradamente temos informado ser o objetivo das análises aqui propostas.

Cremos ter estabelecido, ainda que de modo sumário, o conceito de mito que regerá as análises; sempre que necessário à argumentação, ele será retomado e discutido de forma mais contextualizada. Mas não podemos nos furtar a assinalar que essa concepção de mito não é indiscutivelmente aceita – mesmo por autores cuja contribuição para nossa reflexão é significativa, como é o caso de Gilbert Durand, cujas análises das manifestações do imaginário, especialmente o português, estarão muitas vezes incorporadas à nossa discussão.

Para tentar evitar que a convivência de posturas teóricas antagônicas seja considerada uma incongruência neste livro, cremos ser importante esclarecer que nos parece que Durand, na contestação que faz à caracterização do mito em Barthes, não leva em conta que o semiólogo francês quer justamente colocar em evidência a artificialidade do mito ideológico, no sentido de que ele serve a demandas que não são "naturalmente" motivadas como manifestações legítimas do imaginário, mas, sim, impostas por um determinado uso social conveniente – imposição que se faz pela linguagem. Durand (2001, p.394) considera que Barthes "esforça-se por degradar o mito fazendo dele um sistema semiológico segundo", entendendo, nessa secundaridade, que Barthes afirma ser o símbolo "segundo em relação à linguagem conceitual".[6] Quer nos parecer que a secundaridade

---

6 "Ora, é esta secundaridade que a antropologia contesta: nem a psicologia da criança, nem a psicologia do primitivo, nem a análise do processo formador de imagens no adulto civilizado permitem afirmar que o símbolo seja segundo em relação à linguagem conceitual. Nada, absolutamente nada, permite dizer que o sentido próprio oprima cronologicamente, e com mais razão ontologicamente, o sentido figurado" (Durand, 2001, p.394).

46 MÁRCIA VALÉRIA ZAMBONI GOBBI

proposta por Barthes se justifica plenamente como linguagem sobreposta, que se apropria de um signo já existente – ou seja, no âmbito
específico do modo como o mito se configura linguisticamente,
entendimento que se tem dimensão avaliativa, não pode ser considerado estritamente no âmbito de um julgamento da substância do
mito, do que ele diz, equívoco que parece ter motivado a censura
de Durand, já que Barthes deixa muito claro que sua preocupação é
com a forma da fala mítica, com o seu modo de construção, como já
assinalamos. Isso não nos parece caracterizar que Barthes degrade
o mito, mas, sim, que nos tente "vacinar" – com olhos críticos –,
alertando-nos para o perigo do deslocamento ideológico e inevitável
sofrido pela construção da fala mítica em nossa contemporaneidade:

> No mito ideológico não há uma tentativa de conciliar as con-
> tradições culturais e sociais, mas de disfarçá-las, varrendo-as para
> baixo do tapete da falsa consciência. [...] Ancorado em singulari-
> dades, constituído a partir de um ponto de vista parcial e faccioso,
> na dispersividade do meramente mítico, o mito ideológico é essen-
> cialmente fragmentário, truncando as totalidades e oferecendo uma
> caricatura da organicidade da consciência mítica com o traçado de
> seu universo ilusório. Constituindo um pseudocosmos fantasma-
> górico, ele separa o homem de si mesmo, cindindo-o; separa-o de
> sua época e aliena-o de suas relações concretas; além de cortar seu
> acesso às próprias contradições, dilacerando-lhe a consciência. (Fi-
> ker, 2000, p.38-9)

Mais uma vez é necessário reiterar a função da paródia neste
necessário processo de discussão do mito, por ser ela capaz de
retirar a carapaça camufladora da fala mítica, trazendo à luz o seu
verdadeiro contorno. Ainda segundo Raul Fiker (ibidem, p.10),
citado acima, a paródia opera como um anticorpo no sentido de
"rejeitar o corpo estranho do interior do organismo. [...] Se no primeiro momento a paródia [...] insuflaria caos no cosmos, ela agora
introduz caos como para reordenar o cosmos". Mais uma vez, está
assegurado o parentesco entre mito e paródia, também ela capaz

de uma reordenação – a seu modo, é claro – do mundo e do sentido. É fundamental, então, reconhecer como a paródia atua nesse processo. Para isso, retomamos, no tópico seguinte, alguns de seus traços mais característicos.

A paródia e o desarme do mito

Consideramos importante, antes de passarmos à análise do *corpus* da pesquisa, definir, ainda que brevemente, uma determinada concepção de paródia que a fundamentará, uma vez que nosso objetivo é verificar como se dá a revisitação dos mitos nacionais pela literatura portuguesa contemporânea a partir de uma hipótese que vê a paródia como o procedimento operatório de releitura desses mitos. Nesse sentido, a obra que mais diretamente norteou nossas reflexões foi a de Linda Hutcheon, *Uma teoria da paródia*, cuja tradução portuguesa data de 1985, e cujos argumentos principais passamos a registrar.

A autora faz questão de esclarecer, logo no início do volume, que a motivação maior para a escrita de um ensaio teórico que reflita sobre a paródia encontra-se na onipresença da autorreferência ou da autorreflexividade (os termos alternam-se, mas indiciam, indiscutivelmente, o nível metadiscursivo de um texto) nas diferentes artes no século XX – período no qual delimita seu interesse pelas especificidades que o conceito vai adquirindo e que serão fundamentais para a discussão que propõe. Essa característica – da autorreferência – implica um método de trabalho com o texto, já que a sua própria composição deve ser tomada como ponto de partida para o estabelecimento dos procedimentos de análise necessários à sua compreensão.

Isso significa também que a literatura (e, na verdade, a arte em geral, segundo a ensaísta) metaficcional inclui ou constitui já o seu primeiro comentário crítico, o que faz as obras de arte do século XX se caracterizarem como conscientemente didáticas. Além disso, elas tomam, muitas vezes, a forma de paródia como uma oposição

48 MÁRCIA VALÉRIA ZAMBONI GOBBI

ou uma resistência à força subsistente (principalmente na avaliação da crítica) de uma estética romântica que aprecia o gênio, a originalidade e a individualidade. A paródia seria, assim, uma forma alternativa de chegar a um acordo com os textos desse "rico e temível legado do passado" (Hutcheon, 1985, p.15):

> Os artistas modernos parecem ter reconhecido que a mudança implica continuidade e oferecem-nos um modelo para o processo de transferência e reorganização desse passado. As suas formas paródicas, cheias de duplicidades, jogam com as tensões criadas pela consciência histórica. Assinalam menos um reconhecimento da "insuficiência das formas definíveis dos seus precursores" que o seu próprio desejo de pôr a "refuncionar" essas formas, de acordo com as suas próprias necessidades.

Trata-se, portanto, de um método mais positivo de tratar o passado, não como empecilho ao gênio criativo e à originalidade, mas como um interlocutor importante no processo de criação; nesse sentido, é importante considerar que essa concepção de criação literária se vincula à crise em toda a noção de sujeito como fonte coerente e constante de significação, traço indiscutível da nossa modernidade, e que obriga a uma reavaliação do processo de produção textual. Essa reavaliação inclui a valorização da atividade de leitura do texto, o que justifica a insistência, reiterada por tantos teóricos nossos contemporâneos, na complementaridade dos atos de produção e recepção textuais: o texto paródico, é evidente, faz exigências ao conhecimento e à memória do leitor; em contrapartida, a paródia derruba o peso tirânico das memórias culturais, incorporando-as e invertendo-as pela instauração de um paralelismo (de situações ou de personagens, por exemplo) com diferença irônica.

Assim, a ensaísta passa a propor uma definição de paródia, dentro desse novo contexto que é o da arte do século XX. Alguns traços dessa definição merecem ser recuperados aqui, uma vez que é nesse limite temporal que se situa o entendimento do conceito no âmbito deste livro.

A FICCIONALIZAÇÃO DA HISTÓRIA   49

Os primeiros traços dessa definição que nos são importantes dizem que a paródia é uma repetição alargada com diferença crítica, que permite uma abordagem igualmente crítica e produtiva da tradição, fundada no jogo irônico com as múltiplas convenções que a definem. Vê-se logo que a ironia é o procedimento fundamental para a configuração discursiva da paródia, o que é literalmente assumido pela autora nos seguintes termos: "A paródia é, pois, uma forma de imitação caracterizada por uma inversão irônica, nem sempre às custas do texto parodiado" (ibidem, p.17). Parece-nos importante destacar essa afirmação, já que, contrariamente ao que convencionalmente se fixou sobre o conceito, a paródia, para Linda Hutcheon, não inclui necessariamente a intenção ridicularizadora, desdenhosa, em relação ao objeto parodiado. Reforça, em contrapartida, que a reversibilidade irônica – com toda a gama de ambiguidades fatalmente inscritas nesse jogo – é uma característica de toda paródia. A ironia, de fato, é, dentro da argumentação da ensaísta, definida como a principal estratégia retórica utilizada pela paródia, já que há um mútuo reforço hermenêutico entre elas, dadas as suas semelhanças estruturais:

> Conquanto toda a comunicação artística só possa ter lugar em virtude de acordos contratuais tácitos entre codificador e descodificador, faz parte da estratégia particular tanto da paródia como da ironia que os seus actos de comunicação não possam ser considerados completos, a não ser que a intenção codificadora precisa seja realizada no reconhecimento do receptor. (ibidem, p.50)

Outro traço merecedor de destaque em relação ao conceito em estudo é o que se refere ao movimento de transcontextualização que toda paródia implica, como efeito inalienável da ressignificação que promove do texto revisitado: ele é sempre deslocado para uma nova moldura textual e esse processo tem inegáveis consequências: "Não há integração em um novo contexto que possa evitar a alteração do sentido e, talvez, até do valor". É por isso que a paródia não é simplesmente "uma questão de imitação nostálgica de modelos passa-

50   MÁRCIA VALÉRIA ZAMBONI GOBBI

dos: é uma confrontação estilística, uma recodificação moderna que estabelece a diferença no coração da semelhança" (ibidem, p.19).

Nesses termos, verifica-se que a paródia configura um movimento de afastamento da tendência de mascarar quaisquer fontes com uma astuta canibalização que as apaga do quadro de referências possíveis para a elaboração da obra de arte; ao contrário, esse movimento inclina-se em direção a um franco reconhecimento (por meio da incorporação consciente) dessas mesmas fontes, o que permite o comentário irônico. Trata-se, portanto, de um processo integrado de modelação estrutural, de revisão, de reinscrição, inversão e transcontextualização irônica de obras de arte anteriores.

O conceito torna-se ainda mais complexo e rentável, em termos de análise, quando deriva para o de autoparódia, que põe em questão não só a relação de uma obra com outras, mas a sua própria identidade, colocando em evidência o ato de produção estética e insistindo no processo de construção de uma forma que seja, em si, também prenhe de significações.

Enfim, o que se fixa mais evidentemente das considerações todas da autora é que a paródia é sempre textual – ainda que a noção de texto tomada por ela seja das mais amplas, como se percebe na seguinte formulação: "precisamos restringir o alcance no sentido em que o texto 'alvo' da paródia é sempre outra obra de arte ou, de forma mais geral, outra forma de discurso codificado" (ibidem, p.28). O que pode, então, ser parodiado? Teoricamente, qualquer forma codificada, e nem sequer necessariamente no mesmo *medium* ou gênero – desde que tratados em termos de repetição com distância crítica.

Linda Hutcheon não nega, ainda, a função pragmática da paródia, que vai além dos limites da configuração textual, embora jamais prescinda dela:

A realidade das formas de arte de que pretendo tratar [as formas paródicas] exige a abertura de um contexto pragmático: a intenção do autor (ou do texto), o efeito sobre o leitor, a competência envolvida na codificação e descodificação da paródia, os elementos con-

A FICCIONALIZAÇÃO DA HISTÓRIA   51

textuais que mediatrizam ou determinam a compreensão de modos paródicos – nada disso pode ser ignorado. (ibidem, p.33)

Disso decorre a necessidade de estarmos atentos para o fato de que a paródia inclui necessariamente dois níveis de operação (e de significação): uma, formal (ou estrutural) entre dois textos, constituindo, portanto, em termos bakhtinianos, uma forma de dialogia textual; outra, pragmática, nos termos logo acima expostos e assim confirmados pela autora:

> Quando falamos de paródia não nos referimos apenas a dois textos que se inter-relacionam de certa maneira. Implicamos também uma intenção de parodiar outra obra (ou conjunto de convenções) e tanto um reconhecimento dessa intenção como capacidade de encontrar e interpretar o texto de fundo na sua relação com a paródia. (ibidem, p.34)

Portanto, importa necessariamente, no exercício de leitura do texto paródico, interpretar o que o texto parodiador faz com o texto parodiado e com o conjunto de significações implicado nesse jogo – esse talvez seja o dado mais relevante que nos interessa ressaltar, já que ele aponta para o fato de que a paródia é uma forma de referencialidade textual e mesmo de autorreferencialidade, como a abrangência mais geral do conceito sugere, mas isso não quer dizer que não possua implicações ideológicas.

Nesse sentido, mais uma vez, tem destaque a situação do leitor do texto, já que suas inferências são suscitadas pelas estruturas discursivas e previstas por toda a estratégia textual como componentes indispensáveis da construção da obra. Tal leitura, no entanto, faz-se como uma decodificação da intenção codificada; envolve, portanto, toda a enunciação e, por conseguinte, todo o processo de comunicação: "se o receptor não reconhece que o texto é uma paródia, neutralizará tanto o seu *ethos* pragmático como a sua estrutura dupla" (ibidem, p.74). Isso implica, necessariamente, a retomada do contexto em que o texto parodiado se configurou, já que "os

52 MÁRCIA VALÉRIA ZAMBONI GOBBI

textos só podem ser entendidos quando situados contra o cenário das convenções de onde emergem". Os mesmos textos, no entanto, "contribuem, paradoxalmente, para os cenários que determinam os seus sentidos", já que os reinstalam ("são definitivamente enxertados") na forma paródica (ibidem, p.36).

Se pensarmos, então, em quais seriam as técnicas textuais que viabilizam a paródia, ficaremos com a resposta desafiadora da autora, proposta nos seguintes termos: "há tantas técnicas possíveis como há tipos possíveis de inter-relações textuais de repetição com diferenciação" (ibidem, p.37). Se essa constatação é pouco facilitadora, é fundamental, no entanto, destacar aquilo que Linda Hutcheon qualifica como o paradoxo central da paródia, importante para a análise de sua construção textual e de sua significação ideologicamente motivada: a sua transgressão é sempre autorizada; ao imitar, mesmo com diferença crítica, a paródia reforça. Isso porque "[a] paródia é, fundamentalmente, dupla e dividida: a sua ambivalência brota dos impulsos duais de forças conservadoras e revolucionárias que são inerentes à sua natureza, como transgressão autorizada" (ibidem, p.96).

A ensaísta, finalmente, faz questão de reafirmar que, no seu livro, a paródia é tratada como "uma das maneiras que os artistas modernos arranjaram para com o peso do passado. A busca da novidade na arte do século XX tem-se baseado com frequência – ironicamente – na busca de uma tradição" (ibidem, p.42-3). Assim, o *status* mimético e ideológico da paródia mostra-se complexo e repleto de sutilezas, já que tanto a autoridade como a transgressão implicadas pela sua opacidade textual devem ser levadas em consideração. Toda paródia é, portanto, abertamente híbrida e de voz dupla.

Essa característica é confirmada pelo entendimento dado à paródia por Ângela Dias e Pedro Lyra (1980, p.3), em artigo publicado na revista *Tempo brasileiro* em número integralmente dedicado ao tema, já que ela está a serviço da "inscrição da ambiguidade, inerente ao fenômeno literário, na instância do próprio texto, [que] se constrói como feixe de relações múltiplas, refletindo e questio-

A FICCIONALIZAÇÃO DA HISTÓRIA 53

nando os outros textos, discursos e influências por ele incorporados e nele concretizados e/ou reestruturados". Ou seja: também aqui a paródia (cujo sentido etimológico é o de canto paralelo, lembram os autores) é entendida como um procedimento que apresenta, na própria estrutura formal, um caráter duplo de escritura/leitura que afirma negando a existência de um texto de referência, ao refazê-lo, deformá-lo e recriá-lo. Por um lado, esse procedimento, obviamente, tem alcance ideológico, como vimos afirmando, uma vez que se constrói como leitura plural e divergente da infinidade de valores e símbolos que configuram o texto parodiado. Por outro lado, como atitude típica da modernidade, a paródia indicia a experiência desintegradora inerente à sociedade contemporânea, na medida em que assume a irreverência diante dos comportamentos e convenções estereotipados como forma de desagregar os mitos ideológicos[7] que essa mesma sociedade constrói para justificar-se. No entanto, ao revelar-se *na* escrita e *pela* escrita, a paródia privilegia o processo de produção do texto como sua base de composição, uma vez que põe à vista o funcionamento intertextual do fazer literário.

Tem-se na paródia, como vimos na caracterização do conceito dada por Linda Hutcheon (1985), a manifestação textualizada da autorreferência, do nível metadiscursivo da criação literária. Por isso é que a paródia é um procedimento exigente: ela vai além da superfície manifesta do texto, convoca o leitor a participar efetivamente da construção do sentido do texto, na medida em que é necessário que ele, leitor, mobilize todo o seu repertório cultural

---

7 Segundo Raul Fiker, em *Mito e paródia: entre a narrativa e o argumento* (2000, p.123), o mito ideológico, em tudo degradado relativamente ao Mito original, tem caráter dogmático e se constitui com a pretensão de atuar como argumento de autoridade. Ao valer-se de clichês, que expressam a "sabedoria" do lugar comum, disfarça e encobre as contradições do processo histórico, constituindo-se como um "discurso vácuo-grandiloquente" que acaba por se tornar o "objeto de desconstrução" preferencial do discurso paródico, que o exacerbará ou deslocará de tal modo que só o riso e o descrédito poderão resultar desse procedimento.

e o empenhe no reconhecimento do objeto parodiado pelo texto parodiador – já que este dilata o alcance do signo literário ao "pôr a recircular" um determinado texto já codificado, já lido. É como se o autor do texto imprimisse nele uma piscadela ao leitor, que lhe dissesse sutilmente: eu sei que você sabe do que eu estou falando. Daí justificar-se a insistência de Linda Hutcheon no caráter de complementaridade dos atos de produção e recepção textuais envolvidos na construção paródica.

Decorrem desse exercício intertextual que caracteriza a paródia o seu dialogismo inerente (a paródia se dá, necessariamente, como um diálogo entre textos e entre produtor e receptor do discurso), a sua polissêmica abertura (cravada na sobreposição de signos textuais que impede a "calcificação" de um único sentido no discurso) e a sua assumida dissonância, no convívio paralelo de discursos e sujeitos. A paródia é, então, efetivamente transgressora, uma vez que "se realiza no descentramento ou deslocamento crítico de sua própria validade e suficiência" (Dias & Lyra, 1980, p.4).

A paródia, no entanto, como também insiste Linda Hutcheon, não destrói o objeto parodiado, não o nega: reinstala-o no discurso parodiador para, como dissemos, fazê-lo recircular, reavaliando-o, reconsiderando a ideologia que o informa, questionando os andaimes que historicamente lhe deram sustentação. Trata-se, como a ensaísta defende, de um modo de derrubar o peso tirânico das memórias culturais, incorporando-as e invertendo-as. É nesse sentido que nos pareceu tão apropriado partir dessa imitação caracterizada por uma inversão irônica, dessa repetição com distância crítica que marca a diferença em vez da semelhança para avaliar o tratamento dado pelas narrativas a seguir analisadas em relação aos mitos ideológicos que vêm dando forma à identidade lusíada.

2
A MITOLOGIA LUSÍADA REFIGURADA

Não resta o pó
Fomos cem vezes até ao fim do mundo
e estamos hoje sentados
num banco de nosso natural modestos
da Avenida vendo passar os carros

com o mosquete na mão
cercamos terras inverossímeis
porém em vão e tanto que no fim
delas não resta o pó nas alpergatas

nem Deus o que ceava com os reis
dentro da tenda do arraial
fala agora conosco

se alguém dá trela é só
no autofúnebre o rapaz da agência
com as ferragens do caixão

Fernando Assis Pacheco,
A musa irregular, 1984

"O exemplo inteiro e a inteira força": Afonso Henriques e a sacralização das origens

A realidade efetiva de um povo é aquela que ele
é como ator do que chamamos História. Mas o

56   MÁRCIA VALÉRIA ZAMBONI GOBBI

> *conhecimento – em princípio impossível ou ines-*
> *gotável – da realidade de um povo enquanto*
> *autoconhecimento do seu percurso, tal como a*
> *historiografia o propõe decifrar, não cria nem*
> *pode criar o sentido desse percurso. Não é a plu-*
> *ralidade das vicissitudes de um povo através dos*
> *séculos que dá um sentido à sua marcha e fornece*
> *um conteúdo à imagem que ele tem de si mesmo.*
> *A História chega tarde para dar sentido ao seu*
> *itinerário. Só o pode recapitular. Antes da plena*
> *consciência de um destino particular – aquele que*
> *a memória, como crônica ou História propria-*
> *mente dita, revisita –, um povo é já um futuro e*
> *vive do futuro que imagina para existir. A ima-*
> *gem de si mesmo precede-o como as tábuas da lei*
> *aos Hebreus no deserto. São projetos, sonhos,*
> *injunções, lembrança de si mesmo naquela época*
> *fundadora que uma vez surgida é já destino e*
> *condiciona todo o seu destino. Em suma, mitos.*
>
> Eduardo Lourenço, *Mitologia da saudade*

Falar de um mito das origens como ponto de partida de uma trajetória de construção identitária revisitada parodicamente pela narrativa portuguesa contemporânea implica, minimamente, um cuidado já anunciado no tópico especificamente dedicado ao mito com esse deslocamento do termo. Afinal, trata-se de uma criação – de um nascimento referendado por uma narrativa: o de Portugal como nação. E esse nascimento é, por si só, mítico? O que nos autoriza a considerá-lo assim? Como alçá-lo da esfera do profano (do histórico, do real) à do sagrado, sempre implicada no "campo de ação" do mito, em uma de suas acepções que aqui mais diretamente nos interessam?

Como primeiro argumento para o desenvolvimento dessa reflexão, é à palavra autorizada de Mircea Eliade que recorremos: na análise sobre o mito cosmogônico desenvolvida por ele em *Mito e realidade* (1972, p.28-9), aparecem em posições homólogas aos mitos efetivamente relativos à origem do universo os mitos de criação em geral. Para o autor, todo aparecimento de uma nova situação pressupõe uma analogia com a origem do mundo, prolongando e completando o mito cosmogônico primevo, já que, do ponto de vista do ritual, toda espécie de criação (desde o nascimento até o restabelecimento de uma situação) tem por modelo a cosmogonia.

O cosmos consiste no arquétipo ideal de toda situação criadora – a "obra-prima dos deuses". Por sua familiaridade com isso, tudo o que consiste em trabalho, construção, formação, in-formação é, segundo Eliade, por extensão, trazido ao âmbito do sagrado. Essa amplitude dada ao mito justificaria a hipótese de pensarmos nos marcos fundadores de uma nação como "mitos de origem" que constituiriam as bases daquela "imagem de si mesmo" de que fala Eduardo Lourenço na epígrafe deste capítulo – imagem já então esboçada por determinada coletividade como fundamento de sua identidade.

Somado a esse, podemos considerar significativo o dado registrado por Mielietinski em *A poética do mito* (1987), que nos diz que a transformação do caos em cosmos – ou seja, o princípio da construção do mito – conta com a atuação de uma personagem de grande importância: o "herói cultural".

Os heróis culturais são concebidos, de maneira generalizada, como um pai universal. Eles representam a divindade que assume as funções de estruturar as forças outrora desordenadas, de organizar o espaço natural, de estabelecer as regras do *socium* e de introduzir regras e ritos nesta nova comunidade, agora organicamente desenhada em um determinado tempo e em um determinado espaço: "a especificidade destes [os heróis culturais] não se reduz à obtenção dos bens culturais; a cultura compreende uma ordenação geral indispensável à vida normal em equilíbrio com o meio natural" (Mielietinski, 1987, p.77). Esse pai compreenderá, então, a síntese de um modelo exemplar para a comunidade, que nesse exemplo pautará normas de comportamento e todas as atividades humanas significativas, da alimentação à educação, a arte ou a sabedoria.

Desses argumentos, situados no amplo campo do mito – em que desejamos inserir-nos de forma criteriosa e funcional, recortada em prol dos objetivos do livro –, passamos a outro que já se refere

58 MÁRCIA VALÉRIA ZAMBONI GOBBI

especificamente às origens de Portugal, e que enfatiza, ancorado também no plano histórico (nas injunções contextuais que presidiram o "nascimento" de Portugal como nação), o elemento transcendente, religiosamente motivado, que virá a compor de Portugal a imagem da "nação eleita", facilitando esse trânsito entre o mundo dos homens e o mundo dos deuses que parece contornar a esfera da criação mítica:

> Quando [Portugal] se define, nos meados do século XII, como pequeno reino entre os diversos reinos cristãos de uma Ibéria dividida a meias com o Islão que a invadira no século VIII, já nasce num quadro histórico com largo passado e, o que mais importa, com leitura dele. A sua primeira identidade e matriz quase intemporal da sua futura mitologia, aquela que no século XVI o poema nacional *Os Lusíadas* fixará, é de "reino cristão" obrigado a definir-se ao mesmo tempo contra o reino vizinho de Leão e Castela e a presença muçulmana que ocupa o futuro espaço português até o Douro. [...] o Atlântico [é] a outra fronteira sem fim que mais tarde fará parte do seu espaço real e mítico de povo descobridor. (Lourenço, 1999, p.90)

Portugal, então, já nasce "em luta", o que virá a configurar aquilo que Gilbert Durand (2000, p.107) qualifica como o mitologema do "santo combate", que acompanhará a "imagem de si" do povo português por séculos. Obviamente, à frente dessa luta tem que estar o "herói cultural", aquele que fará a mediação entre desordem e ordem – neste caso, já no âmbito deslocado do nascimento de uma nação: Afonso Henriques, o "miraculado". É por isso que, neste tópico introdutório à análise do primeiro conjunto de narrativas contemporâneas que revisitam parodicamente a mitologia lusíada, será dado especial destaque a esta "figura fundadora". Tanto como no caso de outra figura exponencial do imaginário lusíada, D. Sebastião, é impressionante acompanhar como se deu a construção da fala mítica em torno de Afonso Henriques: a sua imagem é literalmente reconstruída para que venha a coincidir com aquele "futuro imaginado" para a nação eleita; só retrospecti-

A FICCIONALIZAÇÃO DA HISTÓRIA   59

vamente, inclusive, é que o "milagre de Ourique" passa a ser assim entendido – é o que diz Eduardo Lourenço (1999, p.93).

Essa refiguração imaginária é indispensável porque é fato que a origem divina de uma nação – ou, em termos mais gerais, dos antepassados – representa um dos processos mais eficazes de legitimação de poder. Para um povo que necessitava dessa legitimação, até mesmo para qualificar a sua soberania no contexto peninsular medieval, constrói-se discursivamente – pela fala mítica – essa autoridade. Como posto no texto da epígrafe, ao qual novamente retornamos, aqui também a História chega tarde: quando ela "vem para contar", já está fixada outra narrativa: a da "memória das origens" que, fundamentalmente, reproduz as linhas mestras do conceito de mito: a sua proximidade com a representação coletiva, a relação com o sagrado, o vínculo entre este mesmo sagrado e o poder. É por isso que, mais uma vez, ajusta-se à perfeição às nossas reflexões mais este fragmento do ensaio "Portugal como destino", do mesmo Eduardo Lourenço:

> O sentimento profundo da fragilidade nacional – e o seu reverso, a ideia de que essa fragilidade é um dom, uma dádiva da própria providência e o reino de Portugal espécie de milagre contínuo, expressão da vontade de Deus – é uma constante da mitologia, não só histórico-política, mas cultural portuguesa. Muitas nações – em particular as surgidas na época da Europa medieval – representam as suas próprias "cenas primordiais" sob o signo de Deus e consideram o seu destino nessa mesma ótica providencial. A sacralização das "origens" faz parte da história dos povos como mitologia. Mas deve ser raro que algum povo tenha tomado tão à letra como Portugal essa inscrição, não apenas mítica, mas filial e já messiânica do seu destino, numa referência ao mesmo tempo lendária e familiar, num horizonte transcendente, à do próprio Cristo. [...] É como povo de Cristo e não meramente cristão que, desde a sua irrupção na história medieval, como reino independente, os responsáveis pela sua primeira imagem e discurso míticos o representam. [Isso] subdetermina a trama do imaginário nacional e a dramaturgia da cultura portuguesa no seu conjunto. (ibidem, p.91-2)

Se assim se estabelecem, portanto, os vínculos entre o "nascimento" da nação e o processo de mitificação da história que se efetiva, essencialmente, como discurso fundado em uma "indelimitável" memória coletiva, é preciso passar, agora, a examinar os procedimentos que alçaram, então, Afonso Henriques – e as origens da sua "nação eleita" – da história ao mito.

Conforme registra Ana Isabel Buescu no ensaio *Vínculos da memória* (1993), o episódio da Batalha de Ourique[1] e, mais especificamente, o afamado "milagre de Ourique" terão, a partir do século XVI, importância fundamental "no quadro de um discurso ideológico empenhado na constituição de uma memória nacional" (p.15). Ainda segundo a historiadora,

---

1 A Batalha de Ourique desenrolou-se muito provavelmente nos campos de Ourique, no atual Baixo Alentejo (sul de Portugal) em 25 de julho de 1139 – significativamente, de acordo com a tradição, no dia de Santiago, que a lenda popular tinha tornado patrono da luta contra os mouros (um dos nomes populares do santo era precisamente "Matamoros"). Foi travada numa das incursões que os cristãos faziam em terra de mouros para apreenderem gado, escravos e outros despojos. Nela se defrontaram as tropas cristãs, comandadas por D. Afonso Henriques, e as muçulmanas, em número bastante maior. Inesperadamente, um exército mouro saiu-lhes ao encontro e, apesar da inferioridade numérica, os cristãos venceram. A vitória cristã foi tamanha que D. Afonso Henriques resolveu autoproclamar-se Rei de Portugal (ou foi aclamado pelas suas tropas ainda no campo de batalha), tendo a sua chancelaria começado a usar a intitulação *Rex Portugallensis* (*Rei dos Portucalenses* ou *Rei dos Portugueses*) a partir 1140 – tornando-o rei *de facto*, embora a confirmação do título *de jure* pela Santa Sé date apenas de Maio de 1179. A ideia de milagre ligado a esta batalha surge pela primeira vez no século XIV. Ourique serve, a partir daí, de argumento político para justificar a independência do Reino de Portugal: a intervenção pessoal de Deus era a prova da existência de um Portugal independente por vontade divina e, portanto, eterna. A lenda narra que, naquele dia, consagrado a Santiago, o soberano português teve uma visão de Jesus Cristo e dos anjos, garantindo-lhe a vitória em combate. Contudo, esse pormenor foi interposto mais tarde na narrativa, sendo praticamente decalcado da narrativa da Batalha da Ponte Mílvio, opondo Maxêncio a Constantino o Grande, segundo a qual Deus teria aparecido a este último dizendo *in hoc signo vinces* (com este sinal vencerás!). Este evento histórico marcou de tal forma o imaginário português que se encontra retratado no brasão de armas da nação: cinco escudetes (cada qual com cinco besantes), representando os cinco reis mouros vencidos na batalha (Saraiva, 1978, p.44-6).

A FICCIONALIZAÇÃO DA HISTÓRIA **61**

É aliás no século XVI que a progressiva tomada de consciência nacional – ao nível das elites dirigentes, entenda-se – se orienta para a procura das origens, esgotada que está [...] a "euforia" do universalismo humanista, facto em que, de resto, Portugal acompanha uma tendência detectável noutros países europeus. (ibidem, p.15-6)

A ensaísta lembra ainda que, como elemento motivador e, em grande medida, facilitador dessa desejada recomposição das origens – e sua consequente sacralização –, encontra-se o fato de que justamente no final do século XVI foi encontrado na biblioteca do Mosteiro de Alcobaça o juramento de Afonso Henriques, no qual ele confirma a visão de "Christo nosso Salvador" por ocasião da batalha de Ourique. As palavras então proferidas pelo próprio Cristo,[2] repetidas pelo novo rei que, na ocasião, proclamava o juramento que o "legalizava" como líder supremo da nação lusitana, referem-se diretamente ao destino e vocação imperiais como "realidade a cumprir" por esse povo desde já eleito.

É, portanto, a fala de Afonso Henriques que dá sustentação ao nascimento mítico da nação: tendo como referente imediato outra fala – a do próprio Cristo –, constrói-se como um signo sobreposto e instala-se definitivamente no campo da realidade da linguagem, que cria sua própria referência, inventa as suas próprias fontes. Mais que qualquer outro, este é o argumento definitivo que, na nossa hipótese de trabalho, situa a origem de Portugal na esfera

---

2 "Eu sou o fundador, e destruidor dos Reynos, e Impérios, e quero em ti, e teus descendentes fundar para mim hum Império, por cujo meio seja meu nome publicado entre as nações mais estranhas. [...] Não se apartará delles, nen de ti nunca minha misericórdia porque por sua via tenho aparelhadas grandes searas, e a elles escolhidos por meus segadores em terras muy remotas." O juramento foi publicado integralmente, pela primeira vez, na *Varia Historia* (1599) de Pedro de Mariz; Ana Isabel Buescu (1993, p.18) o reproduz a partir da edição feita por Frei Antonio Brandão da *Monarchia Lusitana*, III parte, livro X, cap.V, "Do juramento com que el Rey D. Afonso Henríquez confirmou a visão de Christo nosso Salvador", fls.128-9; é o ensaio dela, o qual integra o conjunto de textos reunidos por Ivete K. Centeno sob o título de *Portugal: mitos revisitados* (1993) que nos serviu de fonte para a reprodução do fragmento acima.

do mito: a sua construção discursiva. Como se vê, esse discurso está também diretamente ligado à necessidade de afirmação de um poder, de legitimação de uma autoridade, traço fundamental da necessidade de solidificar a ideia de uma origem divina para a nação. É por isso que foi preciso justificar a imagem assumida – a da nação eleita – por um retorno mitificador às origens, operado pela linguagem, pela construção de uma narrativa que sobrepõe ao acontecimento histórico a significação que o alça, como milagre, à esfera do sagrado. É o que reforçam estas reflexões de Ana Isabel Buescu:

> Na realidade, o milagre é também interpretado como um chamamento do "novo povo eleito", o princípio justificativo da missão universal dos portugueses, dimensão presente de forma inequívoca, no texto do juramento, nas palavras de Cristo. Por aqui passa, aliás, a coerência essencial que existe entre o mito fundador e a corrente do messianismo político, um dos tópicos que assinala e constitui uma das marcas da cultura portuguesa. (ibidem, p.18)

Esse sentido construído constitui-se, evidentemente, como instrumento ideológico de afirmação da nacionalidade e de legitimação da independência. E está indiscutivelmente ligado à figura de Afonso Henriques. É a sua centralidade nesse processo de "sacralização" que é importante notar, acompanhando a do evento de que é protagonista. Por isso, é interessante recompor alguns dados dessa trajetória de mitificação. Ainda segundo Buescu, as primeiras narrativas conhecidas do milagre, que datam do século XV, não ultrapassam a caracterização do rei segundo os parâmetros do herói cristão – investido, é certo, de uma missão pelo próprio Cristo, mas ainda assim herói perfeitamente humano. No entanto, e em curto tempo,

> para lá da hiperbolização de todas as virtudes militares e guerreiras, traço obrigatório na caracterização do herói, a piedade cristã de Afonso Henriques, evidenciada na luta pela Cristandade contra o Islão, será utilizada na progressiva construção em torno da figura

A FICCIONALIZAÇÃO DA HISTÓRIA **63**

do rei de uma auréola de santidade, amplificando, assim, o significado global de Ourique. (ibidem, p.26)

É curioso notar que esse processo de construção de uma imagem de Afonso Henriques conveniente à construção do sentido de ser ele missionário de Cristo à frente do seu povo eleito se dá pelo apagamento de uma série de acontecimentos que a própria história já registrara e que certamente maculavam o modelo. Não é difícil nos lembrarmos, por exemplo, de que ele manda prender a própria mãe, D. Tareja, como uma das estratégias de persuasão de que se utiliza para reivindicar seus direitos sobre o então Condado Portucalense. Tampouco nos é novidade a nomeação do bispo negro, que Herculano imortalizou no seu conto memorável e que registra uma consciente e ousada desobediência à autoridade papal, a que se segue a sua excomunhão, seguida, por sua vez, das ameaças de morte que o Rei faz ao cardeal que o viera prevenir contra suas heresias...

É por conta da necessidade desse apagamento que aparecem vários relatos que chegam até a primeira metade do século XIX, expurgados dos episódios comprometedores da imagem do Rei, e passam a valorizar, em contrapartida, a sua natureza de miraculado[3] e a atribuir prodígios relacionados com a sepultura de Afonso Henriques, para que, assim, coincidam a sacralidade do ato fundador e a do seu protagonista.

Quando, no século XIX, a história (já se estabelecendo como ciência, preocupada com a verificabilidade dos fatos) veio contundentemente polemizar com a lenda (e Herculano será um de seus mais ferrenhos detratores, chamando-a de "pia fraude"), os

---

3 A tradição fixou o fato de que Afonso Henriques "veio ao mundo tolhido de ambos os pés e foi milagrosamente curado por Nossa Senhora". Ana Isabel Buescu (1993, p.29) comenta mais este aspecto favorável aproveitado na construção da imagem mítica do Rei: "É sabido, aliás, o significado simbólico do herói coxo que, segundo algumas lendas e contos mitológicos, representa o começo de um novo ciclo. Tal como no cego, a perda da integridade física torna-se o preço da ciência e do poder, e é ao mesmo tempo marca do divino e advertência dos limites humanos".

64 MÁRCIA VALÉRIA ZAMBONI GOBBI

defensores dela, a lenda, arvoraram-se na necessidade de sustentar a tradição fundadora, de conservá-la, mesmo independentemente da historicidade do fato, em função de sua utilidade social,[4] ou seja, em função de sustentar, pelas vias do imaginário, a venerabilidade das origens. É a força oscilatória destes dois polos (o da ciência e o do mito) que Buescu sintetiza, para o caso do milagre de Ourique, nos seguintes termos:

> A procura de uma análise crítica do passado, se é imprescindível ao estabelecimento da veracidade histórica, implica frequentemente a destruição de um passado até aí eficaz, porque "utilizável" como instrumento ideológico. No caso da tradição de Ourique é patente a validade da interpretação de Moses Finley, que enfatiza a tensão por vezes insolúvel entre a história e a funcionalidade social de um passado cuja única "veracidade" reside na sua incorporação no discurso ideológico. Afirma Finley que a reflexão crítica pode destruir uma interpretação comum e, nesse sentido, os laços sociais que cimentavam uma identificação comum com um passado que passa a ser inutilizável. (ibidem, p.33)

Ora, se uma das finalidades do tratamento paródico do passado pela ficção contemporânea pode ser identificada justamente com o exercício de desvelar a construção do mito ideológico que se veio perpetuando, ao longo dos séculos, como natureza eterna e imutável – mito que veio solidificando, neste caso, uma narrativa das origens que, embora possa ser pia (pelo bem social que desejou ter provocado), é indiscutivelmente fraude, e que sustentou, portanto, uma

---

4 "A aparição de Cristo a Afonso Henriques constitui a pedra angular da monarquia portuguesa. E, mais do que isso, representa a explicitação modelar da intervenção divina no destino dos homens, o reconhecimento de um vínculo inexorável entre Deus e a história. [...] de facto, Ourique continua a ser – com base numa tradição que todos se empenham em demonstrar ser constante e contínua – o emblema da identidade da nação, identidade derivada do 'pacto feito entre o Rei coevo da Monarchia e o Rei dos Reis', numa clara aliança que consagra a busca e o estabelecimento das origens, sempre recorrente, através da memória" (Buescu, 1993, p.35).

identidade que só o é como imagem construída –, é compreensível que o tema seja objeto dessa mesma revisitação paródica, não necessariamente para que essa operação o destrua, mas certamente para mostrá-lo exatamente como construção, como discurso, como linguagem. Esse é o campo de atuação da ficção. Se ela tem algum poder, é somente na linguagem – e pela linguagem – que pode exercê-lo.

É por isso que as duas narrativas que a seguir serão analisadas ancoram-se justamente no poder de inventividade da ficção – da linguagem – para se firmarem como textos que, de algum modo, nos fazem olhar criticamente para o passado – para este passado dos primórdios, do princípio, com maior probabilidade de tornar-se mítico que qualquer outro, já que é a partir dele que se potencia o futuro e também suas projeções e justificativas. Nenhuma das duas narrativas – é bom que se saliente – dirige-se diretamente ao milagre de Ourique; pelo contrário: se, na de Saramago, a referência ao milagre, seja no discurso (ficcional) de Afonso Henriques, seja no do cruzado que a ele responde, é mais explícita, no caso do conto de Mário de Carvalho tanto o milagre quanto seu merecedor pouco aparecem efetivamente. Mas o que as justifica nessa análise é justamente o fato de, ironicamente, colocarem de novo em pauta essas cenas originárias misturando premeditadamente registro histórico e tradição oral, memória, invenção e imagens cristalizadas, tudo isso amalgamado em ficções que questionam a representação: o modo como se constrói a verdade das coisas.

História do cerco de Lisboa: a manipulação do discurso e do seu poder sobre a memória futura

> *L'appel à l'indépendance nationale et au caractère national est nécessairement lié à une résurrection de l'histoire national, à des souvenirs du passé, à la grandeur passée, aux moments de honte nationale, que cela aboutisse à des idéologies progressistes ou réactionnaires.*
>
> G. Lukács, *Le roman historique*

História do cerco de Lisboa (1989), de José Saramago, é um romance cujo fundamento histórico está mesmo nas origens do ser português – ou, roubando a expressão de Vasco Graça Moura (1982, p.36), no "grau zero da identidade nacional". O lugar ocupado por Afonso Henriques nesse romance é, portanto, central, já que é a partir de sua fala que se justificará, como esta análise deseja propor, o nó criado pela narrativa de Saramago. É aí que desejamos situar nossa reflexão sobre a construção discursiva do mito, em conformidade com os pressupostos que norteiam este livro.

Nesse romance estaríamos diante de um caso irrefutável de intertextualidade, entendida aqui, em princípio – e em uma dimensão bastante ampla e aproblemática –, como a relação que o texto ficcional mantém com suas possíveis fontes históricas: o seu arcabouço factual, discursivamente organizado. Tanto por "curiosidade histórica" como por uma intenção deliberada de confrontar, ainda que sumariamente, os dois universos (o historiográfico e o ficcional) de modo produtivo – ou seja, em função dos objetivos aqui propostos –, consultamos algumas dessas fontes, com o intuito de avaliar o que foi feito daquele registro historiográfico pelo texto literário, pela observação dos procedimentos pelos quais o romancista se apropriou de determinados fatos, instalando-os na ficção, uma vez que é indiscutível a "sugestão histórica" do romance.

Da leitura da *História de Portugal* de Alexandre Herculano (19[--]), por exemplo (e que nos pareceu a mais interessante para este confronto, pelo fato de seu autor situar-se exatamente nos dois campos de conhecimento), é possível concluir que há uma concordância – que pode, em um primeiro estágio da análise, parecer surpreendente – de boa parte da *História do cerco de Lisboa* no que respeita ao enunciado da história. As figuras históricas (mesmo as secundárias), a geografia (ou a topografia) do cenário das ações, as estratégias do cerco, as invenções que no romance se descrevem (como as torres de assalto às muralhas) têm todas o seu pé na História. Evidentemente, a grande e inevitável exceção constitui-se como o próprio motivo gerador do romance a ser escrito por Raimundo

A FICCIONALIZAÇÃO DA HISTÓRIA   67

Silva: o "não" que ele acrescenta à decisão dos cruzados de ajudarem D. Afonso Henriques na tomada de Lisboa.

Ainda assim, essa intromissão dá-se pelo aproveitamento de uma possibilidade histórica, uma vez que houve entre os cruzados, segundo Herculano, uma posição conflituosa e hesitante relativamente ao aceite das condições do acordo proposto pelo Rei para o pagamento da tarefa que, ainda segundo o historiador, só não se confirmou como recusa pela ação contemporizadora de determinados líderes. É de Herculano que transcrevemos:

> Afinal, a força de razões, de súplicas e até de lágrimas, Herveu de Glanville, condestável da gente de Suffolk e de Norfolk, alcançou dobrar o ânimo feroz de Wilhelm e aquietar os seus partidários, sob condição, todavia, de não lhes faltarem victualhas e de lhes ser pago soldo pelo rei ou pelos outros cruzados, na falta do que nem mais um dia se demorariam. (ibidem, p.19)

Este Wilhelm histórico bem se aparenta ao Guilherme Vitulo, o da Longa Espada, ou da Longa Seta romanesco, porta-voz da decisão dos cruzados, que aconselhou os portugueses a irem sozinhos ao combate, depois de ter ouvido a narração do milagre de Ourique, pois que estes já teriam de antemão assegurada a vitória, diante de tão imponderável auxílio (coloquemos entre parênteses, por enquanto, a ironia embutida nestas palavras do cruzado inglês, segundo o comentário – evidentemente, também irônico – do narrador do romance). Mas sabe-se que o "não" de Raimundo Silva não excluiu de todo os cruzados da história, pois um pequeno grupo permanece na cidade e efetivamente participa do cerco a Lisboa.

A fidelidade discursiva do romance em relação ao registro historiográfico chega, por vezes, a ser praticamente literal, como neste fragmento em que os árabes respondem à proposta dos portugueses, feita antes do cerco, para que eles se retirassem pacificamente da cidade, portanto, na iminência da luta armada. Diz o texto de Herculano, dando vez ao porta-voz dos árabes: "Fazei o que poderdes, concluiam elles; nós faremos o que for da divina vontade" (19[-

68 MÁRCIA VALÉRIA ZAMBONI GOBBI

-], p.21). Diz o personagem mouro na *História do cerco de Lisboa*: "Não vos demoreis mais tempo, fazei o que puderdes, nós o que for da vontade de Deus" (Saramago, 1989, p.205).

Os exemplos poderiam estender-se, mas parecem suficientes para garantir, na *História do cerco de Lisboa*, uma afirmação da História, indicando a apropriação, pelo universo ficcional, de dados referentes a uma realidade de natureza diversa: a do enunciado histórico, cujo estatuto de veracidade é, em princípio, passível de controle.

No entanto, independentemente de quais ou de quantas tenham sido as fontes historiográficas informadoras do romance, o narrador expressa uma avaliação muito bem definida sobre a natureza e as formas dessas relações intertextuais:

> Porém, o mal das fontes, ainda que verazes de intenção, está na imprecisão dos dados, na propagação alucinada das notícias, agora nos referíamos a uma espécie de faculdade interna de germinação contraditória que opera no interior dos factos ou da versão que deles se oferece, propõe ou vende, e, decorrente desta como que multiplicação de esporos, dá-se a proliferação das próprias fontes segundas e terceiras, as que copiaram, as que o fizeram mal, as que repetiram por ouvir dizer, as que alteraram de boa-fé, as que de má-fé alteraram, as que interpretaram, as que rectificaram, as que tanto lhes faziam, e também as que se proclamaram única, eterna e insubstituível verdade, suspeitas, estas, acima de todas as outras. (ibidem, p.124-5)

Interessante é que, na própria *História de Portugal* (19[--], p.38) Herculano historiador também problematiza essa relação do seu discurso com os discursos de que se apropria para escrever a *sua* história do cerco de Lisboa. Tomando como fonte principal declarada (e legítima, segundo ele) para a composição desse tópico de sua monumental obra a *Carta do Cruzado inglês* (que ele define como "obra de testemunha ocular, e sem comparação a mais circunstanciada e importante narrativa do sucesso"), Herculano detecta a par-

A FICCIONALIZAÇÃO DA HISTÓRIA   69

cialidade e a incompletude desse relato "legítimo", e comenta-as em notas pospostas ao texto: "Cada um dos dous escriptores busca attribuir aos seus a gloria principal daquelle feito" (ibidem, p.39); "Di-lo o cruzado inglês, auctor da narrativa que vamos seguindo. [...] Quando elle ou Arnulfo tractam de desculpar ou glorificar os seus, pouco credito merecem" (p.43).

Desejamos discutir algumas questões a partir da caracterização da intertextualidade nesse romance. A primeira diz respeito à verdade histórica que, como já sabemos quase à exaustão, é colocada em questão na nossa contemporaneidade, em virtude, principalmente, do reconhecimento de sua natureza discursiva. Tanto o romancista como o historiador, nos termos em que acima se expressam, mais ou menos intencionalmente revelam essa instabilidade, essa reversibilidade da natureza do relato histórico, fruto de um processo cognitivo que necessariamente implica a presença de um sujeito, de um ponto de vista, de uma intenção – de um conjunto de valores, enfim.

Enquanto interpretação, organização discursiva de acontecimentos distanciados no tempo, cujo (re)conhecimento só se efetiva por vias textuais ou textualizadas, a História partilha dos mesmos limites e, por que não, das mesmas potenciais transgressões da literatura. O fato de "tudo depender que quem forem os donos do sim e do não" (Saramago, 1989, p.299) ou, como formaliza Linda Hutcheon (1991, p.159), "a questão de saber de quem é a história que sobrevive" parecem indicar claramente que a História é sempre *uma* História, o que, necessariamente, abre um caminho legítimo para que outras histórias se afirmem, "ainda que outra para poder ser falsa, e falsa para poder ser outra" (Saramago, 1989, p.129).

É aí que, legitimamente, a ficção encontra espaço para entretecer a sua verdade. E a verdade da ficção *é* e *não é* a verdade da História. Linda Hutcheon afirma que esse é exatamente o paradoxo a ser absorvido – e não necessariamente resolvido – pela metaficção historiográfica, conceito com o qual ela propõe que tais ficções sejam recobertas: não o de afirmar-se em oposição à História, nem o de parafraseá-la servilmente, mas o de questioná-la enquanto conhecimento pelo exercício semelhante ao seu próprio fazer. Ou seja: propondo-se como uma história possível, como um talvez.

E não há romance que melhor afirme esse talvez, a nosso ver, do que o que agora nos ocupa. Esta é, literalmente, a sua proposta: ao apontar para um possível avesso da História, expulsando os cruzados da tomada de Lisboa, a narrativa substitui o que foi pelo que poderia ter sido.

O movimento paradoxal que fundamenta a apropriação, pelo romance, da matéria histórica, é aqui exemplar: a História é afirmada, na *História do cerco de Lisboa*, mediante dois procedimentos básicos. Primeiramente, na própria apresentação do protagonista: Raimundo Silva é o revisor de uma história, mas mantém, nas primeiras páginas do romance, um significativo diálogo com o autor do relato historiográfico – diálogo que indica, sem sutilezas, as intenções do romance que se inicia, ao problematizar a questão da escrita da História. Tomemos desse diálogo apenas alguns fragmentos funcionalmente exemplificadores do que acabamos de afirmar:

> Recordo-lhe que os revisores são gente sóbria, já viram muito de literatura e vida, O meu livro, recordo-lhe eu, é de história, Assim realmente o designariam segundo a classificação tradicional dos géneros, porém, não sendo propósito meu apontar outras contradições, em minha discreta opinião, senhor doutor, tudo quanto não for vida, é literatura, A história também, A história sobretudo, sem querer ofender. [...] Então o senhor doutor acha que a história é a vida real, Acho, sim, Que a história foi vida real, quero dizer, Não tenha a menor dúvida, Que seria de nós se não existisse o deleatur, suspirou o revisor. (ibidem, p.15-6)

Há também o fundamento histórico da diegese, já confirmado, de início, pelas aproximações a Herculano. Ou seja: existe, efetivamente, um aproveitamento da História, ou uma incorporação de dados históricos à matéria romanesca que constitui a *História do cerco de Lisboa*. No entanto, a História é, simultânea e declaradamente, subvertida, pela problemática (para ele e para nós) transgressão ope-

A FICCIONALIZAÇÃO DA HISTÓRIA   71

rada pelo protagonista na matéria histórica: a instalação deliberada do "não", que se constituirá, assim, como um erro histórico. O aproveitamento do detalhe que permite o erro é um aspecto de máxima relevância para a efabulação, no âmbito da narrativa contemporânea que se volta para a História, pois é ele que permite a problematização do conhecimento histórico e, fundamentalmente, é o que motiva a ficção. Tenhamos à mão o fragmento em que este erro se instala:

> [...] com a mão firme segura a esferográfica e acrescenta uma palavra à página, uma palavra que o historiador não escreveu, que em nome da verdade histórica não poderia ter escrito nunca, a palavra Não, agora o que o livro passou a dizer é que os cruzados Não auxiliarão os portugueses a conquistar Lisboa, assim está escrito e portanto passou a ser verdade, ainda que diferente, o que chamamos falso prevaleceu sobre o que chamamos verdadeiro, tomou o seu lugar, alguém teria de vir contar a história nova, e como. (ibidem, p.50)

No entanto, se esse "não", no plano do discurso, é inegável, concreto – uma afirmação, portanto, ainda que outra, diferente, falsa –, no plano das relações entre História e ficção institui a linha dúbia e, por isso, mais perigosa, do talvez: afinal, e se tivesse sido assim? A *História do cerco de Lisboa*, ao desestruturar a oposição binária *entre* fato e ficção, acaba por afirmar, mais do que se poderia caracterizar como um espaço possível entre realidade factual e realidade ficcional, as duas instâncias, validando-as enquanto formas de conhecimento (o ilusório que revela mais de nós a nós mesmos):

> Raimundo Silva examina o original que o Costa lhe deixou, oxalá não me saia uma História de Portugal completa, que não faltariam nela outras tentações de Sim e de Não, ou aquela, quiçá ainda mais sedutoramente especulativa, de um infinito Talvez que não deixasse pedra sobre pedra nem facto sobre facto. (ibidem, p.56)

> Ora, para que esta e outra gente pudesse cobrar as suas doações, era necessário começar por fazê-la desembarcar, portanto temo-la

aí, disposta a merecê-la com as armas, deste modo ficando mais ou menos conciliado o terminante Não do revisor com o Sim, o Talvez Que e o Ainda Assim de que se fez a história pátria. (ibidem, p.180)

Dessa relação intertextual – que, efetivamente, estabelece um diálogo temporal entre uma ficção contemporânea que toma como tema um determinado passado histórico –, podemos fazer a análise derivar justamente para a questão da perspectiva histórica, afiançada por Lukács como o determinante do romance (histórico) enquanto gênero. Essa noção é combatida pelo ponto de vista das teorias da pós-modernidade, que questiona o seu princípio de um passado explicativo do presente com um argumento ontológico: o que é que conhecemos (ou que podemos conhecer) do passado, e como este conhecimento se dá? Pode-se, então, pensar que as raízes de determinados cometimentos e comportamentos contemporâneos, ou de certa ideologia nacional, estejam fincadas em um passado que nem ao certo sabemos se é *o* passado? Qual a intenção de um romance que se propõe a recontar um determinado e significativo evento histórico, ainda que neste recontar pesem sua liberdade criadora e a forma problemática com que esta vinculação entre História e literatura se manifesta?

Antes de responder a essas que nos parecem as questões realmente significativas deste livro, impõe-se a necessidade de inspeção de alguns elementos constitutivos do universo romanesco – a saber, o estatuto do narrador, o tempo e o espaço da narrativa e o modo de construção dos personagens – para que sobreleve deste exame a ironia que urde a narrativa, responsável, em nossa hipótese, pela especificidade do olhar ao passado que aqui se configura. Nesse sentido, para abrir a discussão, é fundamental atentarmos para a observação, que mescla teoria e crítica, feita por Saramago no fragmento a seguir transcrito:

> Duas serão as atitudes possíveis do romancista que escolheu, para a sua ficção, os caminhos da História: uma, discreta e respeitosa, consistirá em reproduzir ponto por ponto os fatos conhecidos,

A FICCIONALIZAÇÃO DA HISTÓRIA 73

sendo a ficção mera servidora duma fidelidade que se quer inata-
cável; a outra, ousada, levá-lo-á a entretecer dados históricos não
mais que suficientes num tecido ficcional que se manterá predominante. Porém, estes dois vastos mundos, o mundo das verdades
históricas e o mundo das verdades ficcionais, à primeira vista in-
conciliáveis, podem vir a ser harmonizados na instância narradora.
(ibidem, p.17)

Esse posicionamento do romancista define, em grande medida,
o papel desempenhado pelo narrador no romance contemporâneo:
desintegrada a identidade da experiência, assumir uma postura
objetiva imputaria ao narrador a culpa "pela mentira de se entregar
ao mundo com um amor que pressupõe que o mundo tem sentido"
(Adorno, 1983, p.269). Dessa perspectiva, o estatuto do narrador
na ficção contemporânea que problematiza o conhecimento histórico está ligado, fundamentalmente, à noção de subjetividade.

Segundo ensina o mesmo Adorno (1983), a ficção da modernidade tende a assumir cada vez mais a subjetividade como forma
de minar o mandamento épico da objetividade. Ou seja: ao tomar
sobre si o determinante de que todo discurso resulta de um sujeito,
com todas as implicações de caráter ideológico, em sentido amplo,
que o caracterizam, a ficção aponta para a precariedade e para a
relatividade das perspectivas no enfoque do real e crê, com isso,
paradoxalmente, estar criando um modo mais eficaz de conhecimento do mundo, por constituir-se de forma menos ilusória, mais
crítica em relação ao poder mimético da palavra.

Assim, em termos de sua representação discursiva, o narrador
assume, no romance contemporâneo, basicamente duas formas que
marcarão a inserção problematizada da subjetividade na ficção: os
múltiplos pontos de vista ou a narração declaradamente onipotente,
ambas capazes de registrar o jogo subjetivante/objetivante dessa
narração que invade o enunciado.

Portanto, mesmo que o narrador se apresente em terceira pessoa
(indicando um não envolvimento direto com os acontecimentos),
mesmo que o seu estatuto onisciente marque uma possível impes-

soalidade e um distanciamento do plano efetivo da ação, mesmo que a ausência aparente de marcadores formais da enunciação possa indicar a objetividade do ato narrativo, não se poderá negar que esses procedimentos se constituem como recursos enunciativos ideologicamente matizados.

Parece aproximar-se bastante dessas noções teóricas a sistematização que Saramago mesmo estabelece, em um artigo em que comenta o seu fazer, em torno da instância narradora, aqui sintetizada: primeiramente, aponta para o estatuto do narrador imparcial, aquele que "vai dizendo escrupulosamente o que acontece, conservando sempre fora dos conflitos a sua própria subjetividade" (1990, p.19) – é o narrador *espectador*. Depois, caracteriza o narrador *outro*, mais complexo, de múltiplas vozes, substituível: o leitor o reconhece constante ao longo da narrativa, mas ele causa a estranha impressão de ser outro por colocar-se em um diferente ponto de vista, a partir do qual pode mesmo criticar o ponto de vista do primeiro narrador, assumindo-se como pessoa coletiva, como voz que não se sabe de onde vem e que se recusa a dizer quem é. Esse narrador é sujeito de uma "arte maquiavélica": leva o leitor a sentir-se identificado com ele, a *ser*, de alguma forma, ele. Por último, aponta para a concepção do narrador que é, de um modo não explícito, a voz do próprio autor, assumindo o seu poder demiúrgico sobre aquilo que cria, concepção que é tornada matéria romanesca – e ironicamente polêmica – na *Histórica do cerco de Lisboa*:

> Em tantos antos anos de honrada vida profissional, jamais Raimundo Silva se atrevera, em plena consciência, a infringir o antes citado código deontológico não escrito que pauta as acções do revisor na sua relação com as ideias e opiniões dos autores. Para o revisor que conhece o seu lugar, o autor, como tal, é infalível. Sabe-se, por exemplo, que o revisor de Nietzsche, sendo embora fervoroso crente, resistiu à tentação de introduzir, também ele, a palavra Não numa certa página, transformando em Deus não morreu o Deus está morto do filósofo. Os revisores, se pudessem,

A FICCIONALIZAÇÃO DA HISTÓRIA   **75**

se não estivessem atados de pés e mãos por um conjunto de proibições mais impositivo que o código penal, saberiam mudar a face do mundo, implantar o reino da felicidade universal, dando de beber a quem tem sede, de comer a quem tem fome, paz aos que vivem agitados, alegria aos tristes, companhia aos solitários, esperança a quem a tinha perdida, para não falar da fácil liquidação das misérias e dos crimes, porque tudo eles fariam pela simples mudança das palavras, e se alguém tem dúvidas sobre estas novas demiurgias não tem mais que lembrar-se de que assim mesmo foi o mundo feito e feito o homem, com palavras, umas e não outras, para que assim ficasse e não doutra maneira. Faça-se, disse Deus, e imediatamente apareceu feito. (Saramago, 1989, p.50)

O narrador, nesse fragmento, ao passo que afirma o poder demiúrgico[5] da ficção – e, portanto, o *seu* poder enquanto organizador do universo discursivo –, polemiza abertamente com a noção de verdade objetiva, com a infalibilidade do relato. A atividade do revisor, nesse aspecto, coloca-se como o avesso da objetividade plena da narração (se é que ela existe para além de um conceito ou uma categoria), e este ver outra vez seria capaz de instalar, enquanto discurso, outra verdade, que por tensionar o real, renunciando ao já feito, ao já sabido, teria o poder paradoxal de romper com a sua aparência de verdade, com a "mentira da representação", fragilizando a sua onipotência e revelando o que lhe é subjacente, aquilo que o trama. Lembremo-nos, uma vez mais, da lição de Adorno, quando afirma que quanto mais estrito o apego ao realismo da exterioridade, ao "foi de fato assim", tanto mais cada palavra se torna um mero faz de conta, tanto mais cresce a contradição entre sua pretensão e a de que não foi assim (1983, p.271).

Maria Alzira Seixo, em sua análise da *História do cerco de Lisboa*, também caracteriza o narrador desse romance como testemunhal e

---

5 Esse poder demiúrgico do narrador parece-nos ter sido encenado de maneira bastante concreta (e de modo ao mesmo tempo irônico e comovente) no filme *Mais estranho que a ficção* (2006), do cineasta Marc Forster.

oniciente, "demiurgo relativamente disfarçado de personalidade transitiva" (1989, p.33), enfatizando o dado de que toda escrita, como vimos, supõe um sujeito, e indicando a forma paradoxal pela qual a narração nega a objetividade dessa escrita: ao não atribuir a responsabilidade da narração a um ponto de vista determinado (o do personagem), a instância narradora configura um discurso sincrético, ora atribuível ao narrador, ora ao personagem.

Raimundo Silva, para resolver o problema que ele mesmo (se) lançara, mais ou menos inconscientemente quanto aos mecanismos que geram o processo criador, e também para atender, mais ou menos voluntariamente, a um desejo ou desafio manifestado, a partir do erro, por Maria Sara, constrói a sua história, que é também a História, mediatizada pelo lugar de fala dessa narração sobreposta, que se intromete desavisadamente – e por isso com ela se confunde – na fala do narrador (aquele que, enfim, organiza os diferentes discursos de que se compõe a *História do cerco de Lisboa.*)

Desse encurtamento das distâncias no interior da narrativa participa também o leitor, guiado pelo comentário para os bastidores da criação, nos quais partilha com o narrador, inclusive, o desapontamento diante dos limites da narração, em virtude de suas convenções. O mesmo narrador que se apresenta, na *História do cerco de Lisboa,* como um "mero observador" ("pouco mais faço que observar o mundo e aprender de quem sabe, noventa por cento do conhecimento que julgamos ter é daí que nos vem, não do que vivemos" (Saramago, 1989, p.224)), assume a precariedade dos meios de que se pode utilizar para expressar o seu saber sobre o universo que narra, apontando para a incompetência da palavra no sentido de dar conta da multiplicidade simultânea das ações a serem narradas:

> Estão felizes, ambos, e a um ponto tal que será grande injustiça separar-nos de um para ficar a falar do outro, como mais ou menos seremos obrigados a fazer, porquanto, conforme ficou demonstrado num outro mais fantasioso relato, é física e mentalmente impossível descrever os actos simultâneos de duas personagens,

A FICCIONALIZAÇÃO DA HISTÓRIA **77**

mormente se elas estão longe uma da outra, ao sabor dos caprichos e preferências de um narrador sempre mais preocupado com o que julga serem os interesses objectivos da sua narrativa do que com as esperanças em absoluto legítimas desta ou daquela personagem, ainda que secundária, de ver preferidos os seus mais modestos dizeres e miúdas ações aos importantes feitos e palavras dos protagonistas e dos heróis. (ibidem, p.240)

Essa provisoriedade e essa incerteza, como também a construção voluntária e declarada do sentido, que passam pelo reconhecimento dos limites e dos poderes da narração, mostram como a postura do narrador reduplica, nos diversos jogos que promove no texto (como veremos, em seguida, relativamente ao tempo e ao espaço da narrativa, por exemplo), a dinâmica das relações entre a História e a ficção. Ou seja: o que chama a atenção no romance, face ao narrador, é a dupla via pela qual ele, ao mesmo tempo, afirma e estilhaça a sua soberania sobre a narrativa, apontando, uma vez mais, para o jogo ambíguo que parece presidir, nas mais diferentes instâncias, a construção desse universo ficcional.

Observe-se, ainda, que esse narrador, por meio de suas constantes intervenções de caráter metalinguístico ou metaficcional, comporta-se como um ser acima do universo ficcional criado ao estabelecer, por exemplo, jogos temporais que evidenciam o caráter manipulador de seus domínios sobre a narrativa.

Essa onipotência declarada, no entanto, ainda que possa soar como uma confiança na capacidade de conhecer os acontecimentos do passado com um mínimo de certeza, afirma-se, na verdade, como uma "forma de inserção problematizada da subjetividade na História" (Hutcheon, 1991, p.156). Ou seja: ao estabelecer uma simultaneidade entre os diferentes planos temporais que constituem o romance, o narrador não só faz convergir o que chamamos de seus diferentes degraus discursivos (a história que o protagonista revisa, a que escreve e a que vive – seu romance com Maria Sara que se funde, mais que se sobrepõe, ao histórico caso de amor entre Mogueime e Ouroana), remetendo a narrativa ao seu próprio

78 MÁRCIA VALÉRIA ZAMBONI GOBBI

fazer,[6] como também problematiza as relações entre presente e passado, escapando à noção de perspectiva lukácsiana por questionar, inclusive, a própria existência do passado como tal, o que pode manifestar o desejo de reduzir a distância entre o passado e o presente e também o de "reescrever o passado dentro de um novo contexto" (ibidem, p.157).

Podemos talvez entrever, aí, aquilo que Paul Ricoeur caracteriza como a transformação do tempo em tempo humano por intermédio de sua narração (1988), ou ainda o que Walter Benjamim (1986) caracteriza como um tempo saturado de "agoras", competindo ao historiador (ou ao romancista que se propõe a recontar a História) livrá-lo da marca infrutífera do "era uma vez" pela sua revitalização, no sentido mesmo de apropriar-se desse tempo como uma experiência única.

Os momentos do romance que figurativizam essa simultaneidade temporal são inúmeros, por constituírem, exatamente, o procedimento discursivo mais frequentemente utilizado na configuração da narrativa. Não nos esqueçamos de que para essa fusão entre passado e presente convergem outros recursos – ou, em um sentido oposto, dela decorrem –, como a sobreposição espacial e a familiarização dos personagens, conceito bakhtiniano que aqui será utilizado de forma um tanto mais ampliada que seu sentido primeiro, mas nem por isso inadequada.

A cena da leitaria é, toda ela, talvez o melhor exemplo dessa fusão temporal no romance. Na impossibilidade de transcrevê-la inteira, julgamos ser suficiente lembrar seu início ("Evidentemente, a Leitaria A Graciosa, onde o revisor agora vai entrando, não se encontrava aqui no ano de mil cento e quarenta e sete em que estamos" (Saramago, 1989, p.61)) e sumariar seu desenvolvimento (o revisor, enquanto toma café, presencia as notícias do

---

6 Segundo Linda Hutcheon (1991, p.194), é este procedimento que caracteriza a autorreflexividade da metaficção: "a 'realidade' a que se refere a linguagem da metaficção historiográfica é sempre, basicamente, a realidade do próprio ato discursivo".

cerco trazidas até aquele "bom lugar para saber as novidades", que são as de que "A cidade está que é um coro de lamentações, com toda essa gente que vem entrando fugida, enxotada pelas tropas de Ibn Arrinque, o Galego, que Alá o fulmine e condene ao inferno profundo"), para, finalmente, chegar ao ponto que consideramos o de máxima sobreposição de planos temporais e que, por isso, citaremos de modo mais completo:

> Faz bem o empregado da leitaria em não dar ouvidos ao diz-que-diz. É por de mais sabido que, em caso de tensão internacional grave, a primeira actividade industrial que logo dá sinal de instabilidade e quebra é o turismo. Ora, se a situação, aqui, nesta cidade de Lisboa, fosse efectivamente de iminência de cerco e assalto, não estariam estes turistas a chegar, são os primeiros da manhã, em dois autocarros, um de japoneses, óculos e máquinas fotográficas, outro de anoraques e calças de cores americanas. (ibidem, p.66)

Dissemos que à sobreposição temporal liga-se inextricavelmente uma espécie de sobreposição espacial que faz com que Raimundo Silva percorra o seu itinerário cotidiano reconstruindo mentalmente o cenário do cerco. Para isso concorre o fato de o revisor morar bem ao pé do castelo e também a sua iniciativa de "acompanhar o traçado da cerca moura, segundo as informações do historiador, poucas, dubitáveis, como tem a honradez de reconhecer" (ibidem, p.68). O leitor, assim, acompanhando o percurso de Raimundo Silva – que é, efetivamente, um passeio imaginário pelas ruas da Lisboa do século XII (o deslocamento dos personagens, suas andanças pelo espaço definido como fundo das ações configuram-se como uma constante na obra toda de Saramago, aliás) –, monta, ele também, essa imagem em quebra-cabeça, recheada de anacronismos, ou de projeções temporais, que só um narrador dono da narrativa – uma autoridade discursiva, portanto – poderia conceber.

Um momento do romance em que a fusão de tempos e de espaços é bastante característica parece ser este que transcrevemos:

80 MÁRCIA VALÉRIA ZAMBONI GOBBI

Agora o telefone não deve tocar, que nada venha interromper este momento antes que ele por si mesmo se acabe, amanhã os soldados reunidos no monte da Graça avançarão como duas tenazes, a nascente e a poente, até à margem do rio, passarão à vista de Raimundo Silva que mora na torre norte da Porta da Alfofa, e quando ele assomar ao eirado, curioso, trazendo uma rosa na mão, ou duas, gritar-lhe-ão de baixo que é demasiado tarde, que o tempo não é mais de rosas, mas de sangue final e de morte. (ibidem, p.243-4)

Essa intersecção entre a História narrada e o presente da escrita contamina também a construção dos personagens. Nesse sentido, o primeiro aspecto que poderíamos trazer para a análise é o da ex-centricidade que o *status* dos personagens históricos adquire – especialmente, para o nosso caso, Afonso Henriques. Na ficção contemporânea parece não haver mais lugar para o personagem tipo, entendido na acepção lukácsiana daquele que é capaz de sintetizar as determinantes sociais e humanas de um dado universo histórico, uma vez que o romance contemporâneo põe em questão a própria representação (o que se dirá, então, se esta representação for típica, ou seja, "aplicável" a uma coletividade historicamente demarcada).

Desse pressuposto, duas são as derivações possíveis e verificáveis na *História do cerco de Lisboa*: uma é que a narrativa contemporânea elege como protagonistas, normalmente, os periféricos à História. Ou seja, reivindica uma parcela, ao menos, dos grandes feitos, àqueles que jamais teriam seu nome registrado pela história oficial. Como ocorre com o aproveitamento do detalhe histórico, essa escolha é funcional à medida que permite ao ficcionista efabular, criar situações paralelas à História conhecida sem que elas comprometam certa expectativa de leitura da obra. Além disso, em termos da problematização das relações entre História e ficção, que é onde a presença desses marginalizados efetivamente marca uma diferença, a sua eleição e elevação dentro da narrativa aponta para a outra história, aquela que deixou de ser contada, mas que não é, por isso, menos possível.

A FICCIONALIZAÇÃO DA HISTÓRIA 81

Na *História do cerco de Lisboa*, Mogueime e Ouroana atuam como uma espécie de dublês de Raimundo Silva e Maria Sara, antecipando, sombreando ou orientando, na ficção dentro da ficção, a trajetória e as estratégias do cerco amoroso que se vai instalando.

Num segundo viés, também com relação aos personagens históricos oficiais podemos verificar que se formalizam transgressões no plano da sua configuração literária. Afonso Henriques aparece no romance absolutamente "des-heroicizado", desprovido do caráter grandioso que lhe advém, na história oficial, enquanto elemento fundador da nacionalidade portuguesa. A imagem que o romance dele constrói (vimos como na cena da leiteria um figurante a ele se refere pejorativamente como "galego"), suas hesitações, os erros que comete, o ambíguo "cala-te Afonso" que finaliza seu discurso aos cruzados e até mesmo sua descrição física (sujo do pó das batalhas, comendo com as mãos dentro da tenda no acampamento improvisado) – tudo isso, enfim, cria uma imagem muito mais aproximada do que se pode considerar a realidade da época do que aquilo que os registros historiográficos frequentemente apontam: que outro perfil poderíamos imaginar para esse rei de coisa nenhuma?

Todas essas estratégias combinadas na composição dos personagens, enfim, definem a familiarização, o rebaixamento a que eles são submetidos no romance, procedimento avaliado por Bakhtin como um elemento fundamental para a desconstrução do universo épico. Se alguma heroicidade pode, a princípio, parecer mover o romance, em função do fato histórico que elege recontar, ela é logo dessacralizada pelo rebaixamento de que esses personagens são objeto. Esse rebaixamento, que é, fundamentalmente, uma aproximação do objeto narrado a uma zona de contato máximo com o presente da escrita, manifesta-se, efetivamente, pela desestabilização das fronteiras discursivas entre o narrador e os personagens.

Seja nas formulações mais extremas em que esta familiarização se dá – "Isto ouvi, eu, cruzado Raimundo Silva" (ibidem, p.128) –, seja em momentos de hesitação discursiva, quando, como leitores, somos levados, uma vez mais, a partilhar dos embates do autor com o texto que cria, emparedado (ironicamente) diante da inverossimilhança ou

82 MÁRCIA VALÉRIA ZAMBONI GOBBI

do anacronismo que poderiam comprometer sua narrativa,[7] vemos que se trata, sempre, de uma luta com a palavra, com a sua natureza arbitrária, instável, incompetente, que o escritor tem que reverter, tornando-a significativa e, mais que isso, fecundadora de sentidos.

Se o conhecimento histórico é um construto linguístico, a mesma limitação que sofre o texto ficcional diante do objeto que intenta representar é partilhada pelo registro historiográfico. Dessa maneira, uma vez mais a História é colocada em questão, no sentido de ser, sempre, um possível sentido, e não uma verdade irrefutável.

A natureza arbitrária e ideologicamente orientada do conhecimento histórico é problematizada na *História do cerco de Lisboa* neste diálogo entre Maria Sara e o revisor que parece sintetizar, enfim, toda a discussão e a intencionalidade esboçadas, desde o início, pelo romance:

> Um homem que me agradou logo que o vi, um homem que fizera deliberadamente um erro onde estava obrigado a emendá-los, um homem que percebera que a distinção entre não e sim é o resultado duma operação mental que só tem em vista a sobrevivência, É uma boa razão, É uma razão egoísta, E socialmente útil, Sem dúvida, embora tudo dependa de quem forem os donos do sim e do não, Orientamo-nos por normas geradas segundo consensos, e domínios, mete-se pelos olhos dentro que variando o domínio varia

---

7 "Ao irónico esmero de pôr na boca dos mouros inadvertidos a ordem de assalto deveremos nós resistir à tentação de, levados pelo hábito, chamar maquiavélico, pois Maquiavel, a esse tempo, ainda não era nascido e nenhum dos seus antepassados, contemporâneos ou anteriores à tomada de Lisboa, se havia distinguido internacionalmente na arte de enganar. É necessário ter grande cuidado no uso das palavras, não as empregando nunca antes da época em que entraram na circulação geral das ideias, sob pena de nos atirarem para cima com imediatas acusações de anacronismo, o que, entre os actos repreensíveis na terra da escrita, vem logo a seguir ao plágio. Na verdade, fôssemos já então uma nação importante, como o somos hoje, e não teria sido preciso esperar três séculos por Maquiavel para enriquecer a prática e o vocabulário da astúcia política, sem mais que pensar denominaríamos de afonsino este golpe genial" (Saramago, 1989, p.278-9).

A FICCIONALIZAÇÃO DA HISTÓRIA   83

o consenso, Não deixas saída, Porque não há saída, vivemos num quarto fechado e pintamos o mundo e o universo nas paredes dele. (ibidem, p.299-300)

Esse breve exame dos diferentes elementos constitutivos do universo narrativo que configuram a *História do cerco de Lisboa* representa, como anunciamos, uma introdução ou um forneci-mento de dados à discussão em torno de um aspecto que nos parece fundamental na construção desse romance e que o justifica como parte do *corpus* de análise deste livro.

Vimos que a leitura da História, via romance, é uma operação cujo movimento fundamental é o jogo ambíguo, a tensão entre um afirmar e um duvidar, uma incorporação da História que, simul-taneamente, questiona sua verdade. Esse movimento manifesta-se, na construção da narrativa, por meio dos aspectos que vimos analisando: a (con)fusão temporal, a sobreposição de espaços, o rebaixamento dos personagens, o rompimento das fronteiras entre as vozes dos personagens e a do narrador (que é, enfim, o regente dessa (des)ordem).

Todo jogo tem sua regra: essas dualidades, conjugadas no todo romanesco, funcionam perfeitamente, fazendo da dissonância o modo mesmo pelo qual elas se organizam. Instauram, como decor-rência, também uma dissonância, uma instabilidade entre História e ficção na medida mesma em que, ao aproximá-las, assinalam a diferença entre as duas instâncias. O que faz essa diferença é a ironia.

Parece ter ficado já marcado, nos diversos fragmentos que vimos transcrevendo, que o instrumento do narrador, enquanto organiza-dor do universo discursivo, a sua arma contra a mentira da represen-tação, é a ironia. A ficção apresenta-se como um simulacro do real, naquele sentido já por nós afirmado de uma consciência da natureza completamente diversa entre os materiais da realidade e aqueles que permitem a sua expressão. Como textos, história e literatura partilham do mesmo trauma da irredutibilidade do fato à palavra.

Antes de essa dissidência representar uma impossibilidade para o exercício da ficção, ela constitui mesmo o desafio da forma: a infração ao código de representabilidade do mundo é o que acaba por construir, pela palavra literária, o seu sentido.

Assim, é a ironia, por exemplo, que recusa a nostalgia do olhar ao passado por permitir o distanciamento crítico exigido para o seu reconhecimento; é a ironia que dessacraliza os heróis, marcando a irreverência do romance face à História; é a ironia que, em sua função formadora, faz-se compreender completamente: "o autor despacha com o gesto irônico, que revoga seu próprio discurso, a exigência de criar algo real, ao qual, porém, nenhuma de suas palavras pode escapar" (Adorno, 1983, p.272); é a ironia, por isso, que torna possível a *História do cerco de Lisboa*:

> O vento puxa e repuxa Raimundo Silva, obriga-o a segurar-se aos merlões para manter o equilíbrio. Num momento, o revisor experimenta uma sensação forte de ridículo, tem a consciência da sua postura cénica, melhor dizendo, cinematográfica, a gabardina é manto medieval, os cabelos soltos plumas, e o vento não é vento, mas, sim, corrente de ar produzida por uma máquina. E é nesse preciso instante, quando duma certa maneira se tornou infenso e inocente pela ironia contra si próprio dirigida, que no seu espírito surgiu, finalmente claro e também ele irónico, o motivo tão procurado, a razão do Não, a justificação última e irrefutável do seu atentado contra as históricas verdades. Agora Raimundo Silva sabe por que se recusaram os cruzados a auxiliar os portugueses a cercar e a tomar a cidade, e vai voltar a casa para escrever a História do Cerco de Lisboa. (Saramago, 1989, p.135)

Ao distanciar-se de si mesmo, projetando-se como imagem sua, Raimundo Silva não apenas encontra o sentido para o seu "erro", como também desestabiliza os cânones do conhecimento histórico por revelar sua natureza artificial, dessubstancializada, cênica – enfim, por constituir uma imagem do mundo.

Há, enfim, uma última resposta a ser dada por este livro, se nos lembrarmos das questões inicialmente lançadas: o que quer, então, a *História do cerco de Lisboa*? Ou seja: ao reconstruir, pela ficção,

A FICCIONALIZAÇÃO DA HISTÓRIA   85

um evento histórico que marca, reconhecidamente, os primórdios da afirmação da nacionalidade portuguesa, e assumindo que a ficção é capaz de inventar um mundo cujo sentido é "tão útil ao entendimento do nosso presente como a demonstração efetiva, provada e comprovada do que realmente aconteceu" (Saramago, 1990, p.19), o que poderia pretender o romancista? Ao perturbar a História, que outros sentidos estaria entrevendo? E, mesmo que não houvesse qualquer intencionalidade específica na concepção desse romance, face a uma problematização do ser português, como nós, leitores, preencheríamos esse vazio do texto?

Formalmente, o dado significativo que temos a nos auxiliar na difícil tarefa desse "desvendamento de intenções" é o erro histórico que motiva o romance. Em termos sumários, esse erro consiste na exclusão dos cruzados da tomada de Lisboa. Essa exclusão é, da parte dos portugueses, involuntária, uma vez que foi decisão dos cruzados a negativa ao auxílio solicitado. Tal atitude, portanto, mesmo que mesquinhamente motivada, deveria causar um efeito disfórico no ânimo dos portugueses. No entanto, a recusa dos cruzados funda-se, ainda que ironicamente, no discurso de Afonso Henriques:

eu tenh[o] cá minhas razões para pensar que, ainda que não cheguemos a um acordo, sozinhos seremos capazes de vencer os mouros e tomar a cidade, como ainda há três meses tomámos Santarém com uma escada de mão e meia dúzia de homens [...], ora, se isso fizemos, também cercaríamos Lisboa, e se isto vos digo não é porque despreze o vosso auxílio, mas para que não nos vejais tão desprovidos de forças e de coragem, e mais ainda não falei doutras melhores razões, que é contarmos nós, portugueses, com a ajuda de Nosso Senhor Jesus Cristo, cala-te, Afonso. (Saramago, 1989, p.140)

A resposta dos cruzados vem nos seguintes termos:

gozando o rei de Portugal de tão eficazes e fáceis ajudas de Nosso Senhor Jesus Cristo, por exemplo, no perigoso aperto que foi dito ter sido o da batalha de Ourique, mal haveria de parecer ao mesmo

86 MÁRCIA VALÉRIA ZAMBONI GOBBI

Senhor presumirem os cruzados que ali estavam em trânsito de substituí-lo na nova empresa, pelo que dava como conselho, se recebê-lo queriam, fossem os portugueses sozinhos ao combate, pois já tinham segura a vitória e Deus lhes agradeceria a oportunidade de provar o Seu poder, esta e tantas vezes quantas para isso vier a ser solicitado. (ibidem, p.155)

Transcrevendo esses dois fragmentos, queremos apenas ressaltar alguns aspectos que possam orientar nossa conclusão: a motivação e a justificativa da recusa (do erro) estão no interior do próprio universo ficcional criado; é um ato de linguagem – o discurso de Afonso Henriques – que se mitifica ao motivar um fato histórico, textualmente configurado; a irreverência, que ambas as falas revelam, confirma estarmos diante de um universo francamente paródico.

Se, hipoteticamente, a afirmação de poder dos portugueses, no discurso de Afonso Henriques, remete-nos à imagem de um *"Portugal-Super-Man,* portador secreto de uma *mensagem* ou possuidor virtual de um Graal futuro"*,*[8] confirmando o *"apologetismo intrínseco* da excelência ímpar do *ser português"* – imagem que revela, segundo Eduardo Lourenço (1992, p.35 e 17, respectivamente; grifos do autor), de quem se tomam aqui as palavras, um "irrealismo prodigioso", não podemos nos esquecer que o fundamento do discurso irônico é exatamente o seu poder de revogar-se, de

---

8 Mircéa Eliade, ao analisar os mitos do mundo moderno, especialmente aqueles veiculados pelos meios de comunicação de massa, aponta para uma significação do mito do Superman que, se transportado para o plano da coletividade, pode acrescentar um dado interessante à imagem de heroicidade do ser português: "Essa camuflagem humilhante de um herói cujos poderes são literalmente ilimitados, revive um tema mítico bastante conhecido. Em última análise, o mito do Superman satisfaz as nostalgias secretas do homem moderno que, sabendo-se decaído e limitado, sonha revelar-se um dia um 'personagem excepcional', um 'herói'" (Eliade, 1972, p.159). A consciência da decadência, a nostalgia de um passado heroico e a "fé no que há de vir" parecem termos já solidificados quando se trata de discutir a identidade do ser português. Daí a pertinência, parece-nos, da figura utilizada por Eduardo Lourenço.

A FICCIONALIZAÇÃO DA HISTÓRIA   87

desconstruir-se e de desconstruir as representações que faz – a sua reversibilidade, o virar do avesso.

A hipótese, então, de que talvez esse país pudesse ter-se construído sozinho, lançada do interior da própria narrativa, é revertida pela forma discursiva que a constitui; a ironia aponta para o caráter ilusório da representação, para a irrealidade do texto ficcional, que se assume plenamente como mundo inventado, ao qual se permite, inclusive, brincar com a verdade.

A verdade posta pelo texto ficcional, pela transgressão da História, não intenta destituí-la, mas ativa uma operação que, pela suspensão temporária de sua validade incondicional, revela a ambivalência do estatuto irônico em que se inscrevem as relações entre o universo imaginário e o histórico: a História se reconhece (outra) no romance; o romance engendra um relato histórico, ainda que dele desconfie.

Na *História do cerco de Lisboa,* essa brincadeira parece levar menos ao riso que ao ceticismo, menos à violência devassadora da sátira que ao "travo de amargura" que persegue o ser português: embora "cume da cabeça de Europa toda", o fato de estar "onde a terra se acaba e o mar começa", paradoxalmente, indica o longe e o limite, a identidade e a dispersão.

Mais uma vez podemos dizer que, em lugar de fechar questão, o romance mantém o seu estatuto interrogador, abre-se para o *talvez* intransponível de uma história que absorve em seu ser as sombras do que poderia ter sido.

O cochilo de Clio e o nó da história (com a ficção)

> *The past is everywhere [...]. Wether it is celebrated or rejected, attended to or ignored, the past is omnipresent.*
>
> D. Lowenthal, *The past is a foreign country*

"A inaudita guerra da Avenida Gago Coutinho", conto publicado em 1983 no volume homônimo de Mário de Carvalho, constitui-se

88   MÁRCIA VALÉRIA ZAMBONI GOBBI

também como uma narrativa surpreendente, relativamente ao seu modo de construção, pelo à vontade com que cruza dois tempos distintos – o Portugal de Afonso Henriques e a contemporaneidade –, exatamente como fará Saramago alguns anos depois, na sua *História do cerco de Lisboa*, que acabamos de comentar.

A diferença primeira entre ambas as narrativas, no que diz respeito a essa técnica de composição, parece-nos situar-se no fato de que, no romance de Saramago, as sobreposições temporais e espaciais são motivadas intratextualmente – ou seja, pela intervenção efetiva do revisor Raimundo Silva no texto da História de Portugal com que trabalhava, o que o levará a construir um novo discurso, que obrigatoriamente terá que incorporar o "erro" que motiva a sua (outra) história do cerco de Lisboa. Assim, será ele, Raimundo Silva, personagem do romance, o responsável pelo emaranhado que então se tece entre passado e presente, já que às suas experiências cotidianas – que são as de um homem comum situado temporalmente no final do século XX e que vive mesmo próximo ao "cenário" do cerco – mescla-se a história que (re)inventa, fazendo do romance um jogo de temporalidades distintas que se cruzam cada vez mais "sem aviso", como vimos nos fragmentos do romance analisados no tópico anterior.

No conto de Mário de Carvalho, essa sobreposição temporal é motivada "de fora", ainda que realizada, evidentemente, no âmbito da narrativa ficcional: um cochilo da deusa Clio, "enfadada da imensa tapeçaria milenária a seu cargo, repleta de cores cinzentas e coberta de desenhos redundantes e monótonos", é que fará cruzarem-se "as datas de 4 de junho de 1148 e de 29 de setembro de 1984" (1983, p.25).

A consequência disso é que os motoristas que trafegavam pela Avenida Gago Coutinho nessa manhã são surpreendidos pela tropa de Ibn-el-Muftar, que vinha "embalada" pelo propósito de "pôr cerco às muralhas de Lixbuna, um ano atrás assediada e tomada por hordas de nazarenos odiosos" (ibidem, p.26) – uma clara referência ao evento histórico glosado por Saramago em seu modelar romance: o cerco de Lisboa. A partir daí, é de se prever a confusão

A FICCIONALIZAÇÃO DA HISTÓRIA 89

que dará corpo ao conto, o qual não deixa de explorar a sugestão cômica do enredo, em que não faltam latas d'água arremessadas do alto dos prédios da cidade moderna sobre os assustadíssimos sarracenos vestidos com mantos e cotas de malha.

A cena inicial do conto já traz, ironicamente, um "julgamento da História", considerada tão entediante em sua mesmice que até se justifica o dormitar de Clio, envolta pela monotonia das suas "cores cinzentas" (ibidem, p.25). Esse cochilo, se poderíamos qualificá-lo como motivador do "erro" de Clio – em paralelo com o "erro" de Raimundo Silva –, tem também alcance irônico no texto, se nos lembrarmos de que, na esfera dos deuses, raramente se fala em erro e muito mais em destino. Se Clio erra – e é certamente assim, na esfera do conto, que seu ato é julgado, já que ela recebe, ao final, um "sério" castigo por seu cometimento (ser privada de ambrosia por quatrocentos anos) –, é porque já é concebida parodicamente, humanizada, portadora de uma inclinação para o erro que nem mesmo o castigo a ser recebido assegurará que não se efetive novamente, já que "não é seguramente castigo dissuasor de novas distracções" (ibidem, p.32).

Daí que o nó na trama da história, "destoante da lisura do tecido", venha a ser justamente o que propiciará o colorido da invenção – porque esse encontro dos dois fios só como tal se pode conceber –, opondo-se ao monocromático da história e caracterizando o que Maria de Fátima Marinho considera o "ponto limite da interpenetração dos discursos para que tende a ficção pósmoderna" (1999, p.291). Segundo a ensaísta, nessa e em outras narrativas de Mário de Carvalho, como no romance *O livro grande de Tebas*, realiza-se plenamente o que Amy J. Elias (1991) define como história paratática,[9] conceito que aponta para a tendência da

---

9 "Simply defined, parataxis is a rhetorical term denoting a coordinate arrangement of words, clauses, phrases, or sentences with or without coordinating connectives [...]. Postmodernist historical novelists, spatialize history in one way by juxtaposing the past and the present in a manner similar to parataxis, the rhetorical strategy. They thus create what can be called a 'paratactic history'." (Elias, 1991, p.107-8).

90 MÁRCIA VALÉRIA ZAMBONI GOBBI

literatura contemporânea no sentido de apreender a realidade espacialmente e não em uma sequência contínua. Se nos lembrarmos de que, no conto, os dois fios temporais distantes um do outro convergem para um único espaço delimitado – aquele que até mesmo dá nome à narrativa, o que já indicia o seu poder centralizador –, compreenderemos sem grandes esforços a pertinência da figura utilizada pela ensaísta norte-americana para concretizar o modo pelo qual se efetiva, na ficção, essa coexistência de tempos. É nesse sentido que, como ajuíza Maria de Fátima Marinho (1999, p.252), a parataxe seria a estratégia que melhor definiria a justaposição de presente e passado operada por essa forma de ficção:

> A noção de simultaneidade inerente à parataxe pressupõe também a existência da justaposição, da coexistência lateral, da anarquia, da disjunção linear, da metáfora ou da sincronia, conceitos que se revelam significativos na metaficção historiográfica pós-moderna.

Esse comentário, feito pela especialista portuguesa no estudo do romance histórico, já indica alguns efeitos de sentido provocados por tais estratégias da forma narrativa. O que nos chama a atenção é justamente esse caráter anárquico que as narrativas regidas pela parataxe assumem, capaz de, por seu traço desestabilizador, provocar um olhar crítico sobre ambas as temporalidades envolvidas no jogo da ficção. Por isso é que, embora o conto tenha sido publicado em uma coleção intitulada Fantástico, não nos parece que é como uma espécie de suprarrealidade ou como uma realidade em que repentinamente se intromete o insólito, o inexplicável, distanciando-se, então, de uma realidade possível, que Mário de Carvalho tenha concebido esse entrelaçamento de tempos em sua narrativa. Ainda que ele possa efetivamente ter lançado mão desses truques ficcionais, é com a matéria histórica que está lidando, configurando, no entanto, um modo assumidamente ficcional de olhar criticamente para a realidade e para o processo histórico que, enfim, fez de Portugal o que ele é hoje.

A FICCIONALIZAÇÃO DA HISTÓRIA 91

Esse modo ficcional é que justamente queremos qualificar como irônico, nos vários níveis de significação em que o termo pode ser tomado: em primeiro lugar, pelo entendimento de que a ironia cria efeitos de sentido contraditórios: ao permitir que o leitor perceba os truques do fazer literário, desnudando o caráter ficcional da narrativa, o narrador, por um lado, legitima a ficcionalidade e destrói a verossimilhança do relato. Entretanto, perspectivando esse movimento em sentido inverso, temos que o narrador, por meio da ironia, confere uma aparência de realidade à narrativa que tece e institui, de certo modo, uma forte ilusão de veracidade que ultrapassa o próprio efeito de sentido do verossímil.

Essa estratégia, como se vê, pressupõe a assunção de um pacto entre autor e leitor, necessariamente motivado pelo texto e assinalado pelos seus próprios truques de composição – pacto que prevê que o leitor seja capaz de decodificar os diferentes sentidos (ou níveis de significação) propostos pelo texto, codificados pelo autor, ainda que eles não estejam explicitados, ou ditos. A necessidade desse "pacto" – desse tipo de recepção de leitura – é enfatizada neste argumento de Umberto Eco (2003, p.217):

> A ironia consiste em dizer não o contrário do verdadeiro, mas o contrário daquilo que se presume que o interlocutor acredita ser verdadeiro. [...] se a ironia não é percebida, se fornece apenas uma falsa informação. Logo, a ironia, quando o destinatário não está consciente do jogo, torna-se simplesmente uma mentira.

Lançada ao passado que deu forma a um imaginário centrado, desde os primórdios, no mito do santo combate necessário à afirmação da nação eleita, a ironia configurada por essa inaudita guerra só pode nos convencer de que está no conto explicitado um modo significativo de apreensão e ajuizamento da realidade histórica, "em que se conjugam, simultaneamente, a História conhecida e a sua paródia, personagens reais e inventadas, factos verídicos com consequências subversivas e que, a terem sido reais, modificariam a sequência dos acontecimentos" (Marinho, 1999, p.252). Se a isso

92 MÁRCIA VALÉRIA ZAMBONI GOBBI

se junta o tom cômico que o narrador imprime ao texto, tornam-se repletos de piscadelas irônicas fragmentos impagáveis da narrativa de Mário de Carvalho, como este:

> Desprezivamente, Ibn-Muftar deu uma ordem e logo vinte archeiros enristaram os arcos, apontaram aos céus e expediram, com um zunido tenso, uma saraivada de setas, que obrigou toda a gente a meter-se nos automóveis e a procurar refúgio nas portadas dos prédios ou atrás dos camiões. Veio do Areeiro um grande apupo, desta vez convicto, em uníssono.
>
> Ora foi este clamor que o comissário Nunes, recém-chegado à Alameda D. Afonso Henriques, à frente dos seus pelotões de choque, interpretou mal. Aí estava a assuada, o arruído, considerou o comissário. Era, uma vez mais, a canalha a desafiar a polícia.
>
> – Toca a varrer isto tudo até ao Areeiro – disse. E, puxando do apito, pôs a equipa em acção, à bastonada, a eito, por aqui e por além. (1983, p.28)

Na verdade, parece-nos que é mesmo a própria noção de autoridade (da história, da verdade cristalizada e comumente equivocada, das instituições de poder, da censura, da ditadura até recentemente em vigor, dada a época de publicação do conto) que a ironia põe em questão: tome-se como índice disso o comportamento da "máquina policial" (ibidem, p.27), cuja incompetência é assinalada pela necessidade da mobilização, a partir do comunicado[10] sobre

---

10 O comunicado do policial é uma pérola paródica das convenções da linguagem de sua corporação, motivo pelo qual o transcrevemos, precedido da introdução que a ele faz o narrador: "Sentindo-se muito desacompanhado para tomar conta da ocorrência, transmitiu para o posto de comando, pelo intercomunicador da mota, uma complicada mensagem, plena de números e de cifras, que podia resumir-se assim: Uma multidão indeterminada de indivíduos do sexo masculino, a maior parte dos quais portadores de armas brancas e outros objectos contundentes, cortantes e perfurantes, com bandeiras e trajos de carnaval, montados em solípedes, tinham invadido a Avenida Gago Coutinho e parte do Areeiro em manifestação não autorizada. Dado que se lhe afigurava existir insegurança para a circulação de pessoas e bens na via pública, aguardava ordens e passava à escuta" (Carvalho, 1983, p.27).

A FICCIONALIZAÇÃO DA HISTÓRIA   93

a ocorrência inusitada, feita pelo "agente de segunda classe da P. S. P. Manuel Reis Tobias, em serviço à entrada da Avenida Gago Coutinho" (ibidem, p.26), da Polícia de Intervenção, do pelotão de choque, da tropa do Ralis e do batalhão da Escola Prática de Administração Militar, depois de consultados o Governador Civil e o Ministro – sem que, evidentemente, a situação se resolvesse. Quando, no final do conto, Clio enfim desperta do seu sono, apaga a memória dos eventos com "borrifos de água do rio Letes" (ibidem, p.32) lançados sobre a multidão envolvida nos acontecimentos, mais uma vez a autoridade é ridicularizada, já que, ironicamente, a situação sugere a falta de "capacidade de entendimento" dos homens da polícia e a sua evidente inabilidade para lidar com a situação e, ao mesmo tempo, põe em cena uma sempre temida versão conspiratória da história que, no contexto, acaba por ser comicamente desconstruída:

> [...] nem o comissário Nunes sabia o que estava a fazer escondido atrás do balcão da Munique, nem o capitão Soares sabia porque estava ali a flanar com a tropa no fundo da Avenida dos Estados Unidos, nem o guarda de segunda classe da PSP, Manuel Tobias, sabia porque se tinha dado aquele engarrafamento, nem o coronel Vaz Rolão, do Ralis, sabia como tinha ido parar à estrada e deixado que uma auto-metralhadora se enfeixasse num camião TIR. [...] Ao Ibn-Muftar não foi muito gravoso o acontecimento [...]. Pior foi para o comissário Nunes, o capitão Soares e o coronel Rolão explicarem em processo marcial o que se encontravam a fazer naquelas zonas à frente de destacamentos armados. Falou-se muito em insurreição, nesses dias, e os jornais acompanharam apaixonadamente o correr dos processos. (ibidem)

É a oficialidade da História que, assim, se "quebra"; mas o que surge do discurso irônico da ficção, nesse conto, não é diretamente uma reinterpretação da História, e sim, concretamente, uma transfiguração dela – que, evidentemente, leva a uma ressignificação. Esse procedimento – de transfiguração da história – é, mais uma vez, ironicamente sugerido na narrativa, em mais uma passagem significativa dela, a exigir do leitor a mesma atenção às suas nada inocentes piscadelas: quando se configura a cena do entrelaçamento dos dois tempos, as reações dos dois grupos beligerantes – a tropa muçulmana e os cidadãos portugueses em trânsito – são evidentemente diferentes.

Para os árabes da Idade Média, a "explicação" para o caso só poderia ser dada em termos de intervenção do divino no destino dos homens – no que eles em grande medida (e ironicamente, é claro) acertam. É por isso que a primeira reação dos muçulmanos, flagrada com o foco centrado na figura do lugar-tenente de Muftar, Ali-ben-Yussuf, é "apear-se para orar, depois de ter alçado as mãos ao céu e bradado que Alá era grande" (ibidem, p.26). Muftar, ainda que convencido "de que Alá era grande", percebe que "o momento [não era] oportuno para louvaminhas, que a situação requeria antes soluções práticas e muito tacto", assumindo, portanto, atitude condizente com seu posto de chefe militar. No entanto, ele não deixa de também manifestar seu estranhamento diante da surpreendente situação, enquanto dava um "jeito ao turbante": "Teriam tombado todos no inferno corânico? Teriam feito algum agravo a Alá? Seriam antes vítimas de um passe da feitiçaria cristã? Ou tratar-se-ia de uma partida de *jinns* encabriolados?" (ibidem, p.26; grifo do autor). Por fim, convence-se de que "aqueles peões de escudo e viseira" eram nada menos que "a guarda avançada de Ibn-Arrink, o cão tomador de Lixbuna, que vinha aí travar-lhe o passo, a coberto de um encantamento mágico" (ibidem, p.29)

É importante destacar para análise alguns elementos dessa divertida passagem do conto: em primeiro lugar, o nivelamento, configurado na fala do líder árabe, entre referências que lhe vêm da "realidade histórica" – a possibilidade de o exército de Afonso Henriques estar de prontidão para defender-se de mais uma investida dos mouros, o que acaba por ser confirmado posteriormente pela narrativa, já que "Ibn-Arrink o esperava, com máquinas de guerra e fogos acesos nas muralhas" (ibidem, p.31) – e referências que lhe vêm da esfera da sua "ancoragem mítica". Essas últi-

A FICCIONALIZAÇÃO DA HISTÓRIA 95

mas, por sua vez, são também niveladas (Alá, o Corão, a magia dos jinns[11] e da "feitiçaria cristã"), resultando, dessa miscelânea de referências e desse processo de des-hierarquização, um rebaixamento delas todas a um nível que, na esteira de Bakhtin, poderíamos definir como carnavalizado, já que aí se interpenetram as esferas do sagrado e do profano, do real e do imaginado, do sério e do não sério e, enfim, do mito e da história, tudo isso revestido por uma moldura francamente paródica que, assim, realça o aspecto desestabilizador do conto relativamente às convenções de que se serve.

Esse universo carnavalizado de referências é ampliado e, portanto, reforçado, no conto, pelo modo com que a outra facção envolvida nos acontecimentos – os portugueses que trafegavam por uma grande avenida de Lisboa em 1984 – tenta compreender e "enquadrar" no seu sistema de referências a cena insólita de que inadvertidamente acaba por participar: a primeira informação que o agente Manuel Tobias recebe, ao relatar o caso a seus superiores, é que estes, consultando por sua vez os seus superiores, haviam confirmado que "não se encontravam previstos desfiles" para aquele dia. Os motoristas, por sua vez, enquanto aguardavam a tomada de providências para que pudessem voltar a circular, "entre irritados e divertidos, se empenhavam em uma ruidosa assuada. Que devia ser algum reclame, diziam uns; que era, mas era para um filme, diziam outros" (ibidem, p.27). Ou seja, todos percebem a irrealidade dos acontecimentos em um sentido que, na lógica que preside a nossa argumentação, aponta para a encenação da história, tomando o termo em uma concepção que se vincula ao disfarce, ao travestimento, ao "como se", ao simulacro.

Está desmantelada, dessa forma, a solenidade e a grandiosidade da empresa épica, guerreira, tão cara ao imaginário vinculado ao surgimento da nação lusitana. E esse "rebaixamento" leva no rede-

---

11 Jinns é um termo árabe que significa gênio. Na cultura popular, designa os espíritos ruins que fazem parte de um sistema mágico-religioso paralelo ao islamismo, conhecido pelo nome de fanditha, que forneceria, segundo os crentes, a melhoria em suas vidas e a solução de problemas pessoais.

moinho que provoca também as figuras-chave dessa nação imaginada, como Afonso Henriques, o Ibn-Arrink, que, mesmo em ausência, "paira" sobre a cena flagrada na Avenida Gago Coutinho.

É nesse sentido que, ironicamente, e mais uma vez, aparentam-se história e ficção, já que o gesto irônico do texto manifesta-se na própria negação de que ele esteja representando o real. Essa ironia – e as ambiguidades que nela permanecem como elementos constitutivos da própria mobilidade de sentidos que estrategicamente ela promove – fica ainda mais evidente se nos lembramos de que essa foi (ou é) uma guerra inaudita. Se nunca se ouviu falar dela, é porque nunca foi contada. E não porque tenha ficado esquecida em um suposto tempo imemorial, soberano e inapreensível, já que se o passado é onipresente, como diz a epígrafe deste capítulo, a presença de Clio na narrativa mostra que a História o persegue, alcançando todos os lugares e todas as épocas, como asseguram as alegorias que emolduram Clio nas suas representações pictóricas: o globo terrestre sobre o qual ela descansa e o Tempo que se vê ao seu lado.

O procedimento irônico que preside todo o texto mostra que o narrador tem plena consciência do trabalho artesanal e necessariamente intertextual que qualifica a ficção que se serve da história, reorganizando o "material disponível" em um novo discurso em prol – aí, sim – de uma nova significação. Se essa história nunca foi contada, se ninguém a escreveu, há aí uma falha que merece ser preenchida: é preciso, ironicamente, dar à história uma nova chance – e é isso que o cochilo de Clio acaba por viabilizar. A não existência do fato que o conto recobre (a guerra da Avenida Gago Coutinho) reside na ausência do relato. Urge, então, que a narrativa lhe dê existência, recuperando o fato (a quase batalha) ao mesmo tempo em que reescreve o (não)escrito, apropriando-se, para isso, tanto de seus ecos (a permanência desse imaginário cavaleiresco e das origens como um dos sólidos pilares da identidade nacional, marcada sutilmente no texto pelo fato de toda a cena ter se passado próximo à Alameda Afonso Henriques, por onde chega o batalhão policial – o nome da rua perpetua a história e encaixa a ficção nessa presença visível do passado) quanto das invencionices que só o trabalho ficcional autoriza, na conjunção entre o que foi e o que poderia ter sido.

A FICCIONALIZAÇÃO DA HISTÓRIA   97

Mais uma vez a ironia invade a narrativa, reinstalando-a na esfera do mito (naquele sentido de que o mito é uma fala) no último fragmento do conto a que não nos podemos deixar de referir, para encaminhar o fechamento dessa abordagem do texto de Mário de Carvalho: "A musa Clio não teve poderes para fazer com que os eventos já verificados regressassem ao ponto zero. Disso nem o pai dos deuses seria capaz". (ibidem, p.31-2). Se estão contados, fixados como discurso, então os fatos existem – ou existiram. Impossível, agora, voltar ao ponto zero. A realidade da guerra está criada pela linguagem. A ironia mostra que o texto é linguagem e, ao fazê-lo, separa-se de qualquer pretensão documental ou realista, em amplo sentido, já que ela possui essa capacidade de questionar qualquer pretensão de autenticidade e de autoridade dos discursos, como pensamos ter mostrado nesta análise. Ela afasta-se da ilusão realista, mostra o princípio de construção que modela todo discurso, seja o histórico, seja o ficcional, superando qualquer verossimilhança ingênua. Mas esse afastamento da intenção imitativa a torna, paradoxalmente, mais reveladora em relação à realidade. É nesse sentido que cabe aqui a reflexão de Umberto Eco (2003, p.274) sobre "a força do falso", ao alertar-nos de que

> [...] reconhecer que a nossa história tem sido movida por muitos contos que hoje consideramos falsos deve nos tornar atentos, capazes de recolocar continuamente em questão os próprios contos que hoje julgamos verdadeiros, pois o critério da sabedoria da comunidade funda-se na vigilância contínua em relação à falibilidade do nosso saber.

De fato, falso ou verdadeiro parecem termos discutíveis para julgar os nós que, cada vez mais, têm emaranhado história e ficção. Se Clio só tem como alternativa borrifar água do rio Letes sobre árabes e portugueses para fazê-los se esquecerem (do que não foi), só nos resta acreditar que a força da ficção seja capaz de opor-se à força do falso, revelando o modo ilusório pelo qual a identidade portuguesa veio se firmando e, ainda, o seu caráter de construção ideologicamente motivada e historicamente sustentada.

"Até o fim do mundo":
Inês de Castro e a saudade do impossível

> *A História é uma ficção controlada.*
> *A verdade é coisa muito diferente e jaz encoberta*
> *debaixo dos véus da razão prática e da férrea mão*
> *da angústia humana. Investigar a História ou*
> *os céus obscuros não se compadece com*
> *susceptibilidades. Que temos nós a perder?*
>
> Agustina Bessa-Luís,
> *Adivinhas de Pedro e Inês*

A pergunta lançada pelo fragmento em epígrafe parece constituir um mote interessante para a reflexão que se deseja propor neste capítulo, que coloca em cena, novamente (tirando-as do sossego que, de fato, nunca tiveram), as figuras altissonantes de D. Pedro e Inês de Castro, que povoam o imaginário português – mas não só – desde que viram suas histórias pessoais entrelaçadas indissoluvelmente à história de uma nação que ainda buscava, de forma incerta, os rumos a tomar.

Jorge de Sena, em um alentado estudo publicado em 1963, no primeiro volume da série intitulada *Estudos de história e de cultura*, alertava para fatos bastante interessantes que mostram, a nosso ver, a importância de pensar-se no caso de Inês e Pedro em um sentido em que ele, ao mesmo tempo, encarna na História e a transcende: motivado, por um lado, por injunções contextuais específicas (principalmente políticas), não pode deixar de ser lido no âmbito de sua significação histórica – e mesmo no de uma filosofia da história portuguesa, como propõe o mesmo Sena. Por outro lado, ao dar corpo ao tema já tornado clichê, mas nem por isso fragilizado, da perdição de amor, associado ao do amor eterno, que supera a própria morte, responde à ânsia humana de contornar o tempo, de permanecer, de imortalizar. Esse processo, na perspectiva aqui adotada, liga Inês ao mito, já que sua presença se reatualiza (e, nesse sentido, se ritualiza) nas inúmeras narrativas que, ao longo dos séculos, vêm lhe dando corpo e sentido.

A FICCIONALIZAÇÃO DA HISTÓRIA   99

Sena (1963, p.136) recorda que, já no século XVI, Inês não só era cantada em verso lírico, épico e dramático, em língua portuguesa, como estendia sua presença e infiltrava-se em diferentes culturas, nas quais era igualmente glosada em textos como os dos dramaturgos espanhóis Mejia de Lacerda (na *Tragedia famosa de Doña Iñez de Castro, Reina de Portugal*) e Velez de Guevara (em *Reina después de morir*), referências que apenas nos dão uma ideia do largo inventário sobre a presença de Inês na literatura realizado pelo renomado escritor português.

Vemos, nesse processo, a figura tornando-se tema, o caso localizado adquirindo a estatura de modelo universal. É interessante notar que Jorge de Sena aponta condições históricas favoráveis e, em certa medida, necessárias para que o caso de Inês se solidificasse, especialmente o fato de que, por uma série de complexos entrelaçamentos familiares e dinásticos, Inês era, cerca de século e pouco passado de sua morte, "avó" de reis e de imperadores espalhados por toda a Europa,[12] como Garcia de Resende (apud Sena, 1963, p.273) recordava em seus versos:

Os principais reis de Espanha,
de Portugal e Castela,
e imperador de Alemanha,
olhai, que honra tamanha,
que todos descendem dela,
Rei de Nápoles, também
Duque de Borgonha, a quem
toda França medo havia,
e em campo el-rei vencia,
todos estes dela vém.

---

12 "Portanto, quando Garcia de Resende leu pela primeira vez, ou fez ler, em público, as suas trovas (o que não terá sido muito depois de as ter escrito), ele e o seu público sabiam que a maior parte da Europa coroada descendia de Inês de Castro" (Sena, 1963, p.273).

Isso, em um período de afirmação das nacionalidades (cuja sobrevivência era ainda precária, portanto), dava a Portugal um lugar insuspeitado no cenário europeu; era preciso, portanto, que se soubesse disso, que a linhagem dessa autoridade se desse a conhecer, para que mais esse dado enobrecesse o já altivo posto ocupado pela nação portuguesa naquele seu século de ouro. Portugal não era só a nação das grandes conquistas marítimas, do espírito aventureiro que havia redesenhado o mapa do mundo, superando os limites (mesmo os imaginários) do espaço então conhecido, era também a nação que havia dado ao mundo outro exemplo de superação, igualmente digno de ser louvado: a do tempo e da morte, com Inês e Pedro eternizados não só nos túmulos de Alcobaça[13] ou na Fonte dos Amores, mas principalmente na memória do povo, de que aqueles monumentos eram pouco mais que a parte visível de uma pedra ancorada muito mais fundo no ser português.

Maria Leonor Machado de Sousa, em seu estudo sobre Pedro e Inês publicado no volume *Portugal: mitos revisitados* (1993, p.60), confirma o argumento de que os fatos históricos e lendários que ajudaram a constituir o mito realçam a forma de um amor que ultrapassa a morte e até faz mais que isso: "tenta vencê-la, ao trazer ao convívio dos vivos o objecto desse amor, tratando-o como se vivo fosse".

Assim é que o processo de mitologização da história pela literatura se realiza plenamente: Garcia de Resende, Camões, Antonio Ferreira, todos eles precedidos por Fernão Lopes, passando por referências menos explícitas, mas ainda assim identificáveis, em Gil Vicente,[14] contribuirão com seu quinhão de mestria para alçar Inês ao panteão dos deuses lusitanos. Não importa, nesta passagem, que em Resende o caso esteja recoberto por um didatismo

---

13 "Numa época que em tudo via símbolos ou os fabricava, o desejo violento de deter ao máximo a marcha inexorável da vida e do tempo teve a expressão concreta possível: a construção de um monumento funerário imponente e a proclamação póstuma de um casamento que possivelmente nunca existiu. Exprime-se sempre de algum modo o desejo de vencer o tempo" (Sousa, 1993, p.61).

14 Na *Farsa dos almocreves* e na comédia alegórica intitulada *Divisa da cidade de Coimbra*.

A FICCIONALIZAÇÃO DA HISTÓRIA   101

moralizante, a alertar as moças incautas sobre o "galardão que meus amores me deram", como proclama Inês diretamente do Inferno dos Namorados, onde fora condenada por Resende a permanecer; nem importa que, em Antonio Ferreira, ela sirva ao exercício do modelo da tragédia clássica, pois é fato que os escritores daquele século XVI tão impregnado da cultura da Antiguidade não teriam dificuldades para reconhecer em Inês potencialidades da personagem trágica, que se constrói na tensão decorrente do exercício da liberdade humana frente à imposição de um destino fixado pelos deuses – e o Fado lusitano já se deixa aqui ouvir –, sendo por isso, simultaneamente, agente e paciente, culpada e inocente, lúcida e incapaz de compreender, dominadora e dominada.

Talvez importe um pouco mais a grandeza, em todos os sentidos, da imagem de Inês que vaza do famoso episódio de *Os Lusíadas*: é que Camões pressente na morte de Inês o nascimento do mito, e por isso investe na exaltação do Amor como entidade soberana, ao mesmo tempo que faz de Inês a personagem que não se dobra diante dos valores convencionais (que são os de uma época determinada, historicamente motivados) e, por isso, vê-se na contingência de escolher a morte a negar os valores que a impulsionaram a agir (que são os valores "eternos", fundados na ideia de que "qualquer maneira de amar vale a pena").

O que importa mesmo é que, a seu modo (e parafraseando o que será séculos depois dito por Pero Coelho, um dos matadores de Inês, no conto "Teorema", de Herberto Helder, analisado na sequência deste capítulo), todos esses escritores do quinhentismo português muito trabalharam "na nossa obra" – a de mitificar Inês – já que, agora, ela "tomou conta das nossas almas. [...] Nada é tão incorruptível como a sua morte. No crisol do inferno havemos de ficar os três [Pedro, Pero e Inês] perenemente límpidos. O povo só terá de receber-nos como alimento de geração em geração" (Helder, 1975, p.121).

Além disso, tampouco importa, nessa passagem do fato ao mito, que nem portuguesa Inês fosse, mas castelhana – e que, por isso mesmo, houvesse sido morta: o discurso da memória coletiva, a

102 MÁRCIA VALÉRIA ZAMBONI GOBBI

sua fala (e aqui ressoa intencionalmente e explicitamente a concepção barthesiana do mito, base deste livro) havia borrado essa informação em prol de uma significância muito maior – a de que os encantos de Inês haviam subjugado para sempre o seu rei, "cruel" só depois de a ter perdido, e cujos desvarios seriam justificados pelo desespero, por uma "nostalgia [que exprime] uma esperança desesperada", a qual estaria, por isso, na base do "significado da famosa 'saudade' portuguesa – 'um mal de que se gosta, e um bem que se padece', como a define D. Francisco Manuel de Melo" (Durand, 2000, p.92). É assim que Gilbert Durand compreende, então, o caso de Inês como motivo recorrente (na terminologia do autor, mitema) do grande tema (para ele, mitologema), no âmbito do imaginário português, da "nostalgia de um impossível que o passado irreversível e a morte irremediável significam" (ibidem).

Assim, voltando à epígrafe que nos serviu de mote: ela parece-nos adquirir sentido, relativamente ao estudo proposto, na medida em que registra as ambiguidades que recobrem o caso em cena: se, por um lado, as tais razões de Estado que justificaram a morte de Inês e que a inscreveram definitivamente na história de Portugal muito devem a argumentos cuja verdade pode ser questionada, pois dependem obviamente do lugar que ocupavam e das intenções que motivavam seus detratores, há, por outro lado, registrada no caso uma verdade "que é coisa muito diferente e [que] jaz encoberta debaixo dos véus da razão prática" (Bessa-Luís, 1983, p.224). Esta verdade situa Inês e Pedro no campo do imaginário e dá forma ao tema universal do amor impossível que "projecta o princípio da esperança para o Além, o Além do 'fim do mundo' – como diz a inscrição de Alcobaça" (Durand, 2000, p.92), já que o objeto da paixão está inacessível nesse tempo e nesse espaço, irremediavelmente separado do amador pela morte, mergulhando-o em uma nostalgia inconsolável e impelindo-o para uma vingança cruel.

Evidentemente, em uma perspectiva histórica, o entendimento do caso de Inês e Pedro não se pode fazer de modo tão positivo e, no limite, tão ingênuo. Mas o que nos interessa aqui é observar justamente como se dá a passagem da história ao mito: o que se

A FICCIONALIZAÇÃO DA HISTÓRIA   103

enfatiza e o que se perde e o que essas manipulações mais ou menos involuntárias significam em relação a uma determinada concepção do que pode (ou deve) caracterizar a imagem que um determinado povo constrói de si e para si. É exatamente nestes termos que se coloca a ponderação de Maria Leonor Machado de Sousa (1993, p.67) no ensaio referido:

> [...] a guerra civil em que D. Pedro lançou o país após a morte de Inês seria, mais de que um acto de desespero, o aproveitamento de uma situação indiscutivelmente grave para ele como pessoa para conseguir objectivos que até então não pudera alcançar. No "pacto de amnistia e concórdia" assinado por D. Afonso e D. Pedro em Canaveses, o Infante, em paga das "cousas [...] em que ele entende e razoa que não foi aguardada a sua honra nem o seu serviço", obteve finalmente a transferência de poderes quase totais. Deste ponto de vista, sofre rude golpe o mito do desvairo nascido da paixão amorosa, mas tais considerações não vão perturbar a lenda, que se criou e fortaleceu na base desse e de outros mitos de que o espírito humano não abdica, talvez como compensação de tantos aspectos negativos que têm ensombrado as suas manifestações.

A finalidade dessa breve passagem pelo que poderíamos caracterizar como o processo de formação do mito de Inês é não só justificar a sua importância e a sua vitalidade ao longo dos séculos nos quais se construiu a imagem do ser português que aqui nos interessa, como também fornecer alguns elementos que nos permitam, agora, apresentar o comentário de dois textos que revisitam esse mito, lendo-o, como não poderia deixar de ser, a partir do olhar deslocado que é o da nossa contemporaneidade.

De fato, Inês, como poucas mulheres da nossa história (e da nossa literatura), pode gabar-se do privilégio de ter chegado à contemporaneidade ainda sedutora, atormentando espíritos tão diversos como os de Herberto Helder e Agustina Bessa-Luís, só para ficarmos em dois dos mais renomados escritores portugueses ainda vivos que sucumbiram (também) aos encantos da amada de Pedro.

104 MÁRCIA VALÉRIA ZAMBONI GOBBI

No entanto, e justamente porque situados nesse contexto, os leitores privilegiados da história que são Helder e Agustina só poderiam criar narrativas desconfiadas, ambíguas, não resolvidas, que registram exatamente o ceticismo e a ironia que regem a forma como hoje nos relacionamos com essa consistente mitologia, aqui em estudo, e com a tradição histórica e literária que lhe deu estofo ao longo dos séculos. É no sentido de verificar o modo como esses dois autores reveem o caso de Inês que apresentamos as análises que se seguem.

Antes disso, porém, é importante registrar que o conto de Herberto Helder, publicado em 1963, pode ser considerado, ao lado do romance *A torre da Barbela*, de Ruben A. (1964), o marco inicial, na literatura contemporânea, desse modo de recuperação crítica da tradição histórica e literária portuguesa fundada nos seus mitos, que faz da ironia, do deslocamento do foco narrativo, da sobreposição temporal e da intenção paródica, no sentido por nós já estabelecido no capítulo inicial deste livro, os seus pilares de sustentação. Somente no início da década de 1980 (quase vinte anos depois, portanto) é que essa tendência se tornará gritante no quadro da ficção portuguesa, e à sua frente, sem dúvida, estarão os nomes exemplares de José Saramago e Agustina Bessa-Luís, que exatamente duas décadas depois de Herberto Helder dá voz à sua versão do caso de Inês de Castro.

"Teorema" e a escrita enviesada

> *Pois que faria eu com tanto Passado*
> *senão passar-lhe ao lado,*
> *deitando-lhe o enviesado*
> *olhar da ironia?*
>
> Manuel António de Pina,
> *"Neste preciso tempo, neste preciso lugar"*

"Teorema", conto de Herberto Helder publicado em 1963 no volume *Os passos em volta*, recoloca em cena as figuras de D. Pedro e Inês de Castro. Como se nota, a história de Pedro e Inês mantém ainda hoje uma vitalidade como inspiração literária que muitas outras perderam, porque o mito que ela consubstancia corresponde afinal a uma ânsia universal do homem, desejando vencer a morte, por um lado, e, por outro, recuperar um bem – no caso, um objeto de amor.

Helder, assumindo em sua ficção que a memória não é moralmente neutra, cria uma narrativa ambígua que registra exatamente o novo modo e o novo alcance que regem a forma como hoje nos relacionamos novamente com essa consistente mitologia lusíada. Esse "novo modo" se caracteriza aqui, especialmente, por um deslocamento do ponto de vista a partir do qual a história é narrada, o que, indubitavelmente, provoca no leitor uma desestabilização que o faz pressentir perigarem conceitos e ideologias, já que, cedendo a narração a um personagem secundário, se tomado como referente o discurso da história oficial – como o é, no caso, Pero Coelho –, a narrativa "[altera] a interpretação de dados conhecidos [e faz] resvalar as prioridades da definição canônica", como afirma Maria de Fátima Marinho em ensaio sobre o romance histórico na pós-modernidade (2006, p.13)

Assim, vê-se mais uma vez que esse processo de ficcionalização da História constitui uma forma de a criação literária – e, por conseguinte, da sua leitura – expressar as suas reflexões não só sobre o Portugal que foi, mas também, e principalmente, sobre o Portugal que é. A reinvenção e problematização do mundo por meio da linguagem literária englobam também uma problematização do contexto histórico e de toda uma tradição acerca das "verdades" consagradas ao longo do tempo. Não por acaso essa "versão nova" é capaz de, simultaneamente, recordar e tensionar a tradição, como reiteradamente se tem aqui afirmado, promovendo um jogo de tempos que deslinda as fronteiras da cronologia e recolocando ficcionalmente a ordem cíclica do mito como uma tentativa de vencer a História e suplantar a angústia do tempo, redimindo ironicamente a tragédia de toda uma nação.

Se o mito é o imaginário em discurso, tal proposição autoriza-nos a analisá-lo no nível da composição literária, buscando entender

106 MÁRCIA VALÉRIA ZAMBONI GOBBI

como se erguem os pilares de sustentação de uma nação imaginada. Nesse caso, em especial, privilegia-se, para a referida análise, a consideração do arranjo temporal específico do conto, bem como do foco narrativo e do seu estatuto irônico como elementos articuladores da reflexão, que pela narrativa se constrói, sobre o modo como a História se faz presente na ficção portuguesa contemporânea.

Um narrador bárbaro, puro, louco e de fé

Não é desconhecida a história do amor entre D. Inês de Castro e D. Pedro; tampouco o é a história da tragédia que a esta primeira de amalgamou. Sobre ambas existem não só relatos historiográficos – como as crônicas de Fernão Lopes –, mas também releituras literárias renomadas, como as de Camões, Antonio Ferreira, Antonio Patrício e Agustina Bessa-Luís – só para mencionar os mesmos que mais imediatamente nos vêm à memória, e que, como se vê, atravessam tempos e gêneros em direção à construção de um patrimônio histórico e cultural que já não é apenas português. Helder aproveita-se desse conhecimento prévia e relativamente partilhado para construir sua história, que não é a da morte de Inês, mas outra: a que narra a morte de Pero Coelho, um dos carrascos de Inês, a partir de seu próprio ponto de vista.

Dessas considerações já emerge a constatação inicial de que a relação entre o novo ("Teorema" de Helder) e o antigo (toda a tradição histórico-literária que nos fala desse amor trágico) é explícita e proposital no conto. A história do amor entre Inês de Castro e D. Pedro, a história da execução de Inês, a história da rainha morta que viaja pelo reino para ser reverenciada por seus súditos: todas essas antigas histórias estão presentes, ainda que em ausência, na nova história construída por Herberto Helder – a da execução de Pero Coelho, narrada por ele mesmo. De certa forma, a opção por esse foco narrativo já demonstra que não se trata apenas de mais uma versão da história: o conto oferece-nos uma reflexão acerca de como se constrói uma tradição, ao mesmo tempo em que se acrescenta a ela, ajudando-a a permanecer viva e sempre renovada.

A FICCIONALIZAÇÃO DA HISTÓRIA   107

Vale a pena observar que, não obstante o fato de o conceito de tradição ser comumente associado às ideias de imutabilidade, permanência e rigidez, as acepções de recordação, memória e eco, a ele vinculadas, assinalam que, para além da repetição, a sobrevivência de uma tradição requer manipulações subjetivas nas quais está implicada, mesmo que involuntariamente, a liberdade de recriação. A tradição intocada está fadada a cair no esquecimento e a perder o seu traço primeiro: a sobrevivência ao longo das gerações.

Desloquemo-nos, então, para o presente a partir do qual o conto é narrado e ouçamos o que fala Pero Coelho, personagem-narrador, para aquele que ordenou a sua execução: "Senhor [...] agradeço-te a minha morte. E ofereço-te a morte de D. Inês. *Isto era preciso para que o teu amor se salvasse*" (Helder, 1975, p.118; grifos nossos). Ou, ainda, ouçamo-lo durante os preparativos para a sua execução – "Matei para salvar o amor do rei" – e mesmo depois de ela ter-se consumado: "Matei por amor do amor". (p.119). O alcance metafórico dessas expressões é evidente: Pero matou Inês para salvar, como discurso, a história desse amor imortal, perpetuando-o (e perpetuando-os) no mito. O narrador declara mesmo que, nessa tarefa – a da construção mítica –, a atuação de D. Pedro foi fundamental: "O que este homem trabalhou pela nossa obra!" (p.118).

Não há, para o leitor, como permanecer ileso ao tom profético dessas palavras, muito embora não pudéssemos entendê-las se as ouvíssemos *mesmo* do presente da história narrada. A profecia de Pero Coelho só nos é inteligível porque a nós ela não significa a antevisão do futuro, mas a confirmação de um passado que já se tornou tradição: o amor sobreviveu e é a ele que a literatura rendeu e continua a render homenagem. Ou seja: compreendemos a fala de Pero Coelho porque para nós ela já não é mais profecia, mas reminiscência.

Para entendermos melhor o jogo temporal que se estabelece nesse conto que fala do passado (de algum fato que reconhecemos como histórico), que fala do passado como se fosse presente (o presente de Pero Coelho, narrador-protagonista do conto), que fala do presente (o nosso, o da leitura) como se fosse futuro, vale a pena citar este fragmento, tirado do último parágrafo do conto:

> D. Inês tomou conta das nossas almas. Liberta-se do casulo carnal, transforma-se em luz, labareda, em nascente viva. Entra nas vozes, nos lugares. *Nada é tão incorruptível como a sua morte.* No crisol do inferno havemos de ficar os três perenemente límpidos. O povo só terá de receber-nos como alimento de geração em geração. Que ninguém tenha piedade. E Deus não é chamado para aqui. (ibidem, p.121; grifos nossos)

Talvez agora fique mais clara a ideia de profecia que só o é porque é, antes, reminiscência. Pero Coelho, personagem-narrador, ao expor a motivação do assassinato que cometeu, afirma que o fez para "salvar o amor do rei" e profetiza que D. Inês voltará, de geração em geração, não como espectro, mas como alimento para o povo. Como entender, contudo, tais palavras do personagem-narrador, sem ter em vista a tradição histórico-literária que perpetuou o amor do rei e a figura de Inês de Castro? Parece ser clara a referência a uma tradição que já se cumpriu, mas que é convocada, na economia narrativa do conto, como um vir a ser. Todos os tempos, enfim, convergem para o espetáculo: em "Teorema" desfaz-se o encadeamento temporal lógico notado na construção dos textos tradicionais. Isso contribui para a composição de uma narrativa em que a memória do mito se sobrepõe à ordem temporal, por precisar existir, por estar plasmado na alma do povo que necessita dos acontecimentos do passado e, por isso, ironicamente, o narrador afirma: "Esta noite foi feita para nós, para o rei e para mim. Meditaremos. Somos ambos sábios à custa de nossos crimes e do comum amor à eternidade" (ibidem, p.120).

Pero Coelho não se responsabiliza, assim, apenas pela execução da amante favorita do rei, mas também se coloca como o deflagrador de algo que, hoje sabemos, já se cumpriu: a mitificação do casal Pedro e Inês e do seu amor eterno. É interessante observar que, dando a Pero Coelho a incumbência de deflagrar o processo de mitificação do amor entre Pedro e Inês, o conto não só dá voz a uma figura até então secundária da História, como também desloca a figura de D. Pedro. O assassinato de Inês salva o amor do rei do esquecimento e inaugura uma tradição que o ressuscitará dia após dia por meio da criação literária – e, obviamente, da sua leitura.

O avesso do avesso

Ao mesmo tempo que o texto resgata, portanto, a origem do mito, ressalta, por meio de uma linguagem ambivalente, a sua falácia, no sentido de que o mito se revela, então, como construção historicamente motivada em que se apagam a sua constitutiva função explicativa, cosmificadora, universalizante, e o seu poder conciliador e unificador, para sobrelevarem as contradições implicadas na compreensão de uma história que a ficção questiona. Parece-nos possível, então, falar em uma paródia do mito, discursivamente construída, e que tem por efeito provocar uma desestabilização no leitor, na medida em que recoloca, a partir de outros prismas, as suas expectativas, os seus condicionamentos e as suas convicções na leitura do processo histórico. O uso abusivo, mas nada aleatório, da adjetivação do conto ("rei louco, inocente e brutal", "gente bárbara e pura", "espetáculo sinistro e exaltante") parece justamente servir de instrumento de acentuação dessas contradições.

Quanto ao processo irônico de construção da narrativa, ele é evidenciado pela própria figurativização do texto, pois D. Pedro come o coração de Pero Coelho e este passa a viver e a crescer dentro daquele. Da mesma forma que o mito cristão tem como motivo o alimento partilhado, D. Pedro, ao alimentar-se do corpo (ao menos de parte do corpo) de Pero, alimenta-se também de tudo o que ele representa e contém. O narrador, também por isso, não reclama de sua morte, pois sabe que ela era necessária para a construção do mito, no contexto que o conto para isso cria.

Do mesmo modo, o texto de Herberto Herder apropria-se de outros textos: da crônica de Fernão Lopes, dos discursos bíblicos, dos ficcionais e lendários em torno de Inês; devora-os (ainda que seja para, em seguida, devolvê-los subvertidos) e, ao mesmo tempo, os revivifica, já que eles habitam o conto e crescem nele – eis aí o grande paradoxo do texto paródico que é, simultaneamente, manifestação de continuidade, transferência e reorganização do passado, sem excluir a crítica e a avaliação. Essa continuidade é sugerida por aquilo que Linda Hutcheon (1985) denomina transcontextualização, ou seja, a retirada da obra de arte – ou de um discurso historicamente definido e cristalizado – de seu contexto original e sua posterior inserção em um novo contexto, que exige nova forma e novo tratamento para que possa preencher-se de sentido mesmo nesse ambiente cultural diferenciado.

É justamente no seio da ideia em movimento – sugerida já pelo valor semântico do prefixo *trans* – e na consciência crítica da possibilidade de reavaliação – em voga, principalmente, no exercício de "reorganização do passado" por meio da paródia – que a ironia se integrará ao intento paródico, avultando ou sobressaltando, por meio de suas "arestas cortantes" (Hutcheon, 2002, p.19), a distância crítica e avaliativa do discurso paródico em relação ao texto que lhe serve como substrato. Sob esse aspecto, portanto, os elos entretecidos com a paródia e a ironia não deixam de servir como importante instrumento de uma consciência histórica atual de reconstrução e preenchimento de formas e modelos ligados a um passado monolítico e acabados apenas em sua aparência.

No entanto, recuperam-se aí, também, os dogmas sacrificial e salvífico do mito cristão, os quais, invertidos em sua função, constituem o álibi de um assassino. Esse é um ponto muito curioso da composição do conto: em seu jogo discursivo, o narrador, um assassino flagrado no exato momento da sua punição, da sua execução, consegue argumentar a seu favor e inverter o julgamento moral da história, de modo a justificar-se e, até mesmo, a vangloriar-se de seu ato. Ele passa a ser o mártir que, graças a seu crime, imprime ao povo a quem seu ato serviu um matiz diferenciador que o eleva em relação aos outros povos – que, enfim, o mitifica.

Segundo Oliver Thomson (2002, p.110), "a mitologia tem muito a ver com a história da ética, porque mitos coletivos constituem uma

A FICCIONALIZAÇÃO DA HISTÓRIA   111

imensa parte do sistema de controle do comportamento". Podemos assim argumentar que a ficção, que, para desmitificar, remitifica em chave paródica, pode estar interessada em desvendar o jogo de espelhos da ideologia dominante, em desmascarar as falsas aparências, revelando o oculto e criando artisticamente novas miragens narrativas, novos mitos estéticos. Tais narrativas lançam, pois, o mito contra o mito, revelando o *modus operandi* do mito histórico-social original que lhe serviu como ponto de partida.

Essa desmitificação operada pela ficção tem, assim, dupla função: ética e ideológica, já que visa denunciar as máscaras superpostas por trás das quais se esconde o discurso oficial. Todavia, como dito, para desconstruir esse mito oficial o artista utiliza-se do próprio mito. Esse mito construído age, pois, como a lente de um ampliador em um processo de revelação fotográfica: a imagem que resulta do negativo ampliado é invertida nas suas características fundamentais, já que o escuro da película torna-se claro na imagem projetada; o claro, escuro; a esquerda, direita; o alto, baixo. Além disso, para que uma imagem ampliada fosse obtida a partir de um negativo, este teve que estar em posição invertida. A imagem ampliada surge, então, na posição normal, fazendo-nos esquecer a sua situação de origem: uma realidade de ponta-cabeça.

Ao longo de toda a narrativa, Pero espalha pistas para que sejam decodificados traços de uma sociedade que se esconde sob o véu de uma religiosidade hipócrita e enganadora, capaz de cometer atrocidades que se justificam pela fé, pela pureza e pela benevolência: "Somos também um povo cheio de fé. Temos fé na guerra, na justiça, na crueldade, no amor, na eternidade. Somos todos loucos" (Helder, 1975, p.119).

A origem etimológica de *teorema* pode render alguns comentários interessantes também: a palavra vem do grego e remete a *teos* – deus, divindade; é o que se pode contemplar, objeto de estudo ou meditação, conceito especulativo. Também é possível verificar a raiz latina de teorema, significando uma proposição de verdade estimada. Da mesma origem é a palavra *theatron*, que, a princípio, significava o lugar de onde se vê. Essa definição remete-nos ao cenário em que se passa a execução de Pero, e lembra-nos a relação do espetáculo com o jogo de poder: o condenado está rodeado de espectadores e o rei está em um lugar privilegiado da plateia, no centro e no alto, lugar representativo de um juiz. O espetáculo é composto e apresentado com a intenção de agradá-lo. O juiz, ou a pessoa mais importante da plateia, deve comprazer-se com a apresentação – assim como nós, leitores, nos comprazemos diante desse discurso ousado, paradoxal e ambíguo forjado pela ficção.

Voltando ao narrador: mais do que narrar, ele teatraliza o episódio/espetáculo de sua morte ambivalente, transforma-a em um ritual. É importante ressaltar que, pelo fato de toda a narrativa estar perpassada pela ironia, também as imagens deverão, assim, ser lidas nessa perspectiva. Ressalte-se que a linguagem de Pero Coelho está impregnada de antíteses, repetições e antífrases, expedientes próprios da linguagem poética, cujo efeito é, de início, o estranhamento do leitor, que se vê ante um universo díspar e paradoxal. Coelho, por meio de seu discurso, transforma o ritual grotesco de sua morte em um ritual – parodicamente – sublime. O foco deixa de centrar-se sobre a história para centrar-se sobre a escritura, sobre o seu modo de formar.

A mistura ou confluência de tempos (como vimos) e de espaços no texto é também significativa: essa dinâmica dessacraliza os procedimentos da cronologia histórica, preocupada com as datações, os monumentos, os registros comprobatórios dos acontecimentos. Helder revela, assim, a perda de sentido do fato histórico isolado, datado e paralisado em um espaço-tempo abstrato, cujos referentes não mais remetem à complexidade das ações humanas ou das relações sociais que os engendraram, mas são tão-só monumentos inertes, frios, preenchendo espaços públicos sem memória: "O marquês de Sá da Bandeira é que ignora tudo, verde e colonialista no alto do plinto de granito. As pombas voam em redor, pousam-lhe na cabeça e nos ombros, e cagam-lhe em cima" (ibidem, p.120).

O caso de Pedro e Inês, assim, descola-se de seu tempo e de seu espaço quando passa a circular – ou melhor, quando por ele passam

A FICCIONALIZAÇÃO DA HISTÓRIA **113**

a circular referentes anacrônicos, desde os que remetem ao período manuelino, das grandes navegações, aos relativos à modernidade, marcada pela presença do klaxon do automóvel, que ecoa o tempo da enunciação.

A propósito: Herberto Helder escreve o conto quando Portugal, sob a ditadura salazarista, sofre com o "silêncio das falas", conforme Maria de Lourdes Netto Simões (1998) denomina aqueles tempos de recrudescimento da censura. Esse é um dado fundamental para a construção do sentido desse teorema: a articulação temporal e a justaposição de espaços no conto levam à crítica e à autocrítica histórica, pela analogia entre os contextos em cena – analogia não só entre os espaços que desembocaram na modernidade, arquitetonicamente saturada de imagens e estilos dissonantes (o espaço do *kitsch*), mas, fundamentalmente, analogia entre os homens que, em sua síntese, representam o homem português: "Somos um povo bárbaro e puro, e é uma grande responsabilidade encontrar-se alguém à cabeça de um povo assim. Felizmente o rei está à altura do cargo, entende a nossa alma obscura, religiosa, tão próxima da terra" (Helder, 1975, p.119). Dessa forma, Helder vai traçando a identidade – pela analogia entre passado e presente – desse povo português (idólatra e "cheio de fé") e de seus líderes: à figura de D. Pedro sobrepõe-se a de Salazar e a de seu regime repressor.

A ironia como estratégia construtiva desse texto nasce da tensão dos elementos discursivos selecionados e articulados – retrabalhados – pelo autor. Helder insere a História na história e simultaneamente a subverte, vira-a do avesso ao parodiar seus referentes. Com isso, burla a censura de uma época de repressão e de enquadramento policial. Por meio da alegoria, supera o silêncio imposto e a sua condição. Daí, no texto, a identificação, ambivalente, do escritor com o marginal Pero Coelho, a que dá a voz: ambos personagens periféricos da História, ao serem devorados pela engrenagem do poder censório, ambiguamente – pelo ato criador – irão crescendo dentro do rei que lhes comeu o coração – alquimia possível apenas no plano da arte que, pelo discurso, tudo recria e, assim, supera.

Dizer de novo ou dizer o novo?

A essa altura, já é possível especular sobre a verdadeira temática do conto. Parece-nos que a tradição – a que, talvez inadequadamente, identificamos com o antigo, já que ela só é tradição porque é recuperada e recriada periodicamente – é muito mais do que aproveitada nesse conto: ela é tematizada. Herberto Helder expõe-nos, discursivamente, o processo de formação da tradição literária, faz desse processo matéria-prima para a sua ficção.

Não nos esqueçamos de que, embora tradição refira-se a uma prática ou a um saber herdados, repetidos de geração em geração e a que se atribui uma origem ancestral e uma estabilidade de conteúdo, Eric Hobsbawn (1983) defende que tais características não resistem quando colocadas em análise. Hobsbawn argumenta que o conteúdo de tradições populares ou nacionais é modificado, pois a tradição comporta um fundo ilusório, imaginário. Mantida com finalidades simbólicas, a etiqueta tradicional pode camuflar o passado, instituindo símbolos aos quais se identifica. Ela é "um pedaço do passado talhado de acordo com o presente" (apud Del Priori, 2003, p.9).

"Teorema" pode ser lido como um conto que, ao mesmo tempo que ficcionaliza, reflete a respeito da tradição literária e apresenta um ponto de vista particular a respeito do que ela é e de como ela se constrói. Ao colocar na boca do personagem-narrador a sua própria concepção de tradição, Herberto Helder ajuda a construí-la, ressuscitando, mais uma vez, Inês. Benjamin lembra-nos de que a encenação do passado converte os fluxos de pensamento em quadros cênicos, condensa-os em lugares concretos, em formas mensuráveis: "Toda imagem do passado não reconhecida pelo presente como uma de suas próprias imagens tende a desaparecer irrecuperavelmente. Tal presente se mantém dissociado da cronologia" (1975, p.52).

Tão importante quanto reconhecer as relações que o conto "Teorema" estabelece com a tradição é observar que tal atitude, antes de ser gratuita ou mesmo ocasional, está vinculada a uma maneira

A FICCIONALIZAÇÃO DA HISTÓRIA 115

bastante atual de encará-la. Os tempos atuais parecem oferecer novas maneiras de ver a tradição. E não só ver, como também remexer, reconstruir, incorporar. Até mesmo o conceito de paródia como negação da tradição começa a conviver com o significado (também etimologicamente motivado, como vimos) de canto paralelo que, apesar de manter um distanciamento crítico do canto primeiro, deve a ele a sua possibilidade de existência – e reconhece isso (Hutcheon, 1985, p.48). É nesse reconhecimento que reside o diferencial de atitude para com a tradição que a arte da chamada pós-modernidade implementa.

"Teorema", ainda que guarde uma distância crítica da tradição de que se apropria (e isso pode ser observado, como dissemos, pelo deslocamento das figuras de D. Pedro e de Inês do eixo central de seu enredo), não prescinde dela em nenhum momento. Muito pelo contrário: dela necessita, inclusive, para que possa ser compreendido por seus leitores.

Nesse sentido, são inadequados os adjetivos empregados, no início desta breve análise, para caracterizar "Teorema" (o novo) e a tradição histórico-literária que consagrou e perpetuou o amor de Pedro e Inês (o antigo). O que a ficção contemporânea parece mostrar-nos é que esses limites (entre o novo e o antigo) já não podem ser traçados com precisão: a tradição embasa a construção do conto e abre portas para a sua leitura; o conto, por seu turno, atualiza a tradição e contribui para a sua perpetuação por, pelo menos, mais uma geração. "Teorema" constitui, assim, a parcela assumida por Herberto Helder na eternização – ainda que irônica – da mítica Inês de Castro.

As adivinhas de Agustina

Passemos agora à leitura das *Adivinhas de Pedro e Inês* – romance que, como já indicamos, foi publicado em 1983. Na própria concepção do foco narrativo do texto ficcional de Agustina Bessa-Luís percebe-se uma tentativa de, simultaneamente, recolocar e questionar vários dos argumentos e das interpretações que vieram se agregando aos – chamemos assim – fatos nucleares que sustentam o lastro histórico do caso de Pedro e Inês. Nesse sentido, vemos que, no romance, uma atitude investigativa e um discurso, por isso mesmo, quase dissertativo, a serviço de uma tentativa de reconstrução dos fatos passados tal como ocorreram, mesclam-se com intromissões declaradamente invasivas de um narrador que se apresenta em primeira pessoa, dialogando com as figuras-chave daquela história e buscando entendê-la não mais no nível da verdade histórica, mas pela imaginação que lhe vai preencher os vazios:

> O monge branco que eu pude ver no mosteiro de Alcobaça (*por meios que tinham de parecer maravilhosos e concorrer para o meu descrédito se eu os contasse*) era assim: um homem cujos cabelos brancos imitavam o aspecto da linhaça, cortados em redondo e não muito limpos. O rosto era severo sem ser autoritário, as mãos estavam escondidas nas dobras das grandes mangas [...]
> – Padre, viu D. Pedro ressuscitado?
> – Se era ele, não sei. Andava como ele, falava como ele. Tinha um manto em que as espinhas do mato se espetavam. E aquele nariz de gato que nós lhe conhecíamos [...] (Bessa-Luís, 1983, p.79; grifos nossos)

É de se notar que o narrador já adota uma atitude cuidadosa – e extremamente irônica, se vista sob outra perspectiva – em relação à verossimilhança da cena que montará: o trecho destacado da citação e o discurso modalizante, frequente em vários momentos da narrativa ("Ouvi, ou *pareceu-me*, um arrastar de passos [...] *É possível que* eu sofresse um breve acidente dos sentidos" (Bessa-Luís, 1983 p.8-9; grifos nossos)), tentam, por um lado, justificar a improbabilidade desses encontros entre a contadora da história e os espectros que se materializam discursivamente em sua narrativa. Por outro lado remetem o leitor, ao mesmo tempo, ao acordo tácito a que, indiscutivelmente, ele adere ao abrir o livro e iniciar a leitura desse mundo de ficção, povoado desses seres de papel, firmando um pacto ficcional que, no caso, o coloca no limiar de realidade e

A FICCIONALIZAÇÃO DA HISTÓRIA   **117**

invenção, já que se trata de personagens cuja ancoragem histórica é evidente e indiscutível.

Além disso, a fala que encerra o diálogo entre a contadora-personagem e o monge branco – dita por ela: "e escrevo de Pedro o que de Pedro creio. Isto é bem servir" (ibidem, p.81) – funciona como uma espécie de reforço do ficcional ao mostrar, como já queria a ironia romântica, readotada pelos contemporâneos, os bastidores da escrita, dizendo que há, sim, um sujeito que constrói essa história, que põe e dispõe os elementos que a constituirão, dando-lhe uma forma, uma ordenação própria, que responde de alguma maneira à ânsia de sentido que, afinal, está na base desse processo de revisitação da história que a literatura contemporânea tem sistematicamente promovido.

Ainda no mesmo exercício de desvendar o "como se faz a ficção" de Agustina, nessa narrativa, podemos tomar elementos interessantes deste outro fragmento, que põe em cena o Dr. João das Regras, cuja participação no caso Inês de Castro fora fundamental para o estabelecimento da legalidade do casamento dela com D. Pedro, anunciado por este ao suceder ao pai no comando do trono português:

> Aproveitando a passagem do Dr. João das Regras no solar de sua sogra em Valdigem, que fica para os meus lados, fui vê-lo um dia [...]. Eu comecei por lhe perguntar se, na sua opinião, Inês tinha de facto casado com D. Pedro. [...].
> – Eu não provei nada. Limitei-me a calar as bocas, que a política não se faz com murmúrios. O meu estilo, aprendi-o com Santo Agostinho; chama-se o estilo *subjugado*. Quando um assunto é difícil, devemos aparentar submissão e disposição ao acordo. E, de repente, atacamos com um brilho e uma força capazes de fazer parecer um argumento que era incontestável, da parte do adversário, um argumento falso. Era assim que eu tratava as minhas questões.
> – Infelizmente o que Fernão Lopes escreveu não dá ideia. Sobretudo não dá a ideia do seu poder de integração. Convencer é integrar o espírito dos outros na nossa área mental.

118 MÁRCIA VALÉRIA ZAMBONI GOBBI

– É isso exactamente. [...] Mas agora estou retirado. Há uma regra que ainda aplico: apoia a tua causa nos modelos estereotipados da opinião popular.

– Parece muito seguro, mas pouco imaginativo.

O doutor mexeu-se no banco de pedra e vi algum desprezo nos seus olhos saltões. Estava a relegar-me para o campo dos artistas, ao nível de um alfaiate ou de um armeiro. (ibidem, p.119-21)

Esse fragmento é interessante por diversas razões: exemplifica a convivência de tempos, promovida pelo narrador por meio de sua máscara de personagem que, em busca do preenchimento dos muitos vazios que a história de Pedro e Inês foi deixando pelo caminho, chama novamente à vida não os seus protagonistas, mas todos aqueles a quem, com raras exceções, a história deu uma voz menos audível – apesar de constituírem peças fundamentais nos enlaces e desenlaces que pontuam esse imorredouro caso amoroso.

Além disso, há no fragmento um pequeno trecho, muito significativo, em que o discurso parece dobrar-se sobre si mesmo, reduplicando-se metonimicamente e propondo algumas isotopias que podem nos ajudar a reconhecer o eixo para o qual convergem os diversos argumentos (já que o tom dissertativo do romance é evidente) espalhados pelo texto: João das Regras, ao caracterizar seu estilo subjugado, aprendido de Santo Agostinho, ilumina a própria forma de composição que a narrativa vem seguindo. Pois não se trata, ainda, de um assunto difícil? E, nesse caso, melhor do que estabelecer uma verdade não seria cooptar os adversários, pela argumentação esperta, integrando-os na área mental do narrador? Convencer, portanto, não seria prerrogativa do discurso jurídico, pautado, no caso dos personagens em cena, sobretudo, pelo direito canônico, e representado pelo advogado João das Regras. Também a ficção poderia convencer, se mobilizasse bem seus argumentos em favor de uma verdade possível – e isso assusta João das Regras, para quem o poder de convencimento estaria apenas na verdade legitimada – ainda que estabelecida pelos "modelos estereotipados da opinião popular". Daí a desconfiança que o ilustre advo-

A FICCIONALIZAÇÃO DA HISTÓRIA **119**

gado lança em direção ao discurso imaginativo de sua interlocutora, "relegando-a para o campo dos artistas". Ou seja: o que queremos defender é que, nesse fragmento, a narradora está confrontando, no nível do discurso ficcional, os possíveis modos de construção da verdade, em que a própria ficção se inclui, em pé de igualdade com outros discursos – o jurídico, o histórico, o do senso comum; é nesse sentido que a narrativa dobra-se sobre si mesma, constituindo-se como uma metalinguagem.

Prosseguindo em sua linha argumentativa, a narradora não deixa que a incômoda solidez do discurso do senso comum se fixe – e contra-argumenta (agora, sem disfarçar-se em personagem, mas com a voz do narrador-investigador que, afinal, está apenas retomando, em termos já impregnados pela ideologia da nova história, a célebre distinção aristotélica que dá à criação poética uma amplitude superior à do registro historiográfico):

> Não sei porque se dá mais crédito à História arrumada em arquivos, do que à literatura divulgada como arte de poetas. Mentem estes menos do que os outros; porque a inspiração anda mais perto da verdade do que o conceito problemático da biografia, que é sempre cautelosa porque julga tratar de factos que a todos unem e interessam; e que acabam por ser, por isso, mais políticos do que relações de tempo entre homens. (ibidem, p.132)

Pois é assim, justamente – apresentado argumentos, integrando o leitor em sua área mental –, que se configura a narrativa de Agustina: não quer se impor como verdade, ainda que outra. Pelo contrário: levanta muito mais questões do que resolve; pergunta muito mais do que afirma; contrapõe muito mais do que harmoniza – enfim, propõe-se (e propõe-se-nos) como adivinha. Ou seja: chama a participação do leitor, compartilha com ele os nós, as hesitações, os ganhos e os danos que fazem parte de toda busca do conhecimento, sem esperar, entretanto, por uma resposta definitiva.

André Jolles, nas *Formas simples,* caracteriza a adivinha, assim como o mito (e prestemos atenção, ainda uma vez, a este parentesco), como uma forma constituída por pergunta e resposta. Estabelece, no entanto, uma distinção entre mito e adivinha: o primeiro é a forma que concede a resposta; a segunda, uma forma que mostra a pergunta: "O mito é uma resposta que contém uma questão prévia; a adivinha é uma pergunta que pede uma resposta" (1976, p.111).

É importante ressaltar duas características decorrentes desta, fundamental, que também concorrem para reafirmar o parentesco entre mito e adivinha – parentesco que se define não por oposição, segundo Jolles, mas por uma espécie de complementaridade. A primeira dessas características diz respeito à relação que se estabelece entre pergunta e resposta no mito e na adivinha. Diz Jolles (ibidem):

> À semelhança do mito, que contém, portanto, sua pergunta além de sua resposta, existe uma resposta presente na adivinha e pela adivinha. Pode acontecer que a adivinha seja formulada de tal modo que o adivinhador se revele incapaz de a adivinhar; pode ser até que a solução correta se tenha perdido. Apesar de tudo, o adivinhador sabe perfeitamente que essa solução existe – ou deve ter existido – e que alguém a conhece (ou conheceu): uma adivinha insolúvel não é uma adivinha.

A segunda característica refere-se à relação que se estabelece entre a pergunta e aquele que é interrogado. Diz Jolles que, no mito, o homem interroga o universo e seus fenômenos acerca da natureza profunda deles, e o universo dá-se a conhecer em uma resposta, em uma profecia. Na adivinha, o homem já não está em relação com o universo: há um homem que interroga outro homem e de modo tal que a pergunta obriga o outro a um saber. Há, portanto, certa carga de constrangimento, mesmo de opressão, na proposição de uma adivinha, pois o interrogado deve responder aquilo que o interrogador já sabe. Este é, portanto, detentor de um saber. Este saber já está presente na pergunta desde o momento em que ela é formulada. Portanto, a finalidade da adivinha não é trazer um conheci-

A FICCIONALIZAÇÃO DA HISTÓRIA **121**

mento novo, mas aparenta-se a uma prova de iniciação: se o interrogado responder à adivinha, terá acesso ao seleto grupo dos que sabem a resposta; será, portanto, um igual – um sábio, também – e, nesse caso, cessará a relação opressiva que se tinha estabelecido quando a adivinha fora lançada. O que se propõe é um desvelamento, um deciframento desse saber pelo interrogado. Como nos enigmas da esfinge, trata-se de uma questão de sobrevivência – real ou metafórica.

Para ser decifrado, esse conhecimento precisou ser, antes, cifrado. E ainda, segundo Jolles, "só se pode cifrar o que a iniciação encerra: o segredo de uma sociedade clandestina, o segredo que ela protege e dissimula, ao mesmo tempo" (ibidem, p.118). É curiosa a forma como o autor caracteriza o ciframento: recuperando a etimologia da palavra adivinha, lembra que os gregos tinham, para ela, dois termos: *ainigma*, na qual estaria implícito o fato do ciframento, e *griphos*, que significa rede. Este último parece-nos ser o sentido mais produtivo da palavra, pois remete ao tecido emaranhado em que a adivinha envolve o interrogado: parece que não há saída. Jolles chama isso de propriedade de ambiguidade e de aptidão para a incompreensibilidade da adivinha. Ela tem que dar ao não iniciado a impressão de ser incompreensível, invencível. Como se vê, na adivinha, "a pergunta e a resposta estão separadas por uma luta" (ibidem, p.124).

Finalmente, vale destacar que Jolles (ibidem, p.113) lembra o fato de a adivinha poder ampliar-se até "converter-se em uma narrativa que, de algum modo, é o comentário que ela faz de si mesma".

Toda essa digressão de matiz teórico acerca da adivinha tem o propósito de embasar uma pergunta que, a nosso ver, é fundamental para a compreensão da narrativa de Bessa-Luís. Certamente, não por acaso ela intitulou-a *Adivinhas de Pedro e Inês*. Mas o que a narrativa cifra? Qual é a resposta que ela espera? E a quem, de fato, são lançadas as perguntas (insolúveis?) que pontuam todo o texto?

Parece-nos que há, no romance, vários momentos em que o narrador explicita textualmente algumas pistas de que há realmente algo a ser desvelado, algo que "se esconde" por trás de sua investigação histórica, ou que caminha ao lado dela. São notáveis, no texto, procedimentos como introduzir algumas frases de efeito que não só parecem configurar um modo de dizer especial, de iniciados, como também, metaforicamente, podem ser associadas ao exercício do desvelamento que a narrativa parece propor.

Vejam-se alguns exemplos, o primeiro tratando da beleza de Inês: "O belo é anônimo da alma; ela aparece por efeito da nossa descoberta" (Bessa-Luís, 1983, p.172). Além dele, este outro: "Não há coisas estranhas debaixo do céu e da terra que escapem à nossa vã filosofia. Coisas estranhas, e sobre as quais temos que *divagar a fim de inventar uma geometria além do limite das figuras*" (ibidem, p.193; grifos nossos).

Essa sugestão de um sentido a ser descoberto ou mesmo inventado, lançada ao leitor – o suposto interrogado de quem se espera uma resposta –, apresenta-se de forma ainda mais declarada nas perguntas que o narrador vai semeando pelo caminho da sua escrita – todas elas, sem resposta óbvia ou imediata; algumas, no mínimo, instigantes; outras, intencionalmente provocadoras: "Por que foi que o povo o amou tanto?" (ibidem, p.190) – referindo-se, é claro, a D. Pedro; "O que se passou na realidade não seria um caso passional à maneira do rei Seleuco, mas sem os maviosos resultados que conhecemos? Seria Inês amada por D. Afonso IV de uma maneira obsessiva que não excluía o laço sadomasoquista que havia entre pai e filho e que, cedo ou tarde, teria seu desfecho trágico?" (ibidem, p.222); "Por que motivo Inês foi morta em circunstâncias precipitadas e contra toda a legalidade, essa legalidade reformada por D. Afonso IV?" (ibidem, p.233).

Se seguirmos a lógica da adivinha, o narrador-interrogador já teria de antemão todas as respostas, e o seu objetivo seria simplesmente testar a nossa competência, a ser empenhada na defesa da sobrevivência histórica de fatos que precisam ser conhecidos "tal como ocorreram" – e tal como devem ser entendidos e fixados para sempre (lembremo-nos de que, na adivinha, a resposta pode até ter se perdido, mas existiu, e era a chave do enigma). No entanto, esse narrador quebrará a expectativa da adivinha ao revelar também o

A FICCIONALIZAÇÃO DA HISTÓRIA **123**

seu não saber: "Não sei se é assim, se não" (ibidem, p.226), diz ele. Chama, pois, o leitor-interrogado a partilhar não um saber, que o próprio narrador não tem, mas a partilhar uma desconfiança e a ousar reinterpretar (e reescrever, como o romance acaba por fazer) essa história:

> As adivinhas de Pedro e Inês ficam entregues à imaginação do público, dos leitores, sobretudo aqueles que se preocupam com a descrição de uma identidade nacional e sabem que ela nos é imposta do exterior, primeiro que tudo. Ela é a soma de imagens em que não nos reconhecemos, mas que estão presas a nós com singular firmeza a às quais não podemos escapar. Pedro e Inês são imagens dessas. (ibidem, p.230)

A ideia central lançada por esse fragmento é de importância fundamental para a reflexão que este livro propõe: é exatamente assim, como imagem colada a uma face disponível, que parece se constituir, contemporaneamente, a fragilizada noção de uma identidade nacional. Portugal, com a força identitária sustentada por seus mitos, parece oscilar entre a dificuldade de reconhecer-se na grandeza que eles ainda exprimem, e da qual é difícil descolar-se, e o anseio de encontrar-se diante de seu próprio rosto sem máscaras para, enfim, reconhecer-se nele. Mas como seria esse rosto? Será possível afastar de vez essa identidade imaginária?

A narrativa de Agustina parece também ambígua nesse sentido: todo seu esforço argumentativo, inquiridor, irônico – naquele sentido primeiro, socrático, do sujeito que se coloca como o que não sabe, mas que, estrategicamente, vai conduzindo seu interlocutor ao deslocamento suas próprias verdades encarquilhadas, em prol de um questionamento do saber instituído irrefletidamente – apresenta-se em conjunção com essa convocação da imaginação, que acaba por estabelecer-se como única possibilidade de deciframento dessas aporias.

Ao retomar o modelo da adivinha, a narrativa de Agustina, ao mesmo tempo, reinstala e rompe seus pressupostos e, dessa forma,

124 MÁRCIA VALÉRIA ZAMBONI GOBBI

leva também a uma problematização das próprias relações entre a ficção e a história, mostrando a importância e o sentido das construções imaginárias que permeiam o estabelecimento de uma ideia de identidade, de coletividade, de nação. É por isso que é preciso reconhecer o verdadeiro dom de significar que Agustina dá à ficção nessas suas *Adivinhas*.

"Da minha língua vê-se o mar":[15] as navegações e o destino glorioso da nação

> *Já a vista, pouco e pouco, se desterra*
> *Daqueles pátrios montes, que ficavam;*
> *Ficava o caro Tejo e a fresca serra*
> *De Sintra, e nela os olhos se alongavam;*
> *Ficava-nos também na amada terra*
> *O coração, que as mágoas lá deixavam;*
> *E, já depois que toda se escondeu,*
> *Não vimos mais, enfim, que mar e céu.*
>
> Camões, *Os Lusíadas*, Canto V, 3

Não há como negar a importância, para toda a humanidade, da grande aventura pelos mares protagonizada por Portugal nos séculos XV e XVI – séculos que marcaram justamente a grande virada no pensamento do homem ocidental, na sua maneira de ver o mundo e de situar-se nele. Era uma nova época que nascia, calcada essencialmente na busca pelo conhecimento, na superação dos limites, na fé no homem: tudo aquilo, enfim, que a própria navegação representava, motivada pelo impulso humano de ir além, de conquistar o mundo, de medi-lo para ter a noção do exato lugar que era possível ao homem ocupar naquela imensidão de mar e céu que o envolvia.

---

15 "Uma língua é o lugar donde se vê o Mundo e em que se traçam os limites do nosso pensar e sentir. Da minha língua vê-se o mar. Da minha língua ouve-se o seu rumor, como da de outros se ouvirá o da floresta ou o silêncio do deserto. Por isso a voz do mar foi a da nossa inquietação" (Ferreira, 1998, p.29).

A FICCIONALIZAÇÃO DA HISTÓRIA   125

Era uma nova história que então se escrevia – e uma nova geografia, uma nova ciência, uma nova filosofia; tudo isso, enfim, indicava a inauguração de uma nova era, e Portugal ocupava lugar de destaque nesse espetáculo da modernidade nascente. E Camões já o cantava, registrando para a posteridade aqueles feitos verdadeiros que obscureceriam para sempre os fabulosos das antigas musas. Era Portugal no topo do universo. E era o ápice da mitificação da história lusitana, que tomava forma em *Os Lusíadas,* o poema nacional por excelência.

Diante de um quadro tão grandioso e considerando ainda a rapidez com que ele se dissolveu – já que o próprio Camões, enquanto louvava, prevenia contra a decadência iminente –, algumas questões parecem impor-se ao estudioso interessado em conhecer algo do ser português: o que representam as navegações e o ideário da conquista que a elas inevitavelmente subjaz na construção de uma imagem – e de um sentido – desse ser? Como esse momento histórico acabou por se agregar à imagem da nação eleita, solidificando-a? Que papel se pode atribuir à literatura na transfiguração dessa história em mito? Como a literatura contemporânea interroga esse passado glorioso, ao lidar com seu peso e com sua onipresença? Na tentativa de apontar algumas direções que encaminhem essa reflexão é que propomos uma visada breve sobre os motivos da conquista marítima neste capítulo, que se completará com a análise de dois romances que têm como mote a revisão crítica dessa idade de ouro portuguesa, focada a partir de suas ruínas contemporâneas e com o olhar inevitavelmente irônico desses grandes ficcionistas de nossa era que são Lobo Antunes, em *As naus* (1988), e Mário Cláudio, em *Peregrinção de Barnabé das Índias* (1998).

Antonio Sérgio (1980), na sua tentativa de interpretar não romanticamente a empresa ultramarina de seu país, em um exercício de compreensão de uma filosofia da história lusíada exposta no ensaio "A conquista de Ceuta", redigido em 1919, aponta alguns elementos de grande interesse para nossa reflexão, a começar pelo fato de que, para ele, a empresa ultramarina nada mais é do que o prosseguimento do ideário cavaleiresco, agora direcionado a novos horizontes que exigem a transfiguração dos antigos cavaleiros em navegadores: "a empresa veio de um pensamento de Cavalaria, sem outro objecto definido que não fosse uma praxe de Cavalaria, e com esse caráter permanece; o seu aspecto fundamental é o de uma gesta bélica de gentes de algo a brandir um golpe no Islamita" (1980, p.256).

Essa ideia de uma continuidade dos motivos que, desde o início, estão na base do imaginário português pode ser verificada também no pensamento de Gilbert Durand (2000), quando se propõe a caracterizar esse mesmo imaginário. Diz ele que a imagética cavaleiresca desloca-se naturalmente para a aventura marítima e a conquista do mundo: o mesmo espírito de cruzada que justificou os cavaleiros motivou os navegadores, uma vez que é sempre a ideia da conquista que está em pauta, alicerçada no apelo do além, do exótico, visto antes com os olhos interiores da imaginação. É por isso que o impossível, a vontade absurda aos olhos do mundo de aqui e agora, representa uma fé inquebrantável em um além absoluto que propicia, no plano do indivíduo como no da coletividade, o enfrentamento do desafio que é alcançar "os mundos que Portugal deu ao mundo" (p.98).

Isso se confirma, segundo o autor, se atentarmos para o fato de que toda a história de Portugal é ilustrada por narrativas carregadas de imagens repetidas de conquistas dramáticas e triunfais. Em um universo de proezas como esse, a odisseia da conquista "conta mais do que as terras conquistadas, o seu ouro e as suas especiarias" (Durand, 1998, p.199). Daí a imagem do homem português como portador de todos os valores do Renascimento que então se afirmava: curiosidade exploradora, interesse científico, humanismo etc. A exaltação das virtudes viris (impostas pela árdua e longa navegação e pelo estado de alerta associado aos desembarques e aos recontros inesperados) a isso se associa na caracterização dessa "vocação do impossível" (ibidem, p.198) que leva o português a atender ao "apelo das 'Ilhas Afortunadas' [...] para lá dos perigos do oceano" (ibidem, p.203).

Portugal, ainda segundo Durand (ibidem, p.197), sempre teve "um olhar obstinadamente voltado para o largo oceânico, igno-

A FICCIONALIZAÇÃO DA HISTÓRIA   **127**

rando com altivez o continente terrestre europeu e, em particular, essa península ibérica prenhe de uma ameaça hereditária – a Espanha". Camões capta maravilhosamente esse "sentimento do mundo" português ao definir o espaço lusitano "por uma operação negativa em relação à ideia de terra e de continente",[16] alcançando, com isso, também "instituir o mar como espaço mítico irremediavelmente ligado a Portugal, pois esse é não apenas repositório dos desejos, sonhos, dramas e desafios do país, como também elemento constitutivo do espaço nacional" (Costa & Silva, 2003, p.31).

Se há a considerar esse dado que vincula a odisseia marítima portuguesa à essência de seu ser, calcada na ideia da conquista que, afinal, como quer Durand (2000), moldou toda a Cristandade, é preciso também levar em conta as bases mais concretamente históricas dessa empresa – o que nos faz retomar o texto de Antonio Sergio (1980) exatamente no momento em que ele realça o fato de que as navegações não foram "obra do acaso" ou de um desejo itempestivo, nem foram aqueles homens "navegantes por sentimentalismo". Ao contrário, se houve de fato essa ânsia de explorar o mundo e de "executar as ambições do alto comércio cosmopolita, resolvendo o problema dos problemas do mundo culto daquela época e realizando a façanha mais grandiosa de toda a história da humanidade" (ibidem, p.269), ela tomou forma de modo muito bem pensado, muito planejado e atendendo, como se deduz, a interesses bem determinados:

> As navegações [...] não se fizeram "a acertar": não foram efeito de pensamentos vagos. Esta frase, quanto a mim, não é válida unicamente para o tecnicismo da realização, para os aperfeiçoadores da cosmografia e da prática científica da pilotagem; aplica-se também com toda a força aos procedimentos dos homens de Estado, dos

---

16 É o que figurativiza a estrofe 20 do Canto III de *Os Lusíadas*: "Eis aqui, quase cume da cabeça/De Europa toda, o Reino Lusitano,/Onde a terra se acaba e o mar começa/E onde Febo repousa no Oceano" (Camões, 1980, p.104).

príncipes, dos mercadores, estendendo-se às miras e ideias gerais a que as navegações obedeceram: houve um plano de conjunto muito bem estudado nas suas minúcias – um querer *consciente* e positivíssimo – e todas as forças da nação se coordenaram para um grande fim. (ibidem, p.270; grifo do autor)

Se esse esforço e essa determinação conjuntos são por si dignos de elogios – é o que se infere da exposição de Antonio Sergio –, será necessário ponderar, no entanto, que a representação literária dessa empresa, que é aquilo que diretamente nos interessa, teria que lidar com alguns obstáculos a serem transpostos para firmar definitivamente no imaginário da nação o valor de tão alto empreendimento, a par da grandeza de Portugal, já definida, como vimos, a partir do milagre de Ourique, tão implicado no ideário da cavalaria (e da Cruzada santa) como esta sua ampliação transfigurada na conquista ultramarina.

Assim é que "a determinação de nobilitar um empreendimento comercial leva os humanistas quinhentistas a atribuírem-lhe dignidade épica" (Silva, 1999, p.81), já que a epopeia jamais poderia fundamentar-se em uma identidade mercantil. Nesse sentido, se Camões já transgredia as poéticas normativas da época que, assentadas na noção de imitação ideal divulgada a partir do descobrimento da *Poética* de Aristóteles, desautorizavam a utilização da história recente como matéria épica, uma vez que "a submissão à verdade histórica colocava os poetas em uma situação equívoca" (ibidem, p.75), tinha também que lidar com o desafio de "recobrir" a motivação primordialmente mercantilista e, portanto, secular das navegações com o véu nada diáfano do serviço à humanidade e das virtudes teologais como a caridade cristã.

É esse recobrimento, portanto – que se realiza necessariamente pela linguagem –, aquilo que alça a empresa ultramarina da história ao mito, já que há, nessa operação, um deslocamento do sentido primeiro da conquista, que passa a servir a um segundo conjunto de valores, interessado em legitimar o expansionismo nacionalista pela fusão entre o imperialismo político-territorial e a "consciência

A FICCIONALIZAÇÃO DA HISTÓRIA   **129**

religiosa da propagação evangélica" (ibidem, p.79). Isso viria, evidentemente, reforçar a imagem de Portugal como

> [...] um reino eleito para uma missão especial, de caráter sagrado, no panorama planetário. Mito este que se desenvolve como consequência do deslumbramento nacional perante as navegações extraordinárias dos Descobrimentos, a partir das quais se assiste a um descerrar de uma nova mundividência verdadeiramente universal. (Franco, 2004, p.234)

Curiosamente, no entanto – e este talvez seja um dos maiores nós a serem considerados pelo leitor de *Os Lusíadas* (e também um dos pontos determinantes da grandeza da narrativa camoniana, a nosso ver) –, é de dentro do próprio poema que se manifesta a primeira voz dissonante, em relação ao código de valores que o informa, capaz não só de revelar a ambivalência do discurso laudatório que a épica institui[17], como também fazer desconfiar de seu "valor", projetando-se em direção ao "objeto da representação", já que "sua presença misteriosa ameaça a estabilidade dos valores" que *Os Lusíadas* defendem (Silva, 1999, p.90).

Segundo o historiador Luís de Oliveira e Silva (1999, p.92), "o que o Velho do Restelo ataca é a [...] identidade excessiva que [Camões] legou aos portugueses". Se, de fato, há um excesso de identidade plasmado em *Os Lusíadas*, é dele que emana o seu contraponto, contrariando o princípio monológico que rege a épica. O Velho do Restelo, assim, participa ativamente da definição dessa identidade, justamente revelando-a como construção que se pauta por determinados princípios e interesses, e não como alguma coisa que se possa identificar com a natureza intrínseca do ser português.

---

17 "O Velho do Restelo procede à desvalorização dos valores que permeiam a substância de *Os Lusíadas*. A *laus* transforma-se em *vituperatio*. O valor devém desvalor. Se o discurso epidíctico abrange o louvor e a censura, bastará inverter os tópicos nos quais se fundamenta o louvor para encontrar as bases da censura" (Silva, 1999, p.74).

130 MÁRCIA VALÉRIA ZAMBONI GOBBI

Se parece extemporâneo atribuir a Camões tamanha consciência ideológica e, principalmente, linguística – do poder da linguagem de construir uma verdade –, servem-nos de argumento favorável à defesa dessa consciência as inúmeras manifestações metalinguísticas passíveis de serem observadas tanto em sua obra épica quanto na lírica. Além disso, o tom disfórico do discurso do Velho do Restelo, aliado ao mesmo tom presente no epílogo do poema, revelam aquela já tão afamada virtude profética de seu autor que, de fato, parece-nos poder ser entendida como uma acurada disponibilidade para perceber as tensões que subjazem à dinâmica histórica, prontas para emergirem à superfície como crise. Assim, se

> [é] a partir da poesia e da historiografia que são cantadas e "memorizadas" as gestas desta etapa da história de Portugal, vista como uma fulgurante idade de ouro, na qual se reforçam as bases míticas da portugalidade, a interrupção *ex abrupto* deste decurso histórico esplendoroso – em que um dos tópicos ideológicos exaltacionistas do orgulho patriótico era o contributo decisivo dado no sentido da aceleração da universalização efetiva da dilatação da fé cristã – com a crise dinástica e a consequente perda da independência, derramou entre os Portugueses, encantados com este passado jubiloso, uma sensação de inacabamento da missão histórica que alegadamente se tinha começado a revelar como grandiosa, porque, efetivamente, globalizante. (Franco, 2004, p.235)

Esse inacabamento, essa suspensão do destino glorioso da nação, por paradoxal que isso possa parecer, fecundaram ainda mais consistentemente a mitologia lusíada, contribuindo para manter por séculos aquela imagem que, segundo Eduardo Lourenço (1992), em expressão aqui já citada, se pauta por um irrealismo prodigioso. É para tentar responder ao peso desse passado eternamente inacabado que, parece-nos, a literatura contemporânea recupera as matrizes míticas na nação, estabelecendo com elas – e com a literatura que as fixou – um fecundo diálogo capaz não só de dar passos em direção a uma necessária revisão histórica do ser português, como também, principlamente, de oferecer ao leitor de hoje ficções tão instigantes e tão complexamente configuradas como são os dois romances de que agora passamos a nos ocupar.

O testemunho da memória imaginada

> *Que cilada que os ventos nos armaram!*
> *A que foi que tão longe nos trouxeram?*
>
> *San Gabriel, arcanjo tutelar,*
> *Vem outra vez abençoar o mar,*
> *Vem-nos guiar sobre a planície azul.*
>
> *Vem-nos levar à conquista final*
> *Da luz, do Bem, doce clarão irreal.*
>
> Camilo Pessanha, "San Gabriel"

Peregrinação de Barnabé das Índias (1998), de Mário Cláudio, é um romance que se constrói em nítida relação intertextual com, pelo menos, dois dos mais irrefutáveis documentos do imaginário português em torno das navegações – a *Peregrinação* de Fernão Mendes Pinto e o emblemático épico camoniano.[18]

Nesse sentido, a leitura que aqui se propõe mostra-se interessada em verificar como se realiza esse diálogo a partir da versão nova que, simultaneamente, recorda e tensiona a tradição ao deslindar fronteiras pela sobreposição de vozes e temporalidades distintas e que, parece-nos, registra o firme propósito de inscrever-se no amplo diálogo que a narrativa portuguesa contemporânea tem procurado estabelecer com a memória da nação.

Há ainda, na narrativa de Mário Cláudio, também um deslindamento das fronteiras do espaço, já que o seu motivo condutor é a viagem, que se realiza em muitos níveis: o mais evidente, refa-

---

18 Segundo Eduardo Lourenço (1999, p.97), desde o século XVII – embora só o Romantismo lhe conferisse esse estatuto – *Os Lusíadas* se converteram na referência mítica por excelência da cultura portuguesa.

zendo a viagem de Vasco da Gama às Índias; o mais significativo, inscrevendo nessa viagem histórica (e intertextual) os meandros da memória de um homem comum – um barnabé – para quem a viagem adquire contornos de uma iniciação; o mais sutil, alcançando na viagem as profundezas de um imaginário em torno das navegações, que aqui são despidas de seu caráter megalômano, aventureiro e heroico, para projetarem-se, em um deslocado tom menor, nos destinos individuais.

Como se vê, viagem de vastas emoções, ainda que contidas ou dissimuladas, já que a literatura deve ser também isto; viagem de descobertas, de iniciação, mas também de resgate, de revisão, de inscrição de um tempo em outro, "de transmutação do tempo histórico em arquetípico e de encarnação desse arquétipo em um agora determinado e histórico" (Paz, 1982, p.229-30). Esse duplo movimento constitui a maneira própria e paradoxal de ser dessa peregrinação, já que seu modo de ser histórico é ambíguo, na medida em que se constrói pela afirmação daquilo mesmo que questiona: o tempo e a causalidade, a ligação lógica e necessária entre os fatos que se sucedem e que determinam avanços, desvios, recuos e regressos nessa viagem que, sem dúvida, é também a de uma vida.

É a Walter Benjamin que se atribui a constatação de que "só uma memória abrangente permite à narrativa apropriar-se do curso das coisas, por um lado, e resignar-se, por outro lado, com o desaparecimento dessas coisas, com o poder da morte" (1985, p.210), a que podemos acrescentar uma conhecida interrogação retórica de Bachelard, própria ao caso que nos ocupa: "Não foi a morte o primeiro navegador?". Referindo-se aos trabalhos da psicanalista Marie Delcourt, que tratam das crianças abandonadas ao perigo das águas, Bachelard demonstra que ser salvo das águas, como Moisés no seu cesto, é uma espécie de consagração iniciática. Significa, em última análise, a travessia vitoriosa da morte total que é o mar infinito ou o rio tempestuoso. A água é atravessada porque a morte é atravessada: ela é "viagem" (Durand, 1997, p.90).

É significativo no romance, nesse sentido, o fato de seu protagonista, Barnabé, ter atravessado as águas em diferentes situações, todas elas indicativas de um resgate cuja interpretação pode associar-se aos três níveis em que a sua viagem se realiza, em nossa hipótese: subjetivo, interior, como conhecimento de si; histórico, para fora de si, como conhecimento do outro e do mundo; e arquetípico, ao mesmo tempo para dentro e para fora, como conhecimento das bases identitárias firmadoras de Portugal como nação no cenário do mundo, identidade que se projeta a partir da construção de uma imagem (positiva, afirmativa, grandiosa) que, se tem fundamento histórico, certamente muito deve ao empenho de Camões e de seus contemporâneos no fortalecimento de uma mitologia lusíada. É este último aspecto, fundamentalmente, que nos interessa aqui comentar, embora não o desarticulando dos outros níveis, e tendo como norte o percurso que será cumprido por Vasco, Barnabé e por todo o cortejo trágico-marítimo que se estende pelas quase trezentas páginas do romance de Mário Cláudio.

O triunfalismo português da era das navegações tinha necessidade de criar seus próprios mitos: aqueles homens vencedores dos mares tenebrosos, que davam a volta ao mundo e retornavam desassombrados e inteiros. Na épica, "o povo se vê como origem e como futuro, isto é, como destino unitário, que a ação heroica dotou de um sentido particular" (Paz, 1982, p.238). Ser digno dos heróis é continuá-los, prolongá-los, garantir um futuro para esse passado que sempre se apresenta a nossos olhos como um modelo. Por isso, não haveria gênero melhor para ser aproveitado na construção dessa mitologia.

No poema épico, além disso, há um herói que domina a narrativa com sua busca: ele corporifica os ideais desse povo e deve superar certos obstáculos a fim de realizar sua busca e atingir a grandeza heroica – por isso, povo e herói representados se qualificam como unidade de destino. Vasco da Gama, em *Os Lusíadas*, representa uma sociedade altamente organizada em vias de expansão imperial, e conquista mundos de bárbaros e de bons e maus selvagens. É, portanto, o modelo exemplar que se projeta para que os homens nele se reconheçam.

Foi na linguagem e pela linguagem que a literatura valorizou hiperbolicamente a expansão marítima e seus promotores. É igualmente por meio da linguagem que Mário Cláudio reinstalará esse imaginário, criando cenários, personagens e sobreposições temporais que acabam por repor o mito que a épica representou e, ao mesmo tempo, deslocam-no, mesclando respeito e recusa, resgate e reinvenção, mas sem que isso implique um dualismo redutor no redimensionamento dessa memória coletiva, ainda que a narrativa reinscreva os modelos convencionais de aprendizagem – de si e do outro, do mundo – para fazê-los serem percorridos por seus heróis. Quer-se com isso dizer que é o tema clássico da viagem iniciática que aí encontramos – ou, pelo menos, da viagem iluminativa, que será reconhecidamente levada a bom termo por Barnabé e menos por Vasco da Gama, o que o levará, ao fim da jornada, a perguntar ao antigo grumete: "Quem descobriu afinal essas Índias?" (Cláudio, 1998, p.277).

Essa descoberta, é claro, tem sentido metafórico. O desencanto final de Gama parece aproximar-se de um dos mitologemas apontados por Durand como constituintes do imaginário português, o da "nostalgia de um impossível" que o passado irreversível e a morte irremediável significam (Durand, 1997, p.92). O oceano adquire, assim, um sinal claramente ambíguo, "matéria de desespero" que qualifica o próprio Cabo das Tormentas, mas que é também o da Boa Esperança. Uma lógica interna liga essa busca do que está além do oceano, do outro lado do mundo, e os perigos da travessia a esta audácia do impossível. Parece significativa, nesse sentido, esta fala de Vasco:

> Mas solitário como eu outro nenhum viverá pelos lugares deste Mundo, pois que, havendo realizado a viagem que ninguém ousou, comigo arrastando para a morte um ror deles, e raros trazendo de regresso, iluminados por luzes que jamais me visitaram, me acoitei aqui, nas terras de Nisa de minha pertença [...] E perguntando-me alguém que oceanos atravessei, e a que enseadas terei aportado, res-

A FICCIONALIZAÇÃO DA HISTÓRIA **135**

posta nenhuma me colhe, vinda dos fundos de um sono de chumbo, porquanto em sonho, e em nada mais, singraram as armadas em que me meti, e se a Lisboa reverteram, ou se de encontro aos rochedos se partiram, não alcançará atestá-lo com provas condignas a minha inteligência, e menos ainda a memória que me resta, empecida pelo cúmulo das décadas que é um dobre a finados, e composta de farrapos que o vento se empenha em levar. (Cláudio, 1998, p.231-3)

Peregrinação de Barnabé das Índias é uma narrativa que adota um tom e um ritmo discursivos que se poderá chamar de ritual ou de ritualizado: a sentença que abre o primeiro capítulo – "Um velho no Inverno é a morte soprada, o tempo dorido, os fantasmas que a paciência esfarrapou" (ibidem, p.13) – já se inscreve como uma espécie de fórmula mágica, anafórica – porque se repetirá ao longo do capítulo, em variações lexicais e com ligeiras alternâncias rítmicas. Como uma espécie de senha para os sentidos do texto, essa sentença lançará fios de uma rede a serem retomados nos dois últimos capítulos da narrativa, quando a fórmula então se repetirá, criando o efeito de uma litania que aponta para a mobilização de recursos poéticos bastante expressivos na construção de um paralelismo que, se é também sintático, no nível discursivo, é principalmente "de destino", no nível temático, como dirá Barnabé a Vasco da Gama: "que desvairados e que semelhantes que foram os nossos percursos" (ibidem, p.42).

"Um pedinte no Inverno é o percurso retomado, o bordão que se deixa cair, a mágoa que não amorna no lume que esmoreceu" (ibidem, p.235); "Um olhar de marujo é o caminho dos enganos, a esperança que as nuvens adiam, a manga que se abstém de a tristeza enxugar" (ibidem, p.259) – essas as imagens poéticas que operam a recorrência rítmica ou o paralelismo referidos. Temos, no conjunto das citações, figurado o "estado atual" dos protagonistas do romance: Vasco, passados quase vinte anos dos sucessos nas Índias, vive, velho, em Évora, contando o vil metal, agasalhado pela "Cata-

136 MÁRCIA VALÉRIA ZAMBONI GOBBI

rina de sempre" e pelo vinho com canela que lhe retempera o corpo, mas não a alma; Barnabé, o grumete que embarcara na San Rafael e que se ajoelhara diante de Vasco ao fim da viagem, em agradecimento pela condução dos nautas de volta a Portugal, retorna agora andarilho, e paira sobre ele uma aura de iluminado, de alumbrado, adquirida já na viagem por atravessar a salvo, tantas vezes, a morte – aura que, desde então, se vinha manifestando por uma estranha trajetória de vidências, premonições e curas.

Barnabé vai ao encontro de Vasco, quer lhe "resumir outras navegações em que embar[cara]" (ibidem, p.42), já que "deduzia [...] que definitivamente dobrara os cabos, e vencera os remoinhos, e contornara as monções, de uma travessia interior. [...] Dominara o que dominado fora pelos que na peregrinação o tinham precedido" (ibidem, p.245).

O fio que ata as pontas desse reencontro é tecido pela memória. De quem? Difícil definir, exatamente. Em termos formais, a voz narrativa alterna-se entre Vasco (em um único capítulo, "As cidades"), Barnabé, com maior frequência, e uma voz heterodiegética, mas nem por isso menos comprometida, já que veicula, em um "desrazoado discurso" (ibidem, p.226) (como o qualificará Barnabé), o tumultuado mundo interior dos dois personagens. Esse narrador predominante, no entanto, atribui a narrativa a Barnabé, faz-se uma espécie de porta-voz dele, como parece-nos ser possível verificar por índices como os que estão contidos nesta fala:

> E [Vasco] não duvidou de que outro não fosse senão o pretérito grumete que em Évora, e há cinco anos, o visitara, *contando-lhe aquilo que se descreveu, e os episódios que nos deixou por encargo,* cinzas e cinzas mortas, no coração do almirante acordando inúmeras narrativas sepultadas. (ibidem, p.275; grifos nossos)

De tumulto falou-se porque, à memória de um passado comum a ambos, ainda que diferentemente experimentado – o da viagem às Índias –, entrelaça-se a rememoração de um tempo anterior, da infância/adolescência, ou da travessia de uma a outra, com todos os seus índices de cisão e de perda e que é, por isso, marcado, também para ambos, pela fratura trágica: Gama vê ruir a harmoniosa vida familiar pela ação "daquele amaldiçoado Rei D. João II", que ordena a prisão e morte do pai de Vasco, Estevão, como traidor do reino, separa-o do irmão Paulo, seu mentor adorado (que adia a insanidade pela fadiga do corpo, nadando até não mais poder) e – dado importante nessa reconstrução de um imaginário comum a Vasco e a Barnabé – provoca no menino a experiência do medo, que transmuda a inocente alforreca que lhe encantava a infância na hidra que lhe virá atulhar para sempre as noites de pesadelos e de febres.

Também Barnabé constrói sua figuração do medo: é na imagem do amigo que morre afogado, em uma inocente brincadeira de meninos no rio, que projetará os temores todos dos monstros marítimos, "o temor que em nós origina o que em absoluto desconhecemos" (ibidem, p.261), a serem vencidos nessa sua peregrinação. E Barnabé voltará das Índias com os "medos vencidos", concluindo, entretanto, que "mais se alongara daquilo que possuía do que se aproximara do que não compreendia" (ibidem, p.249-50). Vasco, no entanto, terá que refazer a travessia – e é para ela que se encaminha quando o romance acaba.

Tal fluidez temporal, portanto, permite várias ordens de reminiscências, já que a moldura delas todas é aquele presente que reuniu novamente Vasco e Barnabé, tantas andanças passadas. A ela se associa, na conformação dessa viagem imaginária, a tensão entre o espaço sonhado e o encontrado, já que "cada região achada em região dissipada se converte", em consequência de "jamais vislumbrarmos no que se nos depara a completa verdade para que propendemos" (ibidem, p.208). Disso deduzirá Vasco que o espaço imaginado não passa de um engano do olhar, e que todo o empenho em sair do *seu* lugar para encontrar aquele, sonhado, leva-o de volta ao de origem – afinal, coincidente com o que se deseja.

É evidente que o conceito de paródia, com seu duplo movimento de inserção e subversão do texto original, está presente o tempo todo no horizonte da leitura que aqui se propõe. O rebaixa-

138 MÁRCIA VALÉRIA ZAMBONI GOBBI

mento, a familiarização do objeto parodiado, mecanismos da ação paródica, são visíveis, por exemplo, no fato de o cachorro do Gama chamar-se Samorim e o gato, Catual. Menos brincalhona é a inserção, no texto, de vozes que, ainda que discretamente, dão corpo ao outro lado da História – o do invadido –, as quais se fazem ouvir no rápido (porém significativo) comentário registrado pelo narrador logo na sequência da passagem em que Vasco da Gama, depois de ser traído pelo piloto muçulmano que deveria conduzir as naus às Índias, manda açoitá-lo:

> Vigorosamente zurzido, a fim de que confessasse a má-fé com que procedera, chegavam às restantes barcas os gritos com que na capitânia o punido reagia, e houve logo quem, ora para se aliviar da tensão do flagelo, ora para ocultamente prestar homenagem ao que, defendendo os direitos da sua raça, com tanto amargor sofria, atribuísse o nome do Açoutado a um dos ilhéus que se lobrigavam. (ibidem, p.193)

É fluida por isso, e finalmente, a passagem entre uma memória vivida e outra, imaginada: "Ao que imaginamos se junta o que vivemos" (ibidem, p.214), diz Vasco – e esse talvez seja o índice mais significativo do modo como se dá a ancoragem desse texto ficcional na história com que dialoga. Pondo a recircular, pelas provocações da ficção, as bases históricas da identidade de cada um dos personagens, a *Peregrinação* de Mário Cláudio garante que se lance a elas um olhar sempre desconfiado – não porque a história construa deliberadamente a mentira, mas porque a ficção é capaz de mostrar quão tênue é o limite entre o vivido e o sonhado.

Índice disso é o modo pelo qual se cumpre a profecia, feita pelo primo judeu Joseph de Lamego, de que Barnabé se tornaria Papa: ao pedir abrigo em um mosteiro, o agora envelhecido grumete é assediado por um mestre de pintura que lhe examina "o rosto de vadio que os padecimentos do mar e as inclemências do Inverno tinham reduzido a um mapa de intrincada decifração" (ibidem, p.273). O

A FICCIONALIZAÇÃO DA HISTÓRIA   139

pintor reconhece nele o semblante que lhe convinha como modelo do de São Pedro, que tinha a incumbência de pintar. Realiza-se, assim, o que havia sido "em esboço anunciado" a Barnabé, "tudo conforme à profecia do seu primo Joseph, o qual lhe prognosticara que no sólio do Vigário, e com invulgar solenidade, pelos séculos dos séculos haveria ele de se assentar" (ibidem, p.274). A imagem, assim perpetuada, dá a Barnabé um surpreendente destino, reforçado pelas palavras de Vasco, que, afinal, conclui: "foste tu, e mais ninguém, quem essas Índias na verdade descobriu" (ibidem, p.278).

Voltando ao começo, para rematar: privilegiar a imaginação e o imaginário, dessa perspectiva, constitui uma forma de resistência aos dogmatismos que petrificam a realidade histórico-social, deixando vir à tona a sua dimensão de criação continuada. Se todo pensamento só pode exprimir-se por imagens, é da criação incessante e essencialmente indeterminada de figuras e formas que nos vem a possibilidade de falar de alguma coisa. Todo pensamento da sociedade e da história pertence em si mesmo à sociedade e à história – é o que afirma Cornelius Castoriadis em *A instituição imaginária da sociedade* (2000), como vimos em um fragmento transcrito no capítulo inicial deste livro.

É, pois, essa situação de repensar de dentro a identidade do ser português que, pensamos, coloca Mário Cláudio em seu romance. Não por acaso o livro foi publicado em 1998. Não por acaso recoloca em cena os motivos arquetípicos da peregrinação e da vocação nostálgica do impossível, figurada em um além materializado pela aventura marítima e pela conquista do mundo. Se a narrativa de Mário Cláudio é resgate – e resgate crítico de um passado que pela literatura se inscreveu –, é também surpresa, não só pelos segredos que guarda e que a cada um de nós, certamente, se revelarão distintamente (é óbvio que esta leitura poderia ter tomado outros e talvez mais fecundos caminhos), mas principalmente por refazer o eterno convite à viagem a todos os inesgotáveis mundos da aventura e do sonho que a ficção não deve abrir mão de criar.

As naus de regresso (e a medida da insignificância)

eram barcos e barcos que largavam
fez-se dessa matéria a nossa vida
marujos e soldados que embarcavam
e gente que chorava à despedida.

ficámos sempre ou quase ou por um triz
correndo atrás das sombras inseguras
sempre a sonhar com índias e brasis
e a descobrir as próprias desventuras

memória avermelhada dos corais
com sangue e sofrimento amalgamados
se rasga escuridões e temporais
traz-nos também nas algas enredados

e ganhou-se e perdeu-se a navegar
por má fortuna e vento repentino
e o tempo foi passando devagar
tão devagar nas rodas do destino

que ou nós nos encontramos ou então
ficamos uma vez mais à deriva
neste canto que é nosso próprio chão
sem que o canto sequer nos sobreviva.

Vasco Graça Moura, "Crónica",
de *Letras do Fado Vulgar*

Quando Fernando Pessoa imortalizou a máxima poética na qual nos alerta para o fato de que "navegar é preciso", certamente desejou refletir nela também o peso de tantos séculos de obsessão ultramarina, fixada que está a navegação no imaginário lusitano como a matéria de que essa vida foi feita, como diz outro belo poema (este que nos serve de epígrafe) que evoca uma vez mais os "barcos e barcos que largavam" da terra lusitana, ainda que rumo à descoberta de suas próprias desventuras.

Se, como quer Eduardo Lourenço (1999, p.152), Portugal precisou dar a volta ao mundo para tomar a medida da sua maravilhosa imperfeição, não é de espantar que o retorno à casa possa se dar,

A FICCIONALIZAÇÃO DA HISTÓRIA   141

em uma ficção que queira submeter esse passado ao olhar duro da necessária revisão crítica de uma história que ainda imobiliza, de modo disfórico – estado que Antonio Lobo Antunes leva à máxima potência em *As naus*, romance de 1988 que, entre todos os que compõem o *corpus* deste livro, é dos que mais tem merecido a atenção da crítica. Esse dado parece-nos interessante e, em certa medida, até surpreendente, principalmente porque *As naus* é um romance difícil, que desafia a atenção e a compreensão do leitor por constituir-se como uma narrativa estruturada de modo bastante complexo, na medida em que joga ambiguamente com o tempo, o espaço e os personagens que a sustentam, projetando, com isso, sentidos também ambíguos, duais, sobre o fato histórico que põe em foco: a saga dos retornados a Portugal no processo de descolonização que se seguiu ao fim da ditadura salazarista.

Esta complexidade pode ser vista, primeiramente, ao se constatar que o romance estende ao máximo possível a ausência de limites entre fato e ficção em sua efabulação: Lobo Antunes põe a conviver, em uma Lisboa recém-saída dos anos da ditadura, homens que retornavam das colônias africanas,[19] obrigados a deixar lá o muito ou o pouco que tivessem, para serem acolhidos (?) em uma cidade que não tinha como dar conta daquela enorme massa populacional que vinha sem ter onde morar, onde trabalhar, como sobreviver, caracterizando talvez um dos momentos mais críticos do Portugal pós-revolucionário – este, o dado que finca o pé do romance em uma recente realidade de fato e que é figurativizado, na narrativa, em diversos momentos, como neste que transcrevemos, em que os retornados, alojados provisoriamente em um hotel cinco estrelas de Lisboa (fato corriqueiro, então) ouvem o discurso de recepção de um dos "tenentes de Abril":

---

19 "Os chamados 'retornados', amontoados no aeroporto de Lisboa, em 1974, foram só o símbolo de um vasto problema social que se desenvolveria por causa da revolução. Ex-combatentes, ex-residentes, pessoas que perderam trabalho e fazendas, teres e haveres, rendas e esperanças no continente negro, agora retornavam. Algumas foram ao Brasil. Muitas a Portugal. Assinalaram mudanças mentais que ainda estão por se revelar plenamente ao historiador" (Secco, 2004, p.224).

142 MÁRCIA VALÉRIA ZAMBONI GOBBI

[...] damas e cavalheiros, informou com pompa, senhoras e senhores, que se encontravam no Hotel Ritz por pura benevolência paternal das autoridades revolucionárias preocupadas em zelar pelo conforto e tranquilidade dos seus filhos até o Estado democrático, nascido com a ajuda da parteira mão castrense, do ventre putrefacto do totalitarismo fascista, que durante tantos decênios nos garroteou e oprimiu, conseguir casas ou pré-fabricados ou apartamentos nos bairros econômicos para as vítimas da ditadura felizmente extinta, e que em nome, camaradas, da luta de classes e da construção do socialismo dirigida pela vanguarda política do exército, passariam a ser punidos com a forca, a decepação da mão esquerda, a extracção de vísceras pelas costas ou o degredo em Macau, os intoleráveis abusos de assar sardinhas nos lavatórios, engasgar os ralos com tornozelos de faisão, cozinhar refogados e fritos nas cerâmicas dos chuveiros, vender as torneiras, concebidas por arquitectos franceses, nos antiquários caquéticos da Rua de São Bento, assim como servir-se das cortinas estampadas do hotel para blusas e adornos, tenho dito, de barregã de moiro. (Antunes, 1988, p.61-2)

Talvez seja até desnecessário ressaltar a evidente ironia que permeia esse fragmento, principalmente ao explicitar a gritante distância que há entre o luxo e a artificialidade do ambiente que esses retornados provisoriamente ocupam e a sua própria penúria existencial, já que muitos deles voltavam – assim como os personagens que ocupam o proscênio, neste capítulo do livro – já velhos, doentes, gretados do sol africano, famintos, depois de terem enfrentado meses de viagem de navio, e com a roupa do corpo – o que havia feito muitas das mulheres trabalharem na transformação das cortinas das suítes em saias e blusas para o jantar que o hotel oferecia (fato que motiva o aviso, entretanto já inútil, do orador).

Mas há ainda uma não disfarçada ironia também no tratamento do próprio ato revolucionário, favorecida pela alternância não marcada entre a fala do narrador, que apenas registra objetivamente a do orador, e a deste último, em discurso indireto livre, com eviden-

A FICCIONALIZAÇÃO DA HISTÓRIA **143**

tes intromissões da oralidade que de fato caracteriza a cena narrada (já que ele está falando aos retornados) e com a dissonância que sua fala estabelece entre o entusiasmo pela liberdade enfim estabelecida, em moldes socialistas – como o discurso insiste em explicitar – e a desmedida dos castigos anunciados a qualquer ato contra o patrimônio do luxuoso hotel (a que se opõem, finalmente, os pré-fabricados nos bairros econômicos que o tenente anuncia como destino final dos retornados).

Essas dualidades, percebidas tanto no que diz respeito à estruturação da narrativa quanto no que se refere ao tratamento do tema em questão – a revolução e suas consequências mais imediatas –, e tão fortemente apreendidas em um pequeno fragmento do romance, ampliam-se ao extremo quando nos damos conta de que os retornados são ninguém menos que Pedro Álvares Cabral, Vasco da Gama, Manuel de Sousa de Sepúlveda, Diogo Cão, Francisco Xavier (o "apóstolo das Índias") e tantos outros nomes célebres ligados às viagens ultramarinas, constelação que se completará com as presenças de reis, como D. Manuel ou o onipresente D. Sebastião – sem esquecermo-nos, evidentemente, do "homem de nome Luís a quem faltava a vista esquerda" (ibidem, p.19), agarrado noite e dia ao caixão do pai morto, já em decomposição, que, em sua viagem de regresso, joga bisca no navio com o reformado Gama e com Cervantes.

Todos esses antigos heróis têm seu contorno épico, cristalizado pela história e pela tradição literária de que *Os Lusíadas* são o ponto culminante, desmantelado não só pelo processo de transcontextualização[20] a que são submetidos, o que os insere em uma ficção já por

---

20 Lembramos que, para Linda Hutcheon, esse procedimento, característico do texto paródico, de ressituar uma situação ou um personagem dentro de um novo texto, por ela denominado de transcontextualização, tem como efeito promover uma ressignificação do texto revisitado: ele é sempre deslocado para uma nova moldura textual e esse processo tem inegáveis consequências: "Não há integração num novo contexto que possa evitar a alteração do sentido e, talvez, até do valor" (Hutcheon, 1985, p.19). Em *As naus*, essa transconstextualização atinge também os registros linguísticos que caracterizam e sustentam o discurso oficial, como veremos mais adiante.

144 MÁRCIA VALÉRIA ZAMBONI GOBBI

princípio paródica, mas também porque, no plano da diegese, são instalados em um mundo degradado do qual a Residencial Apóstolo das Índias (a pensão para onde outros desses retornados são encaminhados) é a perfeita representação:

> A Residencial Apóstolo das Índias não se situava no Largo de Santa Bárbara consoante o escrivão da puridade lhes afiançara, mas no declive de um terreno perdido nas traseiras dos prédios entre a embaixada da Itália e a Academia Militar. Era uma casa arruinada no meio de casas arruinadas diante das quais um grupo de vagabundos, instalado em lonas num baldio, conversava aos gritos à roda de um chibo enfermo. Perguntou o endereço a um mestiço de olhos sigilosos, a garotos que remexiam desperdícios com uma vara e a um sobrevivente alcoólico de mares remotos abraçado a uma âncora oxidada, e contornaram, a tropeçar, tábuas de andaime, paredes calcinadas, betões torcidos, restos de muro e escadas de apartamentos sem ninguém, por onde à noite deslizavam luzes de navegação nos intervalos das janelas. [...] Abaixo, na Rua de Arroios com obras nos esgotos e um caterpillar a entupir o trânsito, ficavam capelistas decrépitas, bares de prostitutas e merceariazinhas manhosas enxameadas de operários de pavio de bagaço aceso no castiçal da mão. Um rato húmido de brilhantina escapou-se de um caneiro, correu ao longo de degraus assoreados e esgueirou-se num monte de cascalho. (ibidem, p.31-2)

É nesse ambiente rebaixado, imundo, lodoso (sugerindo uma sujidade e um rebaixamento que não são só da cidade, do espaço de referência, mas da alma – desses sujeitos inscritos na história e dela própria, então) que transitarão os nomes célebres que protagonizarão cenas o mais das vezes igualmente sórdidas e degradantes, desenhando um mundo avesso àquele em que primeiramente, pela palavra épica, habitaram. Vê-se, portanto, o processo de destronamento, tão característico à carnavalização bakhtiniana (1988), aí encenado. O tempo presente, nesse romance, é o lugar no qual essas

A FICCIONALIZAÇÃO DA HISTÓRIA **145**

figuras míticas se reduzirão a nada. Como enfatiza Maria de Fátima Marinho (1999, p.293),

> A colocação de personagens com tais nomes [Vasco da Gama, Pedro Álvares Cabral etc.] (que imediatamente emergem do inconsciente colectivo português) em ambientes degradados e actuais não só acentua o carácter irónico da evocação, como desmitifica um período da História nacional que raramente é tratado na sua relatividade histórica.

Para tratar da relatividade histórica que permeia tanto os tempos pós-revolucionários como aqueles, áureos, das navegações, é que Lobo Antunes desarticula completamente, em *As naus*, a solidez temporal que distingue o que foi do que é, instalando outra temporalidade que, em nosso entendimento, parece ser aparentada daquilo que é definido por Elizabeth Wesseling (1991) como ficção ucrônica. Nela, o tempo é constantemente anulado, já que não há um olhar sobre ele que possa ser caracterizado como determinado e previsível. Parece-nos, no entanto, que não se trata exatamente de uma espécie de não tempo ou de um tempo não definível, já que de fato, no romance em estudo, esses personagens situam-se em uma temporalidade determinada. Trata-se, pensamos, de uma sofisticada estratégia narrativa que tem por intento reafirmar as ambiguidades referidas, que se projetam na construção do sentido do texto, já que essa mescla incontrolável de temporalidades distintas chama a atenção não só para o fato recente da descolonização, com todas as trapalhadas que ela acabou por deixar como rastro e que está de fato figurativizada no romance, mas também para o passado mais distante, em que habitaram aqueles nomes célebres e que, afinal, deu início ao processo de construção do Império que então findava.

Ou seja, trata-se de uma revisão crítica de todo um processo histórico: o que resultou das navegações foi, enfim, o fiasco da empresa colonial ultramarina, representado em seu momento final de queda. Era a "natureza atlântica" (Secco, 2004, p.210) de Portugal que então se via perdida, representada em um tempo outro, postulado por uma costura que ata indissoluvelmente as duas pontas desse imaginário atlântico, amalgamando-as.

É a visão do todo que esse procedimento favorece, e que inclui tanto o processo histórico quanto o mito da vocação imperial e ultramarina, o que nos parece motivar a ficção de Lobo Antunes, ainda que, e paradoxalmente, ela se construa, narrativamente, de modo fragmentário e disfórico, em uma espécie de épica às avessas que passa também pela ampliação daquelas dualidades já indicadas para outros elementos constitutivos do romance, como a sua própria estrutura geral e, principalmente, como o modo de narrar, que conjuga, como já apontamos rapidamente, uma voz pretensamente neutra no registro dos acontecimentos e uma focalização intradiegética, centrada nos diversos personagens, de modo alternado e indiscriminado (ou seja, nem sempre se dá a voz ao mesmo personagem, que pode, então, dizer ou ser dito sem que haja uma motivação aparente para essa seleção de foco).

Isso dá ao romance uma aparência de caoticidade que só se ameniza se considerarmos a sua referida estrutura geral, já que cada capítulo pertence, prioritariamente, a um personagem ou a um pequeno grupo de personagens que, em meio à desventura que é, para eles, buscarem situar-se nesse outro Portugal que agora encontram, vão desfiando memórias passadas responsáveis pelo estabelecimento daquela mescla temporal que caracteriza o desenvolvimento da narrativa. Ou seja, o romance se estrutura como uma sequência de cenas não necessariamente encadeadas ou não logicamente causais que mantêm entre si um precário fio narrativo que sustenta duas ordens de desenvolvimento: uma horizontal, que elege, em cada capítulo, um ou uns poucos personagens para ocupar o primeiro lugar na cena, e outra vertical, em que esse ou esses protagonistas temporários intercalam o registro de seu estado atual com o relato de suas memórias do passado recente, na África, misturadas a referências que remontam àquele outro passado heroico de que foram também protagonistas, ainda que em outra chave – não a paródica que agora os caracteriza.

A FICCIONALIZAÇÃO DA HISTÓRIA   147

Esse relato, como vimos, também não se dá de maneira uniforme, no que concerne à voz narrativa, o que nos leva a caracterizar o romance como sustentado por um jogo de projeções (de tempos, de vozes, de personagens, de espaços) que constrói as tais dualidades, a que se vem somar o que podemos chamar de uma memória imaginada. Isso porque, como dissemos, os personagens do romance mesclam ao relato de suas vivências recentes em solo africano, permeadas pelo realismo possível no âmbito de uma ficção tão nitidamente crítica, os ecos de uma história passada que seus nomes carregam. Essa sincronia só pode se dar como ficção. Por isso é que também a memória é afetada por essa imposição da ficcionalidade.

A memória surgiria, então, como um discurso que inventa certa coerência para o passado, em uma tentativa de ordenar sua caoticidade, de dar forma concreta à matéria heterogênea, dispersa e difusa do passado. No entanto, essa memória, em vez de delimitar o fluxo do tempo, desdobra-o infinitamente, misturando-o, em diversos níveis, a outros tempos e, por fim, alterando mesmo a substância do espaço, o que nos lembra também do conceito de ficção paratática já definido neste estudo, que se caracteriza pela justaposição (e, portanto, por ligações não necessariamente lógicas, causais) de tempos e espaços distintos.

Há, portanto, um duplo retorno construído pela narrativa, uma vez que, se existe, de fato, um deslocamento no espaço, representado pelos que voltam a Portugal da África, há também um deslocamento no tempo, já que a narrativa traz de volta para a cena presente o passado heroico das navegações e da constituição do Império português, caracterizando definitivamente aquela estrutura dual que rege a composição do romance.

Tudo isso faz com que, por vezes, algumas passagens de *As naus* pareçam até mesmo semanticamente inconsistentes, pois elas misturam às referências evocadas possibilidades apenas ficcionalmente sustentadas, o que nos leva a considerar que Lobo Antunes descrê do estatuto da palavra enquanto "reveladora de uma realidade" e investe firmemente nela como criadora de realidades (im)

148 MÁRCIA VALÉRIA ZAMBONI GOBBI

possíveis – prerrogativa inalienável do texto ficcional. É essa outra mistura que este antológico fragmento do romance, em que fala Diogo Cão, representa:

> [...] eu reduzido aos meus cálculos de ilhas e aos meus diários inúteis num reyno onde os marinheiros se coçam, desempregados, nas mesas de bilhar, nos cinemas pornográficos e nas esplanadas dos cafés, à espera que o Infante escreva de Sagres e os mande à cata de arquipélagos inexistentes à deriva na desmedida do mar. Afastávamos a medo os reposteiros da sala e ele logo Descubram-me os Açores, e a gente descobria-os, Encontrem-me a Madeira, e a gente, que remédio, encontrava-a, Encalhem-me no Brasil e tragam-mo cá antes que um veneziano idiota o leve para Itália, e a gente trouxe-lhe ao Algarbe, onde ceava no meio de uma roda de physicos e bispos, esse monstro esquisito de carnavais, papagaios e cangaço, de tal jeito que ao vê-lo, assim estupidamente enorme, arrastado por dezassete galés e mil e quatrocentos pares de bois, isto sem contar as mulas e os escravos mouros, se apartou dos seus e nos perguntou baixinho, ca hera homem avisado e de bõo entendimento, Para que quero eu tal coisa se já tenho chatices que me sobram?, de modo que nos ordenou que o puséssemos, durante a hora da sesta, onde o tínhamos achado, sem conservar um papagaio sequer [...]. (Antunes, 1988, p.68-9)

É preciso que aceitemos o caráter inteiramente fictício do discurso do romancista, ainda que ele utilize, como objeto de sua efabulação, fatos do passado, ou pretensamente do passado, já que isso permite que se jogue com esse anacronismo e com esse recobrimento da história pela ficção como uma forma de rever sentidos, revisão esta que se processa no ato de recontar a história (imaginada) dos heróis das conquistas ultramarinas, mas de forma difusa, fragmentada, deslocada, como vimos. Nessa operação ficcional, a história é e não é ao mesmo tempo, está e não está presente, e o que se cria é outra cena, matizada pela fantasia e caracterizada pelo que poderíamos definir como uma textualidade aberta, que absorve

A FICCIONALIZAÇÃO DA HISTÓRIA **149**

referências tão díspares, mas que nem por isso, e por ser inventada, perde sua capacidade de abalar as verdades narradas.

Essa permeabilidade do texto pode ser vista, como no exemplo acima, pela incorporação de arcaísmos[21] da língua no discurso narrativo, em palavras e expressões, e mesmo no tom do discurso, que remetem efetivamente à época das navegações, tempo original dos personagens em cena. Mas essa remissão pode ser percebida mesmo quando a linguagem não a denuncia, pela presença, na narrativa, de elementos que já compõem o imaginário das navegações, e que são, por isso, facilmente identificados pelo leitor, capaz, assim, de estabelecer as articulações que permitem visualizar a amplitude dos intertextos e das referências culturais (da história, da ciência, da mitologia, da literatura) mobilizados na composição de um relato como este:

> [Diogo Cão] explicava-me a melhor forma de estrangular revoltas de marinheiros, salgar a carne e navegar à bolina e de como era difícil viver nesse árduo tempo de oitavas épicas e de deuses zangados, e eu fingia acreditá-lo para não contrariar a susceptibilidade das suas iras de bêbedo, até o dia em que abriu a mala à minha frente e debaixo das camisas e dos coletes e das cuecas manchadas de vomitado e de borras de vinho, dei como bolorentos mapas antigos e um registo de bordo a desfazer-se. (ibidem, p.65-6)

Com isso, a imprevisibilidade (que, segundo Wesseling (1991, p.83), marca a ficção ucrônica) é justamente o que nos parece ser a característica mais acentuada do modo de ficcionalizar a história nesse romance de Lobo Antunes, já que ele parte de alguns dados reconhecíveis da imagem construída de cada uma das "personalidades históricas" em questão, a partir do próprio nome delas – o que não deixa de situá-las em um passado de fato, criando inclusive

---

21 Maria de Fátima Marinho (1999, p.295) considera que "O uso voluntário e não sistemático de alguns arcaísmos na grafia traduz esse desejo de acentuar a presença do passado no presente, a mútua interacção de ambos [...]."

150 MÁRCIA VALÉRIA ZAMBONI GOBBI

expectativas, por parte do leitor, em relação à condução que a narrativa dará a seus destinos – para desviar completamente o curso da história, que tratará com grande irreverência personalidades tidas como intocáveis e detentoras daquilo que abstratamente se define como o espírito nacional.[22]

É nesse sentido que tais personagens já foram caracterizados como sósias paródicos (Rocha, 2001) de seus célebres antecessores. Essa estratégia, de fato, permite que a intenção paródica do texto funcione melhor, já que, mais uma vez seguindo a sugestão de Maria de Fátima Marinho, ela institui também a autorreflexividade no romance, uma vez que a revisão crítica do passado é feita de dentro da própria narrativa, por meio desses personagens e de suas vozes nem sempre harmoniosas com o que a historiografia e a própria literatura fixaram. Nesse sentido é que a ensaísta (Marinho, 1999, p.38) recupera o conceito de autorreflexividade defendido por Elizabeth Wesseling como aquele que é constituído pelos "comentários tecidos ao passado pelas personagens com aparência de históricas e as múltiplas focalizações que, inquestionavelmente, relativizam a verdade única e universal".[23]

As sobreposições temporais que caracterizam a narrativa de Lobo Antunes sugerem, assim, que ele não está falando somente de um lá ou de um então, mas também de um aqui e de um agora, argumento que reforça a ideia de que o que está em pauta, no romance, é todo um processo histórico, re(a)presentado parodicamente pela ficção. As situações inusitadas que as personagens protagonizam constroem uma realidade alternativa, centrada na memória daquilo

---

22 "Um narratário desconhecedor dos códigos a que o livro constantemente alude perderia definitivamente o efeito irónico e paródico e não alcançaria esse saboroso desfazer de um saber habitualmente incontestado" (Marinho, 1999, p.294).

23 "I choose to restrict the phenomenon of self-reflexivity in historical fiction to the explicit commentaries upon the search for the past as carried out by historian-like characters, and to the type of multiple focalization which reveals the subjectivity of every interpretation of the past by juxtaposing diverging views on the same object without discriminating between 'true' or 'false' versions" (Wesseling, 1991, p.83).

A FICCIONALIZAÇÃO DA HISTÓRIA   151

que poderia ter sido e não foi, mas que está ali encenado com uma intenção que, no limite, podemos definir como catártica, cujo significado só pode ser completamente entendido se aceitarmos também que *As naus* representam "o lugar no qual os *topos* dos estereótipos do discurso colonial mudam de posição, atingindo não aos colonizados, mas aos próprios representantes deste discurso" (Rocha, 2001, p.393).

Trata-se, portanto, de um modo de inserir o discurso da História na ficção especulando-o no presente, isto é, tentando "encontrar paralelismos inquietantes entre os dois tempos" (Marinho, 2006, p.19). Daí que a paródia pareça instrumentalizar tão bem essa intenção desconstrutora,[24] já que ela derruba o peso tirânico das memórias culturais, incorporando-as e invertendo-as pela instauração daquele paralelismo com diferença crítica que, justamente, caracteriza a operação paródica. A ironia, sua estratégia discursiva, promove a derrocada tanto da construção mítica quanto do saber histórico que, como contrapontos, subjazem à narrativa de Lobo Antunes. A confrontação entre os dois tempos, entre o poder do passado imperial e o fracasso contemporâneo, parece reduzir a empresa da colonização ao que ela tem de risível, de degradado, de pobre – como figurativiza a coroa de folha-de-flandres de um D. Manuel bêbado que não tem mais a dizer a não ser que "esta bodega toda me pertence" (Antunes, 1988, p.191).

É por isso que falar de imparcialidade histórica, relativamente a um romance como *As naus*, parece-nos inadequado. Nele, há uma exaltação (se é que o termo é pertinente), um registro, de todo modo exacerbado, do fracasso e das perdas do mundo português. Nesse

---

24 É num sentido amplo que usamos o termo desconstrução neste livro, ainda que sabedores do peso que tal conceito tem, por exemplo, na teorização de Jacques Derrida – conceito de que, em linhas gerais, o nosso uso não diverge, considerando-se que, para o filósofo do pós-estruturalismo, a desconstrução não significa destruição, mas um modo de desfazer uma estrutura para fazer aparecer seu esqueleto; neste sentido, Derrida não parece supor que com a desconstrução se tenha que começar de novo, a partir do nada, mas, sim, que ela promove uma desmontagem que permite conhecer melhor o que já é.

152 MÁRCIA VALÉRIA ZAMBONI GOBBI

processo, a efabulação se sobrepõe determinantemente à História. No caso de *As naus*, essa reescrita do passado atinge os "limites do (in)verossímel" (Marinho, 1999, p.251), já que revela excedentes, contradições e estranhamentos que parecem querer responder com o absurdo (da imaginação) ao excesso de racionalização com que frequentemente queremos entender aquilo que vimos chamando de processo histórico ou, mais especificamente, os acontecimentos históricos diretamente implicados na fatura do romance.

No entanto, não há saída apontada por ele. Se há, de fato, julgamentos e avaliações sustentados, mais ou menos explicitamente, pela voz narrativa, a própria estrutura dual que rege a composição do romance impede que as ambiguidades de sentido que ele projeta se resolvam. Ao final, estão todos os personagens decrépitos, imersos na insanidade, configurando o avesso da fama e da glória que sempre emolduraram o passado mítico lusitano – mas, ainda, aguardando a vinda de um D. Sebastião impossível:

> Esperamos, a tiritar no ventinho da manhã, o céu de vidro das primeiras horas de luz, o nevoeiro cor de sarja do equinócio, os frisos de espuma que haveriam de trazer-nos, de mistura com os restos de feira acabada das vagas e os guinchos de borrego da água no sifão das rochas, um adolescente loiro, de coroa na cabeça e beiços amuados, vindo de Alcácer-Quibir com pulseiras de cobre trabalhado dos ciganos de Carcavelos e colares baratos de Tânger ao pescoço, e tudo o que pudemos observar [...] foi o oceano vazio até a linha do horizonte coberta a espaços de uma crosta de vinagreiras, famílias de veraneantes tardios acampados na praia, e os mestres de pesca, de calças enroladas, que olhavam sem entender o nosso bando de gaivotas em roupão, empoleiradas a tossir nos lemes e nas hélices, aguardando, ao som de uma flauta que as vísceras do mar emudeciam, os relinchos de um cavalo impossível. (Antunes, 1988, p.247)

Ou seja, a ficção reinstala o mito no seio mesmo de sua desconstrução. Essa talvez seja a maior de todas as ambiguidades que dão

A FICCIONALIZAÇÃO DA HISTÓRIA   153

corpo a *As naus*. Ainda que degradado, aí está de novo D. Sebastião – e, claro, todos os que o precederam no panteão nacional. É por isso que a escrita paródica, que se sustenta justamente sobre a manutenção dessa estrutura dupla, parece-nos realizar-se de forma tão plena no romance de Lobo Antunes. De todo modo, não se escapa, em uma interpretação de seu sentido, daquela disforia inicialmente apontada, já que não há como deixar de ouvir o eco, ao final da leitura de *As naus*, dos versos emblemáticos de Camões – "Oh! Maldito o primeiro que, no mundo, / Nas ondas vela pôs em seco lenho" – ou daqueles que mais diretamente questionam a validade da empresa ultramarina lusitana:

> A quantos desastres determinas
> De levar estes Reinos e esta gente?
> Que perigos, que mortes lhe destinas,
> Debaixo dalgum nome preminente?
> Que promessas de reinos e de minas
> De ouro, que lhe farás tão facilmente?
> Que famas lhe prometerás? Que histórias?
> Que triunfos? Que palmas? Que vitórias?
>
> (Camões, 1980, p.185)

A imagem que Lobo Antunes fixa de Portugal em *As naus* parece responder às invectivas lançadas, quinhentos anos antes, pela voz dissonante do Velho do Restelo, do interior daquele poema que justamente mais serviu à mitificação da história lusíada. Como paródia, evidentemente, *As naus* contrapõem criticamente, àquele registro glorioso, outro – o da decadência. Mas também por ser paródico – a dualidade máxima que não pode ser negada em nossa leitura – repõe aquele registro glorioso para glosá-lo novamente, quinhentos anos depois. O que desse diálogo sobreleva é, mais uma vez, a força da criação literária, seja ela inspirada pelas Tágides de Camões ou pelas ninfas de esgoto de Lobo Antunes – porque, afinal, o canto, apesar da história, sobrevive.

"Morrer sim, mas devagar":
permanências de um mito olímpico

> *Na praia de Lençóis*
> *Um touro negro apareceu*
> *Ele é rei Sebastião*
> *E vem brindar o povo seu.*
>
> *Esse rei é santo*
> *Foi morar no mar*
> *Vai desencantar*
> *E subir pra nos salvar*
>
> *O rei Sebastião*
> *Ele é grande guerreiro*
> *Quando baixa em seu cavalo*
> *Ele estremece o terreiro.*
>
> *Esse rei é santo*
> *Foi morar no mar*
> *Vai desencantar*
> *E subir pra nos salvar.*
>
> Urias de Oliveira, "Boi do Encoberto"[25]

O texto colocado como epígrafe a este capítulo atesta a vitalidade do culto a D. Sebastião não só em Portugal, mas também no Brasil, até os nossos dias. Apropriada pelo imaginário popular e aclimatada ao cenário nordestino, em especial, a crença no salvador oculto ainda alimenta o messianismo já tantas vezes encarnado na história tanto aqui como em terras lusas. A figura de D. Sebastião e todo o imaginário que a cerca tem entre nós também uma notável expressão literária na monumental obra de Ariano Suassuna,

---

25 Canção baseada no folclore maranhense gravada pelo grupo Casa de Farinha no CD homônimo, de 2000. Atente-se também, no mesmo CD, para a canção de domínio público que faz parte da Doutrina de Tambor de Mina do Maranhão: "Ê, ê Rei/Rei Sebastião/Quem desencantar Lençóis/Vai abaixo o Maranhão".

A FICCIONALIZAÇÃO DA HISTÓRIA **155**

Romance d'a pedra do reino e o príncipe de sangue do vai-e-volta (1971). Traduzida para sete línguas, a obra de Suassuna pode ser lida como um inventário dos eventos, dos sentidos e dos símbolos que se vieram agregando, em terras brasileiras e ao longo dos séculos, à lendária figura do Rei Salvador, de que Quaderna é, a um só tempo, o epítome e a paródia.

No entanto, no âmbito da reflexão que este livro propõe, é como uma das figuras-chave da mitologia lusíada que interessa abordar D. Sebastião, sem esquecer que, assim como acontece com Inês de Castro, sua presença excede os limites daquela coletividade para instaurar-se como figurativização de um dos temas mais caros a todo o imaginário ocidental: o do salvador, do rei que espera, escondido, a hora do regresso. Como reconhece Durand (2000, p.93),

[...] encontramos [este mitologema] na confluência de duas culturas que banharam Portugal: as culturas islâmica e celto-germânica, embora se enraíze no próprio dogma cristão. [...] É este o sentido do mito arturiano da cultura celta: Artur, mortalmente ferido, é levado para a Ilha de Avalon, a "Ilha das Mulheres", e especialmente de Morgana, que o cura e lhe permite reinar sobre o mundo. Também para os antigos Persas o herói Kereshâpa, ferido, sobrevive em letargia, assistido pelas "fravârti" – as fadas persas –, e reaparecerá no fim dos tempos ao lado de Saohshyant, o Deus da luz, para o ajudar a estabelecer o Reino final. Encontramos também uma temática semelhante nos próprios fundamentos do judaísmo – o Messias é "aquele que vem"... – e no dogma cristão, em que o Salvador voltará no Apocalipse dos tempos, "para julgar os vivos e os mortos". A mesma lenda universal fecundará a fé imperial dos gibelinos: Carlos Magno, Frederico Barba Ruiva, Frederico II são supostos esperar, ocultos no coração de uma montanha, a vinda dos tempos propícios em que regressarão para restabelecer o Santo Império. É essa também a imagem profunda, quase arquetípica (e à qual será tão sensível o imaginário dos conquistadores lusitanos), do Preste João – filho ou sobrinho do *rex regum* David – que se mantém ocul-

156 MÁRCIA VALÉRIA ZAMBONI GOBBI

to no fim do mundo (Tartária, Índia ou Etiópia), exercendo uma autoridade visível ou invisível[26] [...].

Há, desse modo, uma "linhagem messiânica" – e, portanto, mítica – da qual D. Sebastião procede e à qual dá novo alento.[27] No entanto, é evidente que, também aqui, condições históricas específicas dão estofo ao surgimento do mito. É esse cruzamento da história com o mito – ou a história se fazendo mito – que nos interessa investigar.

O historiador Diogo Ramada Curto publicou, no volume *Portugal: mitos revisitados* (1993), um curioso ensaio intitulado "O Bastião! O Bastião! Actos políticos e modalidades de crença, 1578-1603", em que registra os sucessivos reaparecimentos de D. Sebastião, nos anos seguintes aos do desastre de Álcacer-Quibir, nas histórias dos falsos reis, como as dos ermitães de Penamacor (1584) e da Ericeira (1585), bem como a do pasteleiro de Madrigal (1594-5), que se fazem passar pelo rei desaparecido na África, provocando, com maior ou menor má-fé, a atenção, principalmente, dos mais simples do Reino – e cujas histórias acabaram sempre em castigos cruéis e em desalento do povo.

Mais conhecida e de alcance político e diplomático mais amplo e significativo, já que cercada por uma aura que a liga a uma sempre

---

26 O caráter dessa autoridade do Preste João vem, conforme lembra Durand (2000, p.124), do fato de ele ser simultaneamente detentor de dois gládios: Preste (sacerdote) e Rei; "é no seu misterioso reino 'oriental' que Ogier, Xerxes e Alexandre foram demandar a imortalidade. [...] Todos esses personagens 'encobertos' hão de regressar um dia – como Lohengrin – quando o reino ou a justiça se encontrarem em grande perigo".

27 "O messianismo – isto é, a certeza de um penhor, transitoriamente oculto, da ordem, da justiça e da legitimidade – vai-se consolidando, por assim dizer, ao longo da História portuguesa: inspira o espírito de cruzada – a reconquista do túmulo vazio... – a epopeia dos Templários, dos Hospitalários, dos cavaleiros de Avis e de Cristo, artífices da Reconquista, a vontade missionária dos Franciscanos, e enfim do ideal de expansão mundial – com a demanda do reino do Preste João, cara aos joaquimitas. Mais ainda, essa ideia subjaz directamente à restauração nacional no século XVII, com o sebastianismo propriamente dito" (Durand, 2000, p.96).

A FICCIONALIZAÇÃO DA HISTÓRIA 157

presente visão conspiratória da história é a figura do D. Sebastião de Veneza (1598-1603), cuja aventura tem entre os envolvidos nomes de projeção no contexto da época, como D. Cristóvão, filho do Prior do Crato, e D. João de Castro, intelectual notável e de ideias republicanas tido por Oliveira Martins como "visionário e S. Paulo do Sebastianismo", cujas motivações para tal envolvimento com o Charlatão são ainda historicamente desconhecidas, segundo Ramada Curto (1993, p.157-8).[28] Preso, depois enforcado e esquartejado, Marco Túlio, o D. Sebastião de Veneza, fecha o ciclo dos falsos reis que povoaram o imaginário e o cotidiano daquele período entre séculos em que Portugal se via sob o sempre temido e indesejado domínio espanhol (e ainda recente, considerando-se que durará sessenta anos) e em que, naturalmente, D. Sebastião poderia ainda estar vivo.[29]

Nesse sentido, é interessante o entendimento que Ramada Curto (1993, p.165-6) dá às histórias dos falsos reis como possíveis manifestações de resistência ou de oposição frente ao domínio espanhol:

> As histórias dos falsos reis evocadas têm sido utilizadas como exemplos do sebastianismo português. Por outras palavras, uma série de casos particulares serve de prova a uma determinada visão do mundo. Os critérios de prova conduzem, assim, a uma espécie de círculo vicioso estabelecido entre, por um lado, os casos ou

---

28 Para Ramada Curto, é preciso rever esta imagem criada em torno de D. João de Castro, já que "os seus discursos remetem para pequenas estratégias de dissimulação e terão de ser analisados tendo em conta não só os efeitos literários que visam produzir, como também as engrenagens polémicas em que se situam" (1993, p.169).

29 Ao lado das histórias dos falsos reis, Ramada Curto (1993, p.161-163) lembra também a do menino de Santarém, nascido em 1596 e morto em 1600, vítima da peste, tido como profeta e "alumbrado", já que, desde os dois anos de idade, insistia em proclamar "Há de vir o Bastião", tendo mesmo reconhecido a imagem do jovem rei morto há pouco numa gravura que lhe mostrara o pai. Muitas referências a esta e às demais histórias em torno do reaparecimento de D. Sebastião foram ironicamente aproveitadas por Almeida Faria no romance *O conquistador*, analisado na sequência deste capítulo.

pequenas histórias dos falsos reis e, por outro lado, uma visão do mundo, um tipo de cultura e uma mentalidade. No âmbito desse círculo, a referência aos falsos reis serve modos diferentes de tematização do sebastianismo. Um dos mais persistentes diz respeito à própria disponibilidade para crer, protagonizada de uma forma geral pelos portugueses e, mais concretamente, pelas camadas populares. [...] Definido com base nos quatro impostores, o sebastianismo apresenta-se não só como uma crença, protagonizada pelas camadas populares, mas ainda como uma forma de resistência. Este último tema conhece, por sua vez, diferentes tonalidades, desde a evasão frente às realidades, com base na efabulação, à oposição política activa contra as autoridades do Estado. Essas diferentes formas de resistência, das mais apolíticas às mais comprometidas no plano da violência, não são necessariamente antagônicas. Assim, a disponibilidade para acreditar no fabuloso, patenteada pelo sebastianismo, tem sido utilizada para definir parcialmente o sentimento nacional, tanto mais exacerbado quanto colocado debaixo da dominação política castelhana.

Entretanto, o historiador apresenta outros argumentos nos quais ameniza a carga de loucura, de desordem ou de folclorização pela qual os sucessivos reaparecimentos de D. Sebastião se viram sempre vincados, em prol de um entendimento que os realça como contestação figurada da tirania – o que, por seu turno, desprenderia aquelas histórias do caráter mais restrito de "exemplos do sebastianismo português" (que, evidentemente, não deixam *também* de ser), já que, no limite, D. Sebastião seria uma espécie de figura oportuna e não intrinsecamente necessária para representar essa resistência.

Esses argumentos parecem provar a vitalidade e a condição polêmica que inegavelmente sempre revestiu o sebastianismo e apontam, ao mesmo tempo, para um entendimento dele como um acontecimento de evidente significado político que, ao longo do tempo e graças ao indiscutível talento retórico de partidários como o Padre Antonio Vieira, veio ganhando contornos messiânicos, já

A FICCIONALIZAÇÃO DA HISTÓRIA 159

que o sebastianismo definiria certo sentimento nacional – ou seja, uma determinada ideia de identidade, uma determinada imagem do povo português, sempre "militante, que nunca mais se apagou" (Lourenço, 1999, p.94). O próprio D. João de Castro, coetaneamente, e, depois, Garrett, Oliveira Martins, Pascoaes, Pessoa, todos precedidos pelo Bandarra e pelo mesmo e indefectível Vieira (sem nos esquecermos, claro, de Camões) teriam, assim, contribuído para conservar e engrandecer o mito graças ao seu talento literário.

Mas não se pense que essa trajetória de mitificação deu-se sem grandes percalços ou sem sérias reprovações, no âmbito da discussão intelectual portuguesa. Nesse sentido, o mais ferrenho inimigo de D. Sebastião foi, sem dúvida, Antonio Sérgio, que chegou a chamá-lo – evidentemente, não a ele, mas à imagem dele construída – de "romântico pedaço de asno". Talvez o texto em que mais contundentemente Sérgio expresse suas restrições ao uso de imagem que de D. Sebastião se fez em Portugal seja o breve ensaio intitulado *Interpretação não romântica do Sebastianismo*, publicado pela primeira vez em *A águia* em 1917.

O ensaio tem como ponto de partida um texto de Lúcio de Azevedo (*Evolução do sebastianismo*), com o qual o de Sérgio dialogará. Seu objetivo é procurar "quais inferências de carácter geral os factos estudados pelo Sr. Azevedo poderão roborar com plausibilidade, reunindo elementos com que definir o nosso espírito colectivo, já no passado, já no presente" (Sérgio, 1980, p.241).

Seu método será servir-se dos mesmos testemunhos documentais alegados pelo investigador para pedras de toque da verossimilhança de certas doutrinas universalmente aceitas, mas com o intuito de contestá-los, já que, de antemão, Sérgio conclui que permanece, na interpretação que Lúcio Azevedo faz do sebastianismo, a visão romântica que ele, Sérgio, busca combater. Nesse sentido, o clichê principal que o texto questiona é aquele fundado em Oliveira Martins, que diz que o sebastianismo é "da raça" portuguesa. Contrariamente a isso (ou melhor, contrariamente à própria ideia de raça, que o renomado intelectual português contesta com base

160 MÁRCIA VALÉRIA ZAMBONI GOBBI

em Nietzsche[30] e em Friedrich Müller, para quem "a raça é uma vertigem"), António Sérgio defende que circunstâncias históricas e posições ideológicas incutiram o messianismo, de origem judaica, no povo português. Desenha-se aí o entendimento da construção de uma imagem, de um imaginário forjado, que, para Sérgio, e até aquele momento, tinha no Bandarra e em Vieira os seus principais edificadores. Isso porque, afirma Sérgio, quem divulgara as trovas do Bandarra havia sido os cristãos novos, "aferrados lá no íntimo à religião da sua estirpe" (ibidem, p.243). Vieira, por sua vez, "deu comentário e interpretação às trovas proféticas do sapateiro", deslocando-as para o reinado de D. João IV, quando então "alcançar--se-ia a conversão geral, a sujeição de todos ao Sumo Pontífice, o regresso dos judeus à Palestina, a paz perpétua no universo" (ibidem, p.247).

Não é difícil notar o traço irônico da fala de Antonio Sérgio, para quem, então, e fundamentalmente, o bandarrismo, o sebastianismo – o messianismo, enfim – não são mais do que um fenômeno psicológico-social, e não rácico, ideologicamente motivado e ingenuamente compreendido por Oliveira Martins, objeto indireto do seu ataque:

> Em resumo, a hipótese que vos proponho é a seguinte: o messianismo português (de que o sebastianismo é uma fase) originou-se, não se uma psicologia de *raça* (segundo se afirma unanimemente desde Teófilo e Oliveira Martins), mas {sim} de *condições sociais* semelhantes às dos Judeus, reforçadas pelas *ideias* do messianismo dos Judeus [...]; essas condições vêm a resumir-se, para vos falar como os teólogos, numa consciência de "queda", acompanhada da falta de verdadeira independência; com a continuidade de tais condições vemos seguir paralelamente a da tradição do bandarrismo. A

---

30 "quanta hipocrisia e amor da trampolina não são necessários para levantar a questão das raças no embróglio da Europa moderna [...]. Máxima: evitar todo trato com criaturas que se tenham metido no fraudulento negócio das raças" (Nietzsche apud Sérgio, 1980, p.243.).

A FICCIONALIZAÇÃO DA HISTÓRIA 161

esperança num Messias, num Desejado, num Redentor, é comum a todas as raças; [...] mas a situação social e mental dos Judeus e dos Portugueses intensificava nestes dois povos a tendência comum a todos. Em primeiro lugar, a acção ideológica (ou educativa, no sentido largo desta palavra) dos cristãos-novos e da Bíblia (a que se une a ideia do Encoberto, proveniente de Castela) difunde pelo nosso país o pensamento messianista, sendo que as condições especiais do Judeu em Portugal reforçavam naturalmente a aspiração a um Messias. A catástrofe de Alcácer-Quibir e o desaparecimento do Monarca; depois, a pregação dos religiosos e a apologia de D. João IV; e com isto, até hoje, o facto de as circunstâncias nacionais não satisfazerem o patriotismo, – explicam que dure o antigo sonho na alma de gente pouco afeita à iniciativa e ao *self-government*, uma vez que se constituiu, intensificou e generalizou essa doutrina, pelas causas especiais que deixámos apontadas. Uma ideia messianista transmitida por tradição, e circunstâncias permanentes favoráveis ao messianismo: que mais é preciso para que ele perdure? [...] Em Portugal, o messianismo terá vida (ou poderá tê-la) enquanto se impuser a este povo, a contrapor à sua fictícia e tão efémera grandeza, o espectáculo persistente da sua lúgubre decadência [...]. E creio que na reforma da mentalidade, indispensável neste momento, em salvadora reacção contra os fumos do romantismo, um dos nossos lemas deverá ser este: não, senhores, não nascemos sebastianistas, – e *não queremos*, positivamente não queremos viver como se fôssemos!" (ibidem, p.249-50)

Talvez o que se possa tirar como lição desse inflamado discurso de Antonio Sérgio, despregando-o de seu centramento específico no messianismo de raiz judaica que ele parece não mais querer aceitar como mentalidade intrínseca à gente portuguesa (revelando, como foi dito, a sua perfeita compreensão da identidade como imagem construída), resida especialmente no entendimento de que quando as contradições presentes na realidade histórica são escamoteadas, a tendência é que se passe a construir representações ideológicas para se justificar a necessidade de figuras ou de práticas – de mitos, enfim – que, na realidade, não passam de abstrações, já que elas não atuam na História, no real (nos seus problemas e nas tensões provocadas por tais contradições) de forma concreta. Pelo contrário, elas simulam ou criam outras questões que na realidade podem até existir, mas que não são exatamente o que está em causa. Dessa forma, camuflam-se as relações de força pertinentes aos fatos, as quais, como vimos com Guinzburg (2002), são essenciais para explicá-los e, assim, distorce-se o foco do interesse ou das discussões.

Parecem ter sido exatamente essas as condições em que se deu o nascimento do sebastianismo – lá, na sua origem quinhentista, no momento crítico de perda da autonomia portuguesa, índice mais forte da queda anunciada por Camões. Como afirma Eduardo Lourenço (1999, p.98), na época do domínio espanhol, "tudo se passou como se Portugal tivesse ficado com um presente virtual, um passado morto embora glorioso e um futuro onírico", o que o leva a concluir que

> Precisamente o fenômeno do sebastianismo encena estes três tempos sem ver entre eles nenhuma contradição. Num primeiro momento é uma maneira de negar a realidade – a da morte do jovem Rei e a da perda da independência, aliás equivocamente ressentida –; num segundo momento, mais positivo, a de afirmar a existência não só histórica como imortal de Portugal e da sua missão transcendente na história como povo messiânico. É o messianismo intrínseco da cultura portuguesa, tal como os seus poetas, os seus teólogos, os seus mitólogos, os seus cronistas, de Fernão Lopes a João de Barros, com insistência apregoaram, que dá corpo ao sebastianismo, e não a mera nostalgia mais ou menos interessada pelo Desejado.

Na esfera de interesse desta análise, é justamente como mito, como mitificação da história, operada pela palavra (especialmente a literária), ou seja, como fala, que se pode entender a afirmação de Eduardo Lourenço: esse messianismo intrínseco talvez não seja mais que uma (mais uma) construção imaginária que, ao longo do tempo, veio atendendo e, em grande medida, justificando certas expectativas, certas aspirações e projeções mais ou menos formuladas, mais ou menos discutidas no âmbito da cultura portuguesa e, por conta de atendê-las e de justificá-las, cristalizou-se, justificou-se, naturalizou-se.

Parece que a literatura contemporânea vê a necessidade de recolocar tais mitos em questão exatamente para revelá-los como construções, como atos de fala – mas não se pense que simplesmente para arrancá-los da memória, para negá-los como certa maneira de pensar o ser português. É claro que há sempre a possibilidade de se contestar o mito ou as diversas interpretações consideradas míticas do real, em benefício de uma análise histórica, tida como a única verdadeira ou ao menos cientificamente contextualizada. No entanto, essa operação parece arriscada. Isso porque, por um lado, não podemos nos esquecer de que o discurso histórico, entendido por Pierre Nora (apud Buescu, 1993, p.11) como o "lugar da memória", é também representação – ou seja, a manifestação, por meio de uma narrativa, de um sistema de representações ideológicas de um grupo social, de uma comunidade, de uma nação. Não deixa de ser, portanto, também uma fala. Por outro lado, tampouco se pode esquecer que entre a verdade e a história existe um largo espaço, frequentemente ocupado por imagens construídas – como as que são examinadas neste livro – que, muitas vezes, são tão ou mais sólidas que o realmente acontecido. Nesse sentido, como propõe Eduardo Lourenço (1999, p.98),

> As categorias de ordem profana, tais como a historiografia moderna as explicitou subordinando toda a compreensão a um processo de causas e consequências e inscrevendo a aventura humana numa temporalidade irreversível desvinculada do seu suporte simbólico e transtemporal, adaptam-se mal a fenômenos da pura ordem do desejo e do sonho como os do sebastianismo. Só numa cultura intrinsecamente mística, que coloca na ressurreição e por conseguinte no Futuro o tempo que, resumindo todos os tempos, lhe dá sentido, é que uma espera messiânica, real ou simbólica, como a que o sebastianismo encarnou em Portugal, é compreensível.

Privar, portanto, uma nação de seus mitos é tirar-lhe o chão, deixá-la órfã, estreitar seus horizontes, profanar suas origens e concebê-la sem imagens nas quais possa reconhecer-se e projetar-se. E se a literatura sempre foi o campo privilegiado do imaginário, não se pode entender que ao recolocar os mitos nacionais em um contexto paródico ou ao reencená-los como um coro de vozes dissonantes se tenha, unicamente, o intuito de destruí-los. O próprio ato de reescrevê-los os revivifica. A intenção estaria muito mais em revelar-lhes o caráter de algo construído, sujeito, portanto, às mais diversas intencionalidades, motivadas pelas mais diferentes visões de mundo e pretensões (pedagógicas, políticas, religiosas, históricas, ideológicas – sempre, e todas elas). Essas, sim, precisam ser conhecidas, ponderadas, para que percam seu efeito dissimulador e imobilizador. E, no fim das contas, parece ser exatamente assim que Eduardo Lourenço (ibidem, p.130-1) avalia a onipresença do mito de D. Sebastião, revivido ininterruptamente pela literatura portuguesa:

> [...] no rastro de Oliveira Martins, que colocara d. Sebastião no centro da mitologia portuguesa, praticamente nenhum autor representativo do século XX deixou de reescrever por sua própria conta, para marcar ou ressuscitar nela, a história de um rei que na vida e na morte converte o empírico e exaltado destino de um povo de configuração imperial num destino messiânico, esperando do futuro uma grandeza que não será nunca mais universal que a enterrada numa só tarde nas areias ardentes de Alcácer Quibir. De Antonio Nobre a Pascoaes, de António Patrício a José Régio, de Antonio Sardinha a Fernando Pessoa, de Jorge de Sena a Almeida Faria e a Natália Correia, em pura transfiguração mítica ou desmitificação exorcística, em verso ou prosa, como Malheiro Dias ou Antonio Sérgio, que mais do que ninguém desejou inscrevê-lo no passado como símbolo de aberração coletiva, a figura e o símbolo de Portugal atravessaram o século como se fossem ao mesmo tempo o seu fantasma insepulto e o seu anjo tutelar.

A FICCIONALIZAÇÃO DA HISTÓRIA   **165**

Para verificarmos como se dá a realocação de D. Sebastião nesse cenário pós-moderno apresentam-se as análises que seguem, as quais se debruçam sobre narrativas que nos parecem exemplares no sentido de reavaliar o lugar que o sebastianismo ocupa no pensamento – no imaginário – português contemporâneo. Ambas parecem assentar-se sobre a compreensão da história de D. Sebastião como um ato de fala – seja pela insistência no "e se" sobre o qual se realiza o romance de Helder Macedo, seja pela textual afirmativa de que "a verdade pode surgir da mentira repetida" que subjaz à narrativa de Almeida Faria.

Vícios e virtudes, verdades e mentiras

> *Sabemos, quando queremos, coisas verdadeiras proclamar.*
>
> Hesíodo

As questões de identidade, como se infere das leituras que até aqui apresentamos, têm sido um dos temas recorrentes da literatura portuguesa contemporânea – e, a esta altura, já não nos parece arriscado afirmar que assim acontece na de todos os tempos. Pode-se até argumentar que, pela insistência, a literatura há de recompor essa identidade, a seu modo. No entanto, e de uma forma até pouco generosa em relação a essa tarefa que à literatura parece ter sido dada, pode-se contrapor a esse argumento o de que ela não tem a função de atuar como terapia coletiva, a apontar os caminhos do reconhecimento, da purgação e do reencontro – ou do desencontro definitivo – do ser português consigo mesmo. E, daí, ver em tudo questões de identidade (*a* Identidade nacional) pode levar o assunto a um paradoxal esvaziamento pela saturação – algo mais ou menos como expressa o narrador-escritor de *Vícios e virtudes*:

Tocou-me numa das minhas fobias, estou farto dessa, dos que falam da identidade nacional como se fosse gente:

"Uma ova. Uma ova a identidade nacional, não há tal coisa. Há pessoas e circunstâncias. Mudam umas, mudam as outras, muda a identidade nacional. E, se muda, já não é a mesma, deixa de ser o que era, de modo que não há." (Macedo, 2002, p.30)

De todo modo, e assumindo a ironia inerente ao jogo literário, o romance *Vícios e virtudes*, de Helder Macedo, publicado em 2000, recoloca em cena a identidade nacional para repensá-la, tomando como ponto de partida aquilo que poderíamos identificar como a mitologia sebastianista, que a própria literatura, sem dúvida, ajudou a fomentar e que constitui um andaime fundamental do imaginário lusíada, como discutimos no tópico anterior. E, com o aval dado pelo próprio texto, ousamos, também e mais uma vez, arriscar uma leitura dele que leve em conta o modo como problematiza essa identidade: estilhaçando-a, por deixar vir à tona, mais uma vez, o seu caráter ilusório, a sua construção fundada em um jogo de verdades e mentiras cujos vetores têm sentidos intercambiáveis, não definidos, acentuando, pelo próprio trabalho ficcional, as ambiguidades dessa construção identitária.

O objetivo último da discussão proposta centra-se, então, na necessidade de avaliar que reformulação de sentidos tal desarticulação promove, seja em termos de uma reavaliação histórica do ser português, seja em termos de uma reelaboração metaficcional das próprias categorias narrativas – neste caso, focada especialmente na composição do narrador, cuja configuração, nesse romance, é complexa, rica, pelos deslizamentos contínuos de seus movimentos narrativos. Ou seja: pretende-se analisar a atuação do narrador na apropriação da matéria do passado recuperada pela narrativa contemporânea, o que permite a averiguação da existência daquela espécie de memória coletiva e atemporal que avaliza o simulacro: a versão nova capaz de recordar e, simultaneamente, tensionar a tradição.

É curioso o modo como a narrativa de Helder Macedo se configura: apresenta-se como um exercício de criação – seguramente, não no sentido de algo que ainda necessita de um acabamento para tornar-se a versão definitiva, mas muito mais no sentido de algo que se vai montando aos olhos do leitor, incorporando as hesitações da própria composição do texto, suas articulações, apropriações e desvios de curso – o que, certamente, é índice da mais plena elaboração estética, do mais acurado trabalho (meta)ficcional, retirando-se, portanto, do alcance de exercício qualquer indício de improvisação ou de obra menor, mas assumindo plenamente que se encontra aí o caráter lúdico que desde Platão qualifica a criação literária.

Como exercício metaficcional, essa narrativa oferece-se ao leitor também como um pensar sobre a própria ficção que coloca, no seu horizonte, a verdade e a mentira, o fato e a sua representação pela linguagem, a história e o discurso. É também como um exercício de deciframento dessas relações – agora, sim, tomando o termo no sentido de provisório, daquilo que se apresenta como um trabalho especulativo – que essa análise propõe a leitura desse aspecto significativo de um romance já definitivo na história da literatura portuguesa de nossos dias, leitura centrada no jogo que o narrador compõe entre verdade e mentira, que nessa narrativa se reconhece como uma metáfora da própria criação ficcional.

As duas faces de Jano

> *Venho de tempos antigos.*
> *[...]*
> *Venho de tuas raízes, sopros de ti.*
> *E amo-te lassa agora, sangue, vinho*
> *Taças irreais corroídas de tempo.*
> *Amo-te como se houvesse o mais e o descaminho.*
> *[...]*
> *Amo-te mínima como quem quer MAIS*
> *Como quem tudo adivinha:*
> *Lobo, lua, raposa e ancestrais.*
> *Dize de mim: És minha.*
>
> Hilda Hilst

Jano, como se sabe, é a divindade romana que recebe de Saturno, como reconhecimento por tê-lo acolhido no Lácio após a sua expulsão do Céu, o dom de ver sempre o passado e o futuro diante de seus olhos – daí a sua representação sempre com duas faces voltadas em sentidos inversos. É a sua figura que emoldura, nomeadamente, o jogo que se institui como articulador da memória de Joana, a protagonista de *Vícios e virtudes* que assume essas duas faces – e outras mais – no correr da narrativa: há uma Joana contemporânea, que seduz a imaginação do narrador-escritor do romance, a princípio indiretamente.[31]

O narrador-escritor, por meio de uma complexa rede de sobreposições temporais, entrelaça essa Joana a outra, histórica, arquiconhecida: a mãe de D. Sebastião, Joana da Áustria. No fragmento abaixo transcrito, esta Joana contracena com a mãe, a rainha D. Isabel, e com Francisco, o Duque de Gândia, futuro São Francisco de Borja, na cena então criada pelo narrador-escritor-historiador que rememora e recompõe uma imaginada "história da vida privada" daquela que viria a ser a mãe do Desejado:

> Viste as duas faces de Jano, disse ele. "Agora precisas de saber qual é a verdadeira."
>
> "Não são sempre as duas", riu Isabel, "dia sim, dia não?". E ficou a sorrir para além das palavras.
>
> Mas Joana tinha uma imaginação mais literal do que a mãe: "Quais? Também temos?"
>
> [...]
>
> "Por vezes é necessário saber escolher", disse finalmente Francisco como se em resposta à pergunta de Isabel, que não era pergunta, e à pergunta de Joana, para a qual não era resposta.
>
> "Sim, deves ter razão. Também já disse à minha Joana. É preciso saber escolher entre o que se deve lembrar e o que se deve esquecer."

---

31 Ou seja, sem ser conhecida por ele, que dela tem notícia por meio de um seu (do narrador) antigo amigo de infância e atual interlocutor, Francisco de Sá – também escritor e "rival" literário –, que mantinha com ela um complicado relacionamento amoroso. Isso quer dizer que a primeira imagem que o narrador faz de Joana é eminentemente textual, mediada pelo discurso de Francisco de Sá.

A FICCIONALIZAÇÃO DA HISTÓRIA   169

"Não foi isso que eu disse."

"Ah não?" E Isabel riu de novo aquele riso só dela que mesmo naquela casa sem risos se tornava logo de todos. (Macedo, 2002, p.38-9)

Pois é justamente esse jogo entre o que se deve lembrar e o que se deve esquecer, entre o que se diz e o que se não diz que permeará toda a estrutura narrativa do romance, o que nos leva a pensar que se encontra aí o seu provocativo eixo de produção de sentidos, mediando, inclusive, as próprias alternativas do conhecimento histórico, da construção da História como registro da memória do tempo.

Isso porque construímos nossa identidade – pessoal ou coletiva, histórica –, como sabemos, por um processo que mescla experiências vividas e vivências interiores; assim, "somos quem somos porque aprendemos e lembramos". Nesse sentido, lembrar não se assemelha a "assistir a uma fita de vídeo do passado", mas implica operações de seleção e descarte que são definitivamente motivadas pelo conteúdo emocional das memórias, que por sua vez determina o modo de sua evocação e a facilidade com que são ou não lembradas (Dalmaz & Netto, 2004, p.30-1).

Em *Vícios e virtudes*, essa construção alternativa entre o lembrar e o esquecer torna-se mais complexa na medida em que o tempo eleito pelo narrador, declarado nas palavras que encerram o romance e implícito em toda a rede de quadros imprecisos que compõem a narrativa, é o condicional: e se...? Em vez da certeza, ele dissemina a dúvida: será a evocação mais tenaz e poderosa que o esquecimento? E se essa sobreposição imaginária de tempos, ações, situações e atores, em lugar de referendar o consenso, o já sabido, fosse capaz de dar voz às perguntas sem respostas que subjazem à história imortalizada? Será Joana a lembrança remotíssima de si mesma na memória de outra que ela – e o narrador por ela – imaginou ser? No plano mais estrito da diegese, será possível que ela esteja a fingir a dor que deveras sente?

O jogo da ficção, em *Vícios e virtudes*, não se resolve em uma antítese de sensatez e loucura: ao contrário, propõe as mais diversas alternativas entre a verdade e a mentira, assumidas mais ou menos explicitamente pelo narrador ao longo do texto e inviabilizando, por isso, qualquer atitude definitiva do leitor diante do narrado. Talvez seja importante lembrar que o grego tem uma palavra comum (*psêudos*) para designar a mentira e a ficção (Brandão, 2005). Daí ser possível pensar que o narrador estabeleça deliberadamente o tal jogo entre verdade e mentira, ficção e realidade, nas diversas alternativas que vai espalhando ao longo do texto.

É possível – pensemos, daqui por diante, sempre hipoteticamente, provisoriamente, e levando em conta essa aproximação entre ficção e mentira – que ele cometa o que os clássicos já caracterizavam como o erro involuntário: não sabe, logo, mente. Seria, por isso, um narrador desclassificado, porque esse erro inconsentido revela, segundo Platão, a "ignorância da alma" (ibidem, p.42). Entendida como ficção, essa mentira no entanto se legitima, como prerrogativa inalienável na esfera da criação artística, a que o romance, então, daria corpo, pouco se importando com a confrontação entre seu erro e a verdade da História, que pode até desconhecer. Pode ser, por outro lado, que o erro – as incongruências entre as próprias situações que constrói em sua ficção, e entre estas e a História que invoca – seja consentido: o narrador sabe, mas mente. Ele mente, como Ulisses ao Ciclope, para salvar sua vida e a de seus companheiros: na guerra da ficção contra a imobilidade da História e o vazio da identidade nacional, essa mentira salvífica põe a recircular as verdades estagnadas e os consensos embolorados. É a mentira justificada, que é virtude: na guerra, o virtuoso é mentir (ibidem).

Pode ser também que o narrador-escritor (é este seu duplo papel, ressalte-se, que torna possível tantas hesitações narrativas) deixe ainda o jogo mais complexo: pensa que mente, mas diz a verdade ou parte dela, porque o desdobramento da situação a que deu início se desenvolve sem o seu controle. Em *Vícios e virtudes*, é o que parece ocorrer com o narrador diante do "relato impensável" de Francisco, escrito *para* Joana (ou *por* Joana? – mais uma das inconclusões que o romance promove) e remetido por ela ao estupefato inventor da sua história. Trata-se, explicando um pouco mais detidamente, de um relato (uma carta) que é supostamente escrito por Francisco para Joana, que, por sua vez, o envia ao narrador-escritor, o qual reconhece naquele relato muito do que ele próprio vinha inventando para sua personagem (que já é, como dissemos, uma sobreposição da Joana contemporânea com a Joana histórica), mas descrendo de que aquilo fosse possível, o que o faz renegar tais suposições quando estas tem como única fonte a sua própria imaginação.

Isso tudo provoca, em termos da construção narrativa, uma complexa rede de sobreposições de vozes. Além disso, esse relato é também bastante significativo porque as *rasuras* que indicam as dúvidas e as suspensões de quem o escreve (marcando aquelas hesitações entre "o que se deve lembrar e o que se deve esquecer") são graficamente incorporadas ao texto, deixando à mostra, para o leitor, aquilo que deveria ter sido dito e não foi, mas que sobrevive porque definitivamente incorporado às camadas (in)sondáveis da escrita. Teríamos aqui o que Kayser (1963, p.314) caracteriza como "a (fingida) negligência do (fingido)" redator de "um registro confessional, uma espécie de testemunho para o tu a que se dirige. Que seria obviamente a Joana" (Macedo, 2002, p.101).

Pode ser, ainda, que o narrador (ou aqueles a quem ele dá voz) saiba, saiba que mente, e minta dizendo a verdade – jogo extremamente complexo (perverso, até) que é instituído no romance especialmente por Joana em seus diálogos com o narrador, e que os fragmentos de texto a seguir transcritos parecem explicitar de modo convincente: "Mente-se o amor e esse é o amor verdadeiro que há. Mesmo que se saiba mais tarde que não foi" (ibidem, p.153); "E tu és horrível. A mentires-me há pouco com a verdade. Quase acreditei. Fiquei a pensar como te ia matar" (ibidem, p.155).

Quebra-se, com isso, a expectativa de que, em uma narrativa, quando determinada personagem fala diretamente, proporciona-nos a possibilidade de conhecê-la melhor, como postulava W. Kayser (1963). Rompe-se também a expectativa de que uma "narrativa em primeira pessoa", como a que se vem construindo, possa refor-

172 MÁRCIA VALÉRIA ZAMBONI GOBBI

çar a impressão de autenticidade daquilo que é relatado pelo narrador – e mesmo daquilo que, seja por meio do discurso direto, seja por meio de narrativas enquadradas (ibidem, p.315), é dito pelos personagens a quem ele dá voz.

Na verdade, a narrativa em primeira pessoa está a serviço de um baralhamento ainda maior dos contornos, tornando mais difícil a tomada de posição diante das alternativas que o narrador propõe. Ele não está, de fato, em um plano superior ao do seu leitor: o narrador também não sabe ou, pelo menos, não sabe se sabe. Assume suas indecisões; não tem a visão de conjunto tão característica do narrador épico, dada pela distância daquele narrador em relação ao assunto narrado. Sua atitude narrativa, por isso, é tensa; as fontes (também fingidas) que incorpora ao percurso narrativo o desmentem; ele atira em seus próprios pés. Seu plano narrativo é frouxo, aberto, apenas esboçado. O desenho final, de fato, parece não ser dele.

Por isso é que, emoldurando todas essas alternativas que se instituem pelo jogo entre o saber e o não saber, o narrador mente ficcionalizando, como propusemos no início de nossa argumentação: ele não sabe e por isso efabula, ou ele sabe, mas transmite o verdadeiro sob a capa da ficção. É possível escolher?

Joana sintetiza um tratado sobre a mentira (e, portanto, sobre a ficção, em nossa ordem de argumentos) que se possa propor a partir de *Vícios e virtudes* ao assumir que

> [...] quando a gente mente é para aquilo que é mentira se tornar verdade para nós próprios, não é? Se os outros acham, se acreditam que é assim, passa a ser assim até prova em contrário. Por isso é que precisamos uns dos outros, que não podemos ser nós próprios sem os outros. É assim? [...] o que me inquieta nisto tudo é quando o que é verdade, o que foi verdade, deixa de ser verdade. Se por isso deixa de ter sido verdade quando foi. (Macedo, 2002, p.152-3)

A fala, que deveria confirmar a existência de Joana (e estamos aqui considerando essa existência no plano estrito da ficção, evidentemente), não cumpre essa função discursiva, como indicamos anteriormente, pois contribui para afirmar a mesma hesitação, a mesma dúvida já assumida pelo narrador com relação a este "ser" criado: e se tudo isso, afinal, não passasse do testemunho de uma memória imaginada, já que obra de um narrador que não se esconde – pelo contrário, que se oferece ao conhecimento?

Ora, pensamos que não seja impróprio reconhecer em *Vícios e virtudes* que o jogo seja não só a metáfora da própria ficção, como, especialmente, do modo como ela tensiona a História, o registro da História. É particularmente interessante, no romance, o modo como faz isso ilustrando que, se precisamos de história, é porque não temos memória: ela é falha, limitada, seletiva; elege e descarta. Mas o condicional aqui se impõe novamente: e se *Vícios e virtudes* for o romance do esquecimento? Se, ao contrário de Proust, estiver em busca não do tempo perdido, mas de perder-se no tempo, desmembrar a memória e romper com a História, impondo outra verdade que, assim como aquela, se ancora no condicional, nas ambiguidades de um *talvez* assumidamente insolúvel?

> De modo que agora o resto é isto. Perguntas sem respostas. Mas talvez também, com alguma sorte, algumas respostas a perguntas que não foram feitas. Ao sim disfarçado em não. Tempo condicional. (ibidem, p.236)

Não se deseja, aqui, enveredar por uma leitura que privilegie a experiência existencial de uma ou de outra Joana (a histórica e a fictícia), nem os dramas historicamente muito complicados que precederam o nascimento de D. Sebastião. Interessa-nos o que essa configuração narrativa evidencia relativamente a uma determinada forma de construção das relações entre a História e a literatura, bem como da construção de uma imagem do ser português que, como temos defendido, é eminentemente discursiva, construída pela linguagem.

As implicações do condicional têm em mira o próprio alcance da credibilidade do que é contado. Todos – narrador, personagens, leitor – tateiam no escuro. A ambiguidade na representação do real ficcional e no estatuto de verdade que o próprio narrador assume diante daquilo que narra ratificam o caráter irônico da composição do romance. A ironia tem na reversibilidade o traço que a caracteriza e a justifica: contrariamente ao que possa em princípio parecer, a ironia não nega o objeto sobre o qual opera, mas aponta para as suas ambiguidades e virtualidades significativas. Ou seja: o seu é sempre um movimento paradoxal de afirmar para subverter, desconstruir para reconstruir, repetir com a distância crítica capaz de apontar para o avesso daquilo que se diz.

Isso nos leva a pensar que, no campo da memória, baralham-se os sentidos e os valores nessa operação de eleger e descartar o que pode/não pode – ou deve/não deve – ser lembrado, fixado. Mas como isso se projeta naquele pensar sobre uma identidade nacional que está sempre no horizonte da ficção que se volta para a história e seus mitos nacionais?

Considerando que a forma literária é, em si mesma, uma resposta ao contexto em que se constrói – o que nos leva a acreditar que cada tempo tem seu modo –, podemos pensar, como *Vícios e virtudes* acaba por concluir magnífica e ironicamente, que tal identidade e o destino que a espera só têm resposta no condicional, lembrando-nos que, desde Camões, ela tem-se construído, sim, pela experiência do vivido, mas lembrando também que, as poucas verdades que a sustentam se associam sempre, e de forma cada vez mais significativa, às fábulas sonhadas.

Com isso queremos enfatizar que, ao recolocar em cena, sob uma determinada perspectiva, a mitologia sebastianista que, como discurso, dá corpo ao imaginário lusíada, a narrativa de Helder Macedo questiona as próprias bases dessa fala mítica, dessa construção ideológica que é o sebastianismo e a própria história, em grande medida. Pondo a recircular, pelas provocações da ficção, as bases históricas da identidade nacional, garante que se lance a elas um olhar sempre desconfiado – tarefa que a literatura contemporânea parece ter assumido sem hesitação.

Da mentira repetida à imagem recriada

> *O mundo do homem é o mundo do sentido. Tolera a ambiguidade, a contradição, a loucura ou a confusão, não a carência de sentido.*
>
> Octavio Paz, *O arco e a lira*

O conquistador, romance de Almeida Faria publicado em 1990, veio, a seu modo, dar seguimento ao rastro de provocação formal e ideológica que a obra de Almeida Faria, ainda que bissexta, jamais deixou de assentar. Se nos romances que separam *Rumor branco* (sua primeira publicação) de *O Conquistador* (último romance escrito pelo autor até agora) podemos entrever a transposição, entre realista e alegórica, da oscilação interna do imaginário português em torno do 25 de abril, quer pela re(con)stituição dos temas e dos tempos revolucionários, quer pelo questionamento ontológico de Portugal, ao revisitá-lo (e ao Império, ruídos), este *O conquistador* acaba por enfrentar a sombra sempiterna do ser português – D. Sebastião – e o faz de forma estrondosamente irônica.

Como essa ironia se apresenta de modo descompromissado e irreverente (ou seja, se parece deixar por demais à vista as suas intenções – o alcance pragmático da ironia, avalizado por Linda Hutcheon como um de seus dois constituintes fundamentais, a que em breve se fará uma referência mais esclarecedora), seu lastro pode parecer demasiado fácil de ser compreendido, mas mostra-se ambíguo, porque a ironia é capaz de desestabilizar qualquer leitura pretensamente tranquilizadora no que diz respeito à decifração do paralelo (?) entre a história de Sebastião Correia de Castro, o protagonista do romance, e aquele outro Sebastião, já agora mais mítico que histórico.

É por isso que o romance nos pareceu bastante fecundo para a problematização que encabeça este livro: embora, aqui, relacionar História e ficção possa parecer até desgastado, já, em virtude mesmo da fortuna crítica que ao romance se vincula, tentaremos analisá-lo a partir da sua forma – ou seja, dos procedimentos narrativos que elege para construir um sentido. Daí que a paródia,

176 MÁRCIA VALÉRIA ZAMBONI GOBBI

enquanto forma que reinscreve e questiona seus modelos, a ironia, enquanto estratégia retórica e de construção narrativa, e o mito, enquanto configuração ideológica a ser desestabilizada pela ironia, sejam as bases sobre as quais se assentará a discussão que visa, em síntese, a uma apreensão da especificidade que esse romance dá à questão das relações entre a História e a literatura.

O lugar do sentido

Em uma leitura das evidências do romance, de seu nível mais a descoberto de produção de significados, o que temos é a construção de um universo ficcional paralelo ao histórico, cujo ícone, Sebastião Correia e Castro, decifra-se ao justapor (e ao contrapor, como se verá) a sua história de vida à de D. Sebastião.

Logo de início, a história já se inscreve como um ato de fala: Catarina, a avó do protagonista, é quem lhe contava as estranhezas que cercaram o seu nascimento, reproduzidas por ele na narrativa que começa a ordenar. Como "as avós nunca mentem", Sebastião passa a acreditar que viera "ao mundo de um modo diferente de toda a gente" (Faria, 1993, p.11).

Dessas que são mesmo as primeiras palavras do romance, duas inferências significativas já merecem registro: por um lado, Catarina, ao encarnar, em certa medida, o *topos* do velho, sábia figura – o que muito viveu, o que muito conhece (ainda que seja este saber só de experiência feito...) –, imprime autoridade ao relato: diz-nos Benjamin (1986, p.202-3) que o saber que vem do longe temporal contido na tradição dispõe de uma autoridade válida mesmo que não seja controlável. E a ausência de contestação, por parte dos pais de Sebastião, dessa história, reafirma, dentro do universo ficcional, uma vi(n)da de exceção, que se revelará também excessiva de conquistas, ainda que amorosas.

Por outro lado, o velho é também, enquanto depositário das tradições do grupo, o responsável pela disseminação delas, pela transmissão do saber e da verdade, ponte que mantém vivas as ligações com o passado; é ainda o mesmo Benjamin (1986, p.203) a dizer

A FICCIONALIZAÇÃO DA HISTÓRIA **177**

que contar histórias sempre foi a arte de contá-las de novo, e será a mesma Catarina a reconhecer, sempre, as coincidências que marcam as vidas dos dois heróis, reavivando o Sebastião histórico nas histórias contadas e significando – preenchendo de sentidos – o ficcional:

> A minha história preferida, e que não me cansava de ouvir, era a daquele Rei com quem me orgulhava de partilhar o nome e que nasceu quatro séculos antes de mim. Hoje concordo que *nomen est omen*. E Catarina achava que, por S. Sebastião ter sido mártir da Cristandade, o rei meu homônimo se sentiu provavelmente obrigado a lançar-se numa absurda batalha contra os árabes, em pleno deserto, no mês de agosto, sob um sol de quarenta graus. Com arrepiantes requintes, Catarina descrevia o massacre sofrido pelo exército, que incluía milhares de mercenários vindos de variados países. Vendo-me mortificado por tão terrível sina, a avó dava-me alento dizendo que um dia o Rei voltaria, numa certa madrugada, no meio da neblina. (Faria, 1993, p.19)

Daí também a legitimidade do papel do velho como contador de histórias (e o seu direito de aumentar um ponto a cada conto contado...), parte do convívio humano desde sempre. É nesse ponto que se pode identificar o invólucro de *O conquistador* também como mítico, sob duas perspectivas, já discutidas aqui: uma, a de Mircéa Eliade, informa-nos que o primeiro "mito" a ser desconstruído em torno do mito é que ele se opõe à História – ou seja, de que o mito é tudo o que não pode existir realmente. Ensina Eliade (1972) que, nas sociedades arcaicas, os mitos são histórias verdadeiras contando acontecimentos reais, aventuras heroicas, a criação do mundo. Referem-se sempre a uma criação, relatam como algo veio a existir. Nessa medida, constituem o modelo exemplar de todas as atividades humanas significativas e sobrevivem por meio do rito, reatualização (repetição, portanto) periódica que dá ao homem a oportunidade de compartilhar do poder que criou os mitos, fornecendo-lhe uma explicação de si e do mundo – aquilo que, enfim, deseja Sebastião ao recontar-se.

178 MÁRCIA VALÉRIA ZAMBONI GOBBI

Se levarmos em conta não só que *O conquistador* se inicia com a criação de Sebastião, mas também a afirmação desse narrador autodiegético de que "a verdade pode surgir da mentira repetida" (Faria, 1993, p.18), estaremos dando conta, em um primeiro estágio interpretativo, deste alcance do mito: temos aí uma história verdadeira, segundo os acordos tácitos da criação ficcional, história que busca uma explicação de si e do mundo, função que, como vimos, caracteriza a narrativa mítica.

Mas não só: com Barthes, aprendemos que o mito é uma fala. Ou seja: não há conteúdos míticos. O que há é uma forma: basicamente, uma significação ideologicamente motivada, mas realizada na linguagem, sobreposta a um dado significado. Isso faz do mito um sistema semiológico segundo, ampliado – uma metalinguagem –, que se apropria funcionalmente do sentido primeiro, deformando-o. Isso significa que o mito não faz desaparecer o significado literal, real, do objeto que mitifica, mas o mantém como uma reserva de sentido à sua disposição, pronta para ser ativada conforme a intenção da deformação a que o submete.

Vem daí a figura do álibi, proposta por Barthes, e que nos parece pertinente, se a ampliarmos para o fazer ficcional, na qualificação do protagonista de *O conquistador*. Barthes remonta à origem espacial, física, do termo, indicando que há no álibi um lugar pleno (uma sobrecarga, uma saturação de sentidos) e um lugar vazio (uma significação a ser construída pela linguagem), ligados, esses lugares, por uma relação de identidade negativa, uma espécie de compensação, cujos mecanismos mais adiante se esclarecerão, e que a paródia parece abarcar conceitualmente.

Assim, o Sebastião romanesco poderia, talvez, ser tomado como o significado sobreposto (mas também contraposto) a esta reserva de sentidos que é o Sebastião histórico. Ainda segundo Barthes, no álibi temos uma forma que se mantém investida, no entanto, de um sentido inverso ao ser que o precede e o referenda:

> O sentido passa a ser para a forma como uma reserva instantânea de história, como uma riqueza submissa, que é possível aproxi-

A FICCIONALIZAÇÃO DA HISTÓRIA   179

mar e afastar numa espécie de alternância rápida: é necessário que a cada momento a forma possa reencontrar raízes no sentido, e aí se alimentar; e, sobretudo, é necessário que ela possa se esconder nele. (1987, p.140)

Parece-nos que é isso o que acontece em *O conquistador*: o sentido de D. Sebastião fica latente, esperando para ser acionado e para restabelecer as relações inferidas (e irônicas) com a história desse outro Sebastião que move a narrativa.

A construção do romance fundar-se-ia, assim, em um processo ambíguo, bivalente, interfluente, de construção e desconstrução do mito: simultaneamente, Sebastião erige-se em mito, ainda que degradado porque ironicamente constituído, e D. Sebastião é desconstruído como mito, exatamente pela degradação, pelo rebaixamento, no sentido bakhtiniano, que seu álibi representa. Ele é desconstruído, mas não exterminado: recordemos que, para Barthes, o mito só abafa o objeto, brinca de esconde-esconde com ele. Esse jogo, em *O conquistador*, faz de D. Sebastião o objeto, aquele de quem o sentido sobreposto – Sebastião – fala, e irá aos poucos se instalando, no romance, pelos lances de aproximação e recusa que marcam as relações entre os dois heróis, e que agora examinaremos.

Nomen est omen?

Se voltarmos ao cânone da narrativa oral, inscrita no romance pela força do relato de Catarina, e resgatado pelo narrador ao iniciar o percurso rememorado que constituirá, em síntese, esse discurso ficcional, lembraremos que, naquela tradição, é preciso que aconteça qualquer coisa de extraordinário em uma vida na qual, em geral, nada acontece. A mediocridade e a insignificância que revestem as vidas do faroleiro e da comunidade do Cabo da Roca são transtornadas pelo surgimento fabuloso – e carnavalizado, como veremos – daquele que viria a ser Sebastião.

Recuperemos as coincidências que (des)nortearão o paralelo já de imediato instalado entre o menino e o Rei: o surgimento do

180 MÁRCIA VALÉRIA ZAMBONI GOBBI

protagonista (já que não se trata, efetivamente, de um nascimento) dá-se em meio a um nevoeiro, depois de uma tempestade (vinda do Norte da África) tremenda, como jamais se havia visto – destruidora, aterradora; apocalíptica, talvez, mas também genesíaca, pois que anuncia uma criação, o momento inaugural não só do personagem, mas do relato. Não é difícil identificar aí o Encoberto, aquele rei que "um dia voltaria, numa certa madrugada, no meio da neblina" (Faria, 1993, p.19).

É evidente, no entanto, que ao lado dessa afirmação histórica se instala, simultaneamente, a contramão no paralelo, pela desconstrução da cena épica, operada, principalmente, pela carnavalização bakhtiniana: Sebastião surge "num ovo enorme, com a cabeça, as pernas e os braços de fora" (ibidem, p.11), tendo como testemunhas, além do faroleiro João de Castro, que viria reivindicar a paternidade há muito desejada (e observemos aí a referência histórica ironicamente trabalhada pelo romance), "um cavaleiro maneta, mestre equestre [...] acompanhado pelos seus três peões de brega, recrutados entre os mais aparvalhados das aldeias" (ibidem).

Uma das operações da literatura carnavalizada, aquela que instala o avesso, o "segundo mundo invertido" (Hutcheon, 1985, p.94), é o rebaixamento, a familiarização do objeto. O instrumento dessa operação é o riso, do mais escancarado ao mais sutil (que se avizinha da ironia), capaz, em qualquer das suas gradações, de aproximar o objeto, a fim de que, destruída a autoridade que lhe dá a distância, esse objeto possa ser desnudado:

> É justamente o riso que destrói a distância épica e, em geral, qualquer hierarquia de afastamento axiológico. Um objeto não pode ser cômico numa imagem distante; é imprescindível aproximá-lo, para que se torne cômico [...]. O riso tem o extraordinário poder de aproximar o objeto, ele o coloca na zona do contato direto, onde se pode apalpá-lo sem cerimônia por todos os lados, revirá-lo, virá-lo do avesso, examiná-lo de alto a baixo, quebrar o seu envoltório externo, penetrar nas suas entranhas, duvidar dele, estendê-lo, desmembrá-lo, desmascará-lo, desnudá-lo, examiná-lo

A FICCIONALIZAÇÃO DA HISTÓRIA   181

e experimentá-lo à vontade. O riso destrói o temor e a veneração para com o objeto e com o mundo, coloca-o em contato familiar e, com isto, prepara-o para uma investigação absolutamente livre. O riso é um fator essencial à criação desta premissa de intrepidez, sem a qual não seria possível a compreensão realística do mundo. (Bakhtin, 1988, p.413-4)

Esse Sebastião, risível em seus primórdios, acolitado por um cortejo bufo, "tomado das baixas esferas da vida" (ibidem, p.415), é o responsável pelo destronamento a que o outro Sebastião é submetido. Vimos, com Bakhtin, que, paradoxalmente, é essa forma invertida, irreal, aquela que permitirá, por tornar o objeto experimentável, uma compreensão mais plena do seu sentido. Trata-se, na verdade, de um esvaziamento do objeto, de uma limpeza nas suas adiposidades semânticas, de um descarregamento dos sentidos historicamente cristalizados, permitindo que ele seja visto *como é*. O desarranjo formal de que o objeto carnavalizado é vítima permite que se perceba o que o constitui. É mesmo a operação de visualizar o mecanismo do objeto. Se lembrarmos de Barthes, veremos que essa operação é justamente o que desmitologiza, ou, pelo menos, aquilo que desbloqueia, mesmo momentaneamente, a percepção do objeto.

Embora a carnavalização ocorra novamente de modo tão acintoso, como nesse início do romance, apenas de maneira esporádica,[32]

---

32 Talvez suas sugestões mais próximas residam na cena da babá Dora Bela e seu companheiro, D. Rodrigo, "casal de liliputianos, reformados do circo" (Faria, 1993, p.26), que mais adiante leremos; na irreverência arremessada ao professor de História Gabriel Gago de Carvalho, presente, por exemplo, no fragmento em que o narrador diz que "os seus heróis eram D. Sebastião e Pomponazzi. Por causa do tom fanático, paquidérmico e autoritário como que falava fosse do que fosse, lembrei-me de tratá-lo, nos intervalos, por Nazi Pompom. Às vezes os floreados das suas frases transformavam-no em Floreano Pomponazzi. Termos pomposos, dos quais o preferido e mais proferido era *polis*, deram-lhe direito ao semi-heterônimo Florianópolis" (ibidem, p.82); enfim, na explicação sobre as semelhanças físicas entre Sebastião e o rei, dada por ele a Helena: "Conhecendo algo da lenda desse Rei cuja aura chegara aos

182 MÁRCIA VALÉRIA ZAMBONI GOBBI

o pacto paródico já está aí instalado. A decodificação possível do sentido de *O conquistador*, a nosso ver, terá que necessariamente levar em conta essa intenção codificada. Para que tal intenção se justifique formalmente, no entanto – ou seja, na construção mesma do discurso ficcional –, outros procedimentos narrativos merecem exame.

É o caso, por exemplo, da percepção de Sebastião relativamente às expectativas que o nascimento fabuloso acabam por instalar. Este será um dos motivos condutores da narrativa, justamente por estabelecer o paralelo sobre o qual a história do protagonista se equilibrará:

> Este espetáculo criou nos presentes, e ignoro se em meu pai, a convicção de que não seria casual a coincidência de el-rei D. Sebastião e eu termos vindo ao mundo no dia do santo do mesmo nome. Apoiando-se em tais factos, o cavaleiro Alcides de Carvalho pôs a circular a lenda do meu nascimento. Quando cresci e percebi que algo se esperava de mim, preferi, por instinto, fingir que não era nada comigo. Só muito mais tarde comecei a interrogar-me [...]. (Faria, 1993, p.15)

Vê-se que a dúvida, a interrogação – a tomada de consciência, enfim, do protagonista – aparecem "muito mais tarde", passada a infância marcada pela ausência de comunicação (o menino não falava até os três anos – Miúdo Tartamudo, cujo único consolo eram a presença e as histórias de Catarina) e por pesadelos que, na economia do texto, reforçam a aproximação, a confirmação de Sebastião como o outro: seus pesadelos são a recomposição da batalha em que morrera o rei, percebida pelo menino como uma luta de gangues, uma delas com turbantes.

---

sertões brasileiros, Helena insistiu no tema das surpreendentes parecenças. Envergonhei-me como se nisso houvesse algo de indecente, quase um truque circense, e inventei uma teoria completamente burlesca. Expliquei que minha mãe, durante a gravidez, pendurara uma reprodução daquele quadro no seu quarto e, de tanto o ter olhado, nasci já parecido com o Rei que ela idolatrava" (ibidem, p.104).

A FICCIONALIZAÇÃO DA HISTÓRIA **183**

Desses signos da infância podemos também inferir alguns argumentos teóricos para esta análise: de certa forma, a infância é o mundo da compreensão do sentido. Seja por estar alheio às cisões e contradições do mundo – manifestado, esse alheamento, na recusa em falar e na resistência a deixar "uma vida soturna e embotada" (ibidem, p.28) –, seja por sublimá-las pelo poder transgressor e deformador da imaginação, ainda liberta das amarras da consciência – manifestado, esse poder, pelos atemorizantes pesadelos e pelo séquito de amigos imaginários, índices que Catarina entendia como "mais um certíssimo sinal de reencarnação predestinada" (ibidem, p.34) –, o menino tem (ou crê-se que possa ter) o "domínio do sentido".

A perplexidade começa a instalar-se quando, defrontado com o mundo, saído do casulo, a percepção de si como indivíduo o diferencia dos outros – quando, enfim, ele se descentraliza por perceber que o mundo é outro, e não ele. Diz-nos Lukács (196[-]) que é nesse momento que a infantilidade normativa do mundo é substituída pela ironia, pela percepção da dissonância entre o eu e o mundo, cisão que inviabiliza o mito. É aí que Sebastião começa a interrogar-se, em busca da explicação – a justificativa do romance.

Bakhtin (1988, p 424) apresenta um entendimento da desagregação épica do homem em termos muito próximos a estes de Lukács. Diz-nos que ela se dá quando surge uma divergência fundamental entre o homem aparente e o homem interior e, como resultado, leva o aspecto subjetivo do homem a tornar-se objeto de experiência e de representação, o que o conduzirá à constatação de uma antinomia bastante específica: o homem visto por si mesmo e pelos olhos de outrem.

Sebastião, ao recontar-se, parece justamente buscar o que, desta imagem que dele é feita, pode ou não contribuir para a imagem que ele quer fazer de si. Sua experiência de vida mostra uma dissociação fundamental entre a interioridade e a aventura (marca, segundo Lukács, da épica da modernidade – o romance). Ou seja: quanto mais ele se lançava à busca do conhecimento (amoroso, mediado pelo outro, aquele que, enfim, dá sentido ao eu), mais se diluía, fragilizava e fragmentava, ao ponto de, aos 24 anos, necessitar isolar-se desse mundo que o tomava por outro para "repensar, até ao ameaçador mês de agosto, o que fiz e não fiz de mim" (Faria, 1993, p.19).

Além disso, os momentos de isolamento (ou de "estar a sós consigo mesmo") eram, na infância já agora distante, preenchidos pela busca da aventura, ainda que imaginada, quando Júlio Verne, por meio da Grande Edição Popular das Viagens Maravilhosas aos Mundos Conhecidos e Desconhecidos, compensava a ausência de ação efetiva e constituía, por isso, uma forma de resistência à tomada de consciência de que Sebastião, menino, estava a desintegrar-se.

Esse herói estaria, assim, localizado na zona de trânsito entre o mundo do sentido totalizador e o mundo da fragmentação, do deslocamento e da indeterminação dos sentidos – o que, enfim, caracteriza a própria transfiguração dos gêneros: do universo épico do mito, habitado por aquele Sebastião, para o universo irônico do romance, habitado por esse herói de coisa nenhuma.

Talvez seja aqui interessante abrirem-se parênteses para registrar que por um lado Linda Hutcheon considera a paródia a forma textual que, justamente por subverter o modelo, faz a literatura "andar" – ou seja, é ela que motiva ou que acelera essa transfiguração dos gêneros: quando um deles encontra-se excessivamente solidificado, já desgastado e até inadequado, é a paródia (por sua estratégia discursiva, a ironia) que desvia o cânone, o que resultará em um novo modelo.

Por outro lado, mas ainda na mesma linha argumentativa, Northrop Frye (1973, p.48), ao estabelecer a sua teoria dos modos narrativos, afirma que o modo irônico, ao descender do imitativo baixo, caminha firmemente em direção ao mito. Explicitemos melhor: o imitativo baixo é o modo, digamos, realista, aquele que intenta descrever a vida como ela é, com seus heróis muito humanos, nos quais nos reconhecemos ou reconhecemos uma experiência comum. O modo irônico, por sua vez, é o modo ainda abaixo desta "vida como ela é": ao formalizar a inevitabilidade e a incongruência dos atos humanos, acaba por revelar a ironia da vida. Degradados por excelência, os seus heróis, no entanto, justamente por esse rebaixamento, acabam por engendrar uma épica às avessas, exatamente como Bakhtin (1988, p.399) entende a paródia. Se a épica é o universo do mito, uma épica às avessas também promove um mito às avessas.

Se concordarmos com essa argumentação, estaremos, novamente, justificando o movimento ambivalente que se configura em *O conquistador*: um mito é desconstruído enquanto outro, degradado, toma o seu lugar: é, enfim, o álibi.

Todavia, deixamos para trás outro dado significativo deste recontar-se a que se dispõe Sebastião: estamos diante de uma narrativa em que a busca da compreensão de si e do mundo se dá pela rememoração, pela recuperação daquilo que foi na busca de entender aquilo que é. Ou seja: os acontecimentos significativos desse romance de formação são vistos a distância, fixados que estão pela memória do narrador. É ainda a Lukács que se alude para esclarecer que

> A localização da ação épica no passado [...] comporta a seleção do que é essencial neste copioso oceano que é a vida e a representação do essencial de maneira a suscitar a ilusão de que a vida toda esteja representada na sua extensão integral. (1968, p.67)

Isso significa que é também característica do romance (a épica da modernidade, como já dissemos) substituir a dimensão extensiva da experiência individual pela dimensão da intensidade. Cabe dizer, aqui, que *O conquistador* nos parece exemplar nesse sentido. O leitor conhece os fatos da vida de Sebastião à medida que ele os reconhece, os reordena cronológica e seletivamente, segundo uma linearidade que, funcionalmente, se apoia em uma expectativa sempre mantida, não no sentido de que o leitor espere o grande acontecimento, a revelação absoluta – pois estes, pelos tratos paródicos inicialmente fixados, vê-se logo que aqui não terão lugar, mesmo porque o romance contemporâneo já os descarta até como possibilidade. Essa expectativa advém da própria amarração discursiva: *O conquistador* centra-se no essencial, no absolutamente indispensável e é, por isso, uma narrativa dinâmica, ainda que não haja

186 MÁRCIA VALÉRIA ZAMBONI GOBBI

uma ação efetiva (a não ser a própria feitura do romance), mas uma memória dessa ação. A intensidade dos momentos fixados pela narrativa justifica-se exatamente por serem esses os que a memória fixou como constitutivos do Sebastião que vamos conhecendo, os que determinaram a sua formação.

Bakhtin (1988, p.415) diz que os gêneros daquela que chama de esfera sério-cômica em que se inclui a paródia caracterizam-se pela presença de um elemento discursivo declaradamente autobiográfico e memorialista. A memória tem, aí, um caráter particular: não se trata de uma memória heroicizante, aquela que, romanticamente, elege o passado (a)venturoso como modelo e contraponto a um presente que se quer justificado. Há, nessa memória, um elemento de automatismo e de anotação, procedimentos não monumentais por excelência: "é a memória individual sem referência, limitada pela fronteira da vida pessoal".

O conquistador pode, pela sua sugestão épica, resgatar certos dados de uma memória heroicizante (ou já heroicizada) para desconstruí-la por essa história de vida rebaixada, atrelada a uma série de (in)significâncias cotidianas que, no entanto, adquirem relevância justamente por constituírem aquilo de que o protagonista é feito.

Dessa forma, podemos retornar ao romance e ao paralelo que o enquadra para indicar que também o ideário da conquista, um dos sentidos agregados indissoluvelmente à figura de D. Sebastião, encontra aqui o seu correspondente. Passada a infância, na qual já se anunciara a aptidão do protagonista para a arte do combate amoroso,[33] a vida de Sebastião passa a ser também motivada pelas

---

33 Relembremos, aqui, as impressões causadas no menino, aos dois anos de idade, pela "primeira mulher de sua vida", a babá Dora Bela: "Sei que me sentia bem sempre que ela saltitava à volta do berço e me embalava em movimentos semelhantes às ondas da Adraga, que não me enjoavam nada – pelo contrário! As volúpias aumentavam assim que ela se debruçava por cima de mim, trilando árias desafinadas. No meu corpo operavam-se mudanças nada desagradáveis, as quais abruptamente terminaram no dia em que D. Rodrigo, esse desmancha-prazeres, se aproximou do meu berço e esbugalhou os olhos ao ver os erectivos feitiços da sua Bela" (Faria, 1993, p.26).

A FICCIONALIZAÇÃO DA HISTÓRIA **187**

conquistas, como indicia o título mesmo do romance, ainda que de outra ordem: não são bélicas, mas eróticas; não têm por objeto territórios, mas a feminina figura; querem antes o prazer ao poder. "Gostaria de ser o derradeiro cavaleiro do amor" (Faria, 1993, p.126) – é este o sentido de que Sebastião as investe. No mundo invertido, Sebastião é o baluarte da nova ordem desejada, e um império do amor parece-lhe bastante legítimo.

Mesmo a caracterização física do protagonista, referida apenas já pelo meio do romance, institui as semelhanças para, em contrapartida, referendar a diferença, justificando, uma vez mais, o conceito de paródia proposto por Linda Hutcheon. Diz-nos ela que entender a paródia como oposição, como um sentido contrário ao do objeto parodiado, é limitar o alcance do termo. Etimologicamente, inclusive, *para* também significa *ao longo de*, como vimos, e isso, ao contrário de implicar contraste, sugere exatamente um acordo, uma cumplicidade entre os objetos.

O que instala a distância – que permite a revisão crítica do objeto parodiado, e não a sua negação – é justamente a ironia, a estratégia discursiva de que mais frequentemente se utiliza o gênero. É a ironia que inscreve a simultânea declaração de ausência e de presença do outro Sebastião neste, dualidade marcada nas próprias semelhanças físicas, como se apontava – "os olhos amendoados, os cabelos alourados, a cara oval, o beiço belfo dos descendentes de Carlos V, os dedos delicados, o tronco curto, desproporcionado em relação aos membros compridos demais" (ibidem, p.71) –, diante das quais, ironicamente, se coloca a função a ser desempenhada pelo Sebastião romanesco, fadado, como vimos, a fazer o que o outro não fez: "Insistia Alcides que, sendo eu a Reencarnação há séculos aguardada, devia dedicar-me em exclusivo àquilo em que o Outro estrondosamente falhara ao manifestar pelo belo sexo uma aversão extraordinária" (ibidem, p.70).

É como álibi (aquele que deveria estar onde o Outro não mais estava) que Sebastião acaba por ceder às expectativas que sobre ele se lançavam, "jogando o jogo de Sebastião, o Desejado" (ibidem). Consente, parece-nos, a mitificação – ou não pode mais a ela resis-

188 MÁRCIA VALÉRIA ZAMBONI GOBBI

tir, ainda que necessitasse de "umas horas [consigo] para não [se] perder de vista" (ibidem, p.116).

Não desejamos enveredar para uma leitura que privilegie a experiência existencial de um ou de outro Sebastião, como já afirmamos relativamente ao caso de Joana, protagonista do romance analisado no tópico anterior. Interessa-nos o que essa configuração romanesca evidencia relativamente a uma determinada forma de construção das relações entre a História e a literatura, como já postulamos. Para isso, cremos serem suficientes as aproximações até agora registradas entre os protagonistas dos dois universos aqui em ação (o ficcional e o histórico), catalisadores, esses personagens, do modo pelo qual tais universos se relacionam.

Assim, é fácil identificar, por exemplo, que os mesmos epítetos que recobrem o D. Sebastião histórico, já mitificado (O Encoberto, O Escolhido, O Desejado), aplicam-se, também, à "sebástica figura" do romance, embora revestidos, aqui, de um significado às avessas, ou motivado diferentemente. Em síntese, são elementos que nos permitem considerar *O conquistador* uma paródia na qual se opera a desconstrução irônica de um mito, levando-nos a uma reconsideração do processo histórico que o engendrou e que alimenta a sua permanência.

In speech an irony, in fact a fiction

Acreditamos ter instalado o fio que o universo discursivo lança entre passado histórico e presente ficcional. As dualidades sugeridas pela epígrafe ao segundo capítulo do romance (a ironia no discurso, a relação entre fato e ficção) podem perfeitamente monitorar uma conclusão para esta leitura, em que a paródia, a ironia e o mito vêm sendo identificados como os elos fundamentais do processo de deformação da História que o romance institui.

Ao falar em paródia, tem-se, necessariamente, que considerar uma relação intertextual; afinal, o que a caracteriza é exatamente o apropriar-se do texto ou dos textos a que se dirige, frequentemente por meio da inversão irônica. Antes, porém, de tomá-la como a

A FICCIONALIZAÇÃO DA HISTÓRIA   189

forma narrativa em que *O conquistador* se inscreve, é necessário um esclarecimento acerca do que se toma como o texto histórico que funda este romance. Afinal, não há nele indícios de uma referência específica na constituição da imagem histórica de D. Sebastião, ou seja: não há *um* (ou um único) objeto textual sobre o qual a paródia se exerça.

Pensamos que sobre essa imagem pesa não só o registro histórico autorizado do passado (há, efetivamente, no capítulo 4 do romance, uma série de informações acerca de D. Sebastião que parecem ser bastante verificáveis nos registros historiográficos – a sua história oficial, portanto), mas também uma espécie de texto coletivo que, ao longo do tempo, o vem erigindo e identificando – aquilo que o historiador Dominick La Capra (1991, p.112) chama de vestígios textualizados do passado: memórias, relatos, arquivos, monumentos etc. Talvez seja até desnecessário comentar que, sob a perspectiva contemporânea em relação à escrita da História, essas informações não são menos válidas do que aquelas tidas como verdadeiras, uma vez que são, todas essas formas, organizações discursivas (ainda que não um discurso escrito com palavras), produtoras de sentidos ideologicamente determinados.

Há, portanto, certo texto (ou um ser histórico textualizado), D. Sebastião – já ele fruto de uma sobreposição incomensurável de significados historicamente produzidos –, texto este que será apropriado parodicamente pelo romance. O que intentaria essa paródia?

Diz-nos Barthes (1987, p.178) que a poesia – e estenderemos aqui a sua avaliação para toda a literatura – é a única forma de chegar ao sentido inalienável das coisas. Por meio dela, unicamente, seria possível a "reconciliação entre o real e os homens, a descrição e a explicação, o objeto e o saber" – objetivo que também se impõe ao desejo de desmitologização. Quando a criação artística toma a forma paródica, esse processo dá-se de um modo específico: ela instala a diferença no seio mesmo das semelhanças, constituindo uma recodificação do passado que não intenta destruir o objeto, mas deformá-lo, dar-lhe uma nova forma capaz de engendrar um novo sentido.

A paródia, no entanto, acrescenta outro dado, a aumentar ainda a complexidade das possíveis intenções codificadas pelo texto que a elege como produtora de sentido: ela faz um jogo duplo. É uma transgressão – um desvio, um avesso, uma afirmação do outro –, mas autorizada: a apropriação intertextual que efetua afirma, textual e hermeneuticamente, o vínculo com o objeto parodiado. Ao imitar, a paródia reforça, ao mesmo tempo que a distância crítica, dada pela ironia, assinala a diferença em relação ao objeto. Além disso, o reconhecimento, por parte do leitor, do mundo invertido exige um conhecimento da ordem do mundo que a paródia incorpora. É por isso que, para a eficácia do texto, o leitor precisa reconhecer que está diante de uma paródia.

Esse reconhecimento dá-se pelo que Linda Hutcheon chama de transcontextualização: um objeto reconhecível é inserido dentro de um novo contexto, o que lhe dará um novo sentido. Como já afirmamos, parodiar não intenta destruir o objeto, mas, ao deformá-lo, propor uma nova forma de conhecê-lo. É por isso que, ainda segundo a mesma autora, a paródia mistura recusa e homenagem (ainda que oblíqua).

A dinâmica da construção romanesca, aqui já registrada, entre um afirmar as semelhanças e um marcar as diferenças, parece por um lado indicar mesmo que a ficção se dá conta de que não pode rejeitar o passado – quer o passado literário, as formas já sacralizadas de expressão, quer o passado semântico, a História e seus heróis cristalizados. Ou, então, reconhece que isso de nada lhe valeria. Por outro lado, abusa ironicamente desse passado. É nesse sentido que a paródia acaba por se configurar como uma das maneiras pelas quais a literatura contemporânea lida com o peso do passado. A busca da novidade na arte neste mundo entresséculos tem-se baseado com frequência – ironicamente – na busca de uma tradição.

Assim, *O conquistador*, como de tudo que foi dito se infere, inscreve-se na mais tradicional linhagem romanesca: formalmente, é uma narrativa nos moldes de um romance de formação, autodiegética, cronologicamente ordenada, que busca a compreensão do eu em sua circunstância. Para essa compreensão, elege na História o seu interlocutor, justamente o ícone mais aclamado do ser português: D. Sebastião. No entanto, enquanto paródia, questiona implicitamente não só o cânone em que se inscreve, pois esse romance de formação não leva ao conhecimento do eu, mas mantém o impasse e a suspensão do sentido de seu estar no mundo – "Se fui quem hoje julgo ser, se sou quem dizem que fui, se nunca serei mais que não saber quem sou ou quem serei, mesmo assim valeu a pena" (Faria, 1993, p.126) –, como questiona também aquele ser histórico, ao realizar uma espécie de contraexpectativa que ativa a consciência histórica por meio das interrogações que lança face a seu precedente significativo.

Esse conquistador, na verdade, é um sujeito falhado: não se reconhece na imagem que os outros fazem dele, mas também não sabe o que fez de si: é "como se o eu não fosse meu, como se não me reconhecesse em todas as acções e amores e diálogos de que se diria que fui protagonista ou em que simplesmente tomei parte sabendo-me exterior ou excluído" (ibidem, p.128). O reconhecimento, intentado no exílio da Peninha, que a construção mesma do relato simultaneamente instrumentaliza e documenta, parece começar a manifestar-se exatamente no final da narrativa e é, por isso, suspenso, inconcluso.

Sua motivação está em uma experiência de reconhecimento estético, talvez a metaforizar aquele poder da arte de dar a conhecer: no último capítulo do romance, os "desenhos do amigo" penetram na narrativa, incorporam-se efetivamente ao discurso literário. Essa interposicão de dois planos de expressão artística já vinha acompanhando todo o desenvolvimento do romance pelas vinhetas de Mário Botas, espécie de sínteses pictóricas significativas do conteúdo ficcional que, por sua vez, reafirmam a esfera carnavalizada, rebaixada e transgressora em que a paródia se alista:

> Ao entrarmos no apartamento que [o amigo] partilhava com um etéreo galgo, as suas aguarelas às centenas, encostadas a todas

as paredes e cantos da casa, deixaram-me sem respiração por uns momentos. Por ali deambulava uma fauna irónica e feroz, parente ou aderente da que sai dos meus sonhos. Fiquei siderado diante daquele bestiário de seres mais ou menos humanos, daquela irrisão e zombaria de todas as formas de vida, terrestre ou celeste, animal ou anímica. (ibidem)

Tentemos, agora, uma síntese conclusiva dos termos até aqui considerados: a paródia não ataca seus modelos – quer o formal, quer o histórico –, pois este ataque seria autodestrutivo. Contrariamente, afirma-os, ainda que em uma relação irônica, o que resulta naquele efeito compensatório entre a ficção e a História, também aqui já indicado: "Fiz o que o outro não fez" (ibidem, p.129). Ou seja: é a ironia que funda a ambivalência desse universo discursivo. Talvez seja este o momento de recorrer, novamente, à palavra autorizada de Linda Hutcheon e de Northrop Frye na definição da ironia, para que seu alcance operatório possa ser mais precisamente apreendido, em relação ao romance em estudo.

Frye recorre à *Ética* de Aristóteles para fixar um conceito de ironia. Segundo o autor, o mestre grego ensina, fundado nas lições socráticas, que o *eíron* é o homem que se censura, que se rebaixa, que finge não saber, ao contrário do *alazón*, que é o impostor, aquele que se eleva, que finge ou procura ser alguma coisa mais do que é. Daí Frye ter denominado de irônico o mais rebaixado dos modos narrativos, normalmente preenchido pelos gêneros cômicos ou pela paródia, que se utilizam, ainda que de forma diferenciada e com intenções específicas, da ironia como estratégia discursiva (cf. Hutcheon, 1985).

O termo ironia, portanto, indica uma técnica de alguém parecer que é menos do que é, a qual, em literatura, se torna muito comumente uma técnica de dizer o mínimo e de significar o máximo possível, ou, de modo mais geral, uma configuração de palavras que se afasta da afirmação direta ou de seu próprio e óbvio sentido. (Frye, 1973, p.46)

A FICCIONALIZAÇÃO DA HISTÓRIA   193

Sebastião é uma construção irônica, se o entendermos nestes termos: relativamente ao Outro, ele parece o quase nada, com seus desejos e suas conquistas de ordem profana – mundanas, miúdas. No entanto, o que o inscreve e o justifica só se revela enquanto compensação do Outro (ser aquilo que ele não foi, fazer aquilo que o outro não fez). Pela inversão irônica, Sebastião caminha em direção ao mito, na esfera do mundo degradado. Segundo já assinalara o mesmo Frye, os modos da ficção configuram um círculo, e o baixo dá a mão ao elevado, todavia não sem antes dessacralizá-lo.

No entanto, ao evitar a afirmação direta do sentido, funcionando ao revés, a ironia não só marca a ambivalência – se não a plurivalência – do discurso, como também transfere para o leitor a responsabilidade de decodificar o(s) sentido(s). Nesse aspecto, Linda Hutcheon é bastante incisiva. Para ela, a ironia julga, estabelece um pacto axiológico no interior do próprio discurso:

> Ambas as funções – inversão semântica e avaliação pragmática – estão implícitas na raiz grega, *eironeia*, que sugere dissimulação e interrogação: há uma divisão ou contraste de sentidos, e também um questionar, ou julgar. A ironia funciona, pois, quer como antifrase, quer como estratégia avaliadora que implica uma atitude do agente codificador para com o texto em si, atitude que, por sua vez, permite e exige a interpretação e avaliação do descodificador. (1985, p.73)

Dois aspectos parecem bastante relevantes nesse fragmento: um, que enquanto estratégia discursiva, a ironia não só caracteriza a paródia, forma intertextual que dela se utiliza, mas a forma mesma das relações entre a História e a ficção. Ou seja: ao revelar/ocultar/ simular possíveis elos de ligação entre os dois universos, por meio daquele jogo até perverso de afirmar e deformar as semelhanças (o instalar e afastar, inscrever e reescrever do texto relativamente ao universo histórico e textual com que se relaciona), a ironia faz-nos entender que esta mesma dinâmica rege, em *O conquistador*, a construção do protagonista e qualifica o caráter paródico do romance.

Haveria, assim, uma única estrutura, isotópica, a formalizar não só os elementos internos da narrativa, mas também as relações dela com o contexto a que responde.

O estatuto ambivalente e questionador da ironia, por outro lado, acaba por exigir que o leitor se posicione, se não para eleger um sentido, ao menos para se dar conta de que é possível desafiar os sentidos já eleitos. Linda Hutcheon considera fundamental a resposta intencionada do leitor, motivada pelos vazios intencionais do texto e regulada pelos códigos paródicos comuns ao produtor e ao receptor. Estes, simultaneamente, devem assegurar a reconhecibilidade dos desvios operados no texto, mas devem garantir também que o romance se configure como um ato de emancipação diante das convenções literárias e formais e diante da História.

Assim, se nos perguntarmos, como o faz a ensaísta, se a paródia aceita ou resiste ao outro, teremos necessariamente que considerar que o próprio ato de parodiar investe o outro (seja ele a História, o mito, o cânone formal) de autoridade e de um valor de troca. A distância irônica é que ativará a percepção crítica e funcionará como um meio de exorcizar fantasmas ou de alistá-los em sua própria causa (ibidem, p.137).

Se se estender esta reflexão para o tema último deste livro – a configuração romanesca de uma discussão em torno do ser português –, poder-se-á considerar que à utopia sebastianista se sobrepõe a ironia dessacralizadora, aquela que, pela inversão do mundo no mundo inventado, pode conduzir a uma inteligibilidade talvez menos mistificadora deste ser. Não se trata, enfim, de uma destruição do mito, operação que poderá revelar-se inócua, pois o homem, como a epígrafe deste capítulo registra, não tolera a ausência de sentido – e o mito é, de qualquer forma, uma referência, uma reserva de sentidos que se pode sempre ativar para compensar o ceticismo, a perplexidade e o desconsolo diante dos signos dessa "Pátria para sempre perdida". Trata-se de uma espécie de cooptação: já que não se pode lutar heroicamente contra o mito, pois as batalhas memoráveis já não têm lugar no mundo degradado em que a nossa história

A FICCIONALIZAÇÃO DA HISTÓRIA 195

se inscreve, façamos dele, então, um igual, minando o seu fundamento épico.

Enfim, não se trata, e como reiteradamente tem sido afirmado, de uma negação ou de uma recusa à História: a forma de consciência histórica ativada pela paródia estabelece um diálogo entre presente e passado que faz recircular, em vez de imortalizar. Enquanto interação entre a memória do passado e o presente, a narrativa paródica reinveste a História de significados, ainda que construídos com a distância crítica que a ironia alicerça. Esse movimento "reacorda no leitor a ânsia interrogativa sobre o de agora e o de sempre, sobre o que se repete e o que é realmente novo", em uma busca ao outro lado das coisas que, enfim, não intenta outra coisa que lançar a interrogação sobre "o que tudo o que [nos] rodeia insiste em querer significar" (Lopes, 1986, p.290).

O conquistador, ao tomar posse de D. Sebastião pela paródia, assegura não só o seu lugar na literatura, mas também o lugar de D. Sebastião na História: desnuda o mito (e ele, pasmado, talvez não saiba ainda o que fazer diante da sedução de ser outro – o álibi perfeito de si mesmo – para, assim, resistir a sumir-se na sua insignificância):

> Seja sonho meu ou desenho do meu amigo que todos os meses me traz novos esboços, ultimamente aparece-me de noite uma figura nua que podia ser meu duplo e que vem em silêncio, calçando luvas compridas, usando na cabeça a mitra dos dignitários e príncipes. Para diante de mim e apoia numa rocha a grossa espada, de punho escamoso terminado em boca de drago. Está rodeado por quatro monstruosos animais, como os símbolos dos Evangelistas cercam o Filho do Homem nalguns ícones, e representam o sal do desejo, o pez da nostalgia, o mercúrio do movimento, o enxofre da melancolia. Como se fosse um sol, sete estrelas giram à minha volta. São as Plêiades, da constelação do Touro, e de repente tranquiliza-me a evidência de que aquele Sete-Estrelo me há de guiar pela vida fora e me há de defender de morrer cedo. (Faria, 1993, p.130)

O passado: medida cautelar

> *No mar tanta tormenta e tanto dano,*
> *Tantas vezes a morte apercebida!*
> *Na terra tanta guerra, tanto engano,*
> *Tanta necessidade aborrecida!*
> *Onde pode acolher-se um fraco humano,*
> *Onde terá segura a curta vida,*
> *Que não se arme, e se indigne o Céu*
> *Contra um bicho da terra tão pequeno?*
>
> Camões, *Os Lusíadas*, Canto I, 106

A última das faces do imaginário lusíada a ser mais detidamente examinada neste livro retoma, em grande medida, reflexões esboçadas no primeiro tópico – o que discutiu o mito fundador –, uma vez que tem com ele uma matriz que se pode considerar comum: o mitema do santo combate, como o designa Durand (2000, p.108). Intencionalmente, portanto, a argumentação pretende fechar-se, não como em um imaginário círculo perfeito, mas em uma possível e dinâmica espiral em que avulte uma discussão sobre a característica de povo cruzado, referida aos portugueses, já que, como considerou Eduardo Lourenço (1999, p.107), "durante séculos Portugal foi uma nação cruzada e não é qualquer coisa que se possa ter sido impunemente".

No entanto, se naquele primeiro tópico se tratava de caracterizar o fundamento ideológico de uma explicação multissecular da nacionalidade e do seu destino, aproximando as imagens então analisadas da construção de um "verdadeiro mito das origens", parodicamente tratado nas narrativas então analisadas, trata-se aqui desse mesmo mito em ruínas, mesmo se só considerado estritamente no âmbito de sua significação histórica (isto é: mesmo deixando de lado, momentaneamente, a sua reconstrução irônica pela ficção). A nação cruzada vê chegar o fim do império e da crença na missão messiânica, salvífica, de Portugal como destino, na já consagrada expressão de Eduardo Lourenço.

A FICCIONALIZAÇÃO DA HISTÓRIA **197**

É de guerra, portanto, que se tratará. A guerra não deixa de estar ligada ao imaginário que alimentou a cavalaria – a Guerra Santa, o Santo Combate. Em Portugal, a imagética cavaleiresca, um dos lugares-comuns do imaginário medieval, adquire uma carga privilegiada de recorrências e de significação, aliada que é da construção do sentido de povo eleito e, desse modo, "ajuda a compreender – ou a explicar – que, partindo de uma vocação cavaleiresca comum a toda a Cristandade, o português tenha ultrapassado os limites da reconquista continental, constituindo um imaginário receptivo à aventura marítima e à Conquista do Mundo" (Durand, 2000, p.86).

Se esse imaginário permeou, como vimos analisando, toda a construção do ser português ao longo dos séculos, dando a Portugal a universalidade que se contrapunha a seu papel "insignificante e marginalizado no contexto europeu"[34] (Lourenço, 1999, p.128), este *ser* sofre duro golpe no século XX, com o fim da ditadura salazarista e a independência das colônias portuguesas na África – consequentemente, com o fim do império. Que imagem sustentará então, no espelho da consciência nacional, um país que, "até 1974, [...] existe na convicção de que o seu lugar no mundo lhe é assegurado, dada a sua subalternidade no contexto europeu, pela renovação da presença na África e pela hipótese de construir lá novos Brasis" (ibidem, p.132)? Que destino projetará Portugal como futuro, já que, "até 1974 [...], a 'nossa' África tornou-se o horizonte incontornável do nosso destino como destino predestinadamente colonizador. E oniricamente imperial" (ibidem, p.129)?

O "puro império de sonho" precisa agora olhar-se de outra maneira. E a imagem que se deixa ver aproxima-se um bom tanto daquela do país extenuado – o *gaste pays* de que fala Durand (2000,

---

34 "De súbito, nós que já não tínhamos nem verdadeiro império nem imaginário imperial desde os princípios do século XIX, com a natural independência do Brasil, acordamos para o império africano até então desprezado, e aí buscamos uma imagem de nós mesmos que nos compensasse da pouca ou nenhuma imagem europeia" (Lourenço, 1999, p.129).

p.127) –, imagem contra a qual sempre combateram os "cavaleiros" de tantos séculos passados, movidos pela tentativa de "articular os combates impostos pela sobrevivência e pela dignidade temporais com o 'Grande Combate' – contra a morte ou a desfiguração da Alma [...], contra o afundamento nas coisas utilitárias e nos compromissos cotidianos".

O grande problema é que, no cenário que se apresenta aos novos cavaleiros do século XX, o santo combate está banalizado, familiarizado: o sofrimento e a morte tornaram-se elementos do cotidiano; a política exercida em sociedade é, via de regra, uma guerra continuada por outros meios; com uma camuflagem de paz vivenciamos uma guerra privada, em que cada um luta pretensamente por *seus* direitos, já que o indivíduo raramente se coloca na posição de um sujeito universal. Além disso, como afirma Jameson (2007, p.203), "há lugares no mundo em que as grandes crises, normalmente diferenciadas da vida privada na qualidade de convulsões e catástrofes episódicas que se dão uma só vez no tempo de uma vida, tornaram-se uma realidade cotidiana".

Isso tudo parece destruir não só a possibilidade, ainda que artificialmente construída e sustentada, de uma pretensa identidade nacional, mantida pela crença em um conjunto sólido de valores que não deixa de estar manifesto também em seus mitos nacionais, como ainda mina todo o fundamento épico de uma sua possível representação, seja no âmbito da historiografia, seja no âmbito da literatura de ficção. E, como essas guerras ainda estão pouco distanciadas de nós no tempo, sofrem com a resistência a se pôr o dedo em feridas ainda mal cicatrizadas e que, no entanto, correm o risco de desmancharem-se no ar mesmo antes de adquirirem o sólido contorno de uma análise crítica e de uma revisão histórica.

É o que parecem confirmar os argumentos a seguir transcritos – o primeiro, de Lídia Jorge, autora de um dos romances analisados neste tópico, *A costa dos murmúrios*, a respeito justamente do título do livro, que remete a uma fala já quase evanescente antes mesmo de constituir-se, nos termos referidos no parágrafo anterior:

A FICCIONALIZAÇÃO DA HISTÓRIA   **199**

[...] a certa altura da narrativa, passa-se uma coisa: Eva reflete e vê que a princípio as pessoas vivem e falam. Depois, fica a memória das palavras. Mas, com o passar do tempo, o que se sofreu ou que se viveu em alegria vai ficando só como murmúrios e como sopros e, num determinado momento, desaparece mesmo. E de fato é uma costa donde vêm não já vozes vivas, mas murmúrios, e, portanto, se esqueceu tudo. Há uma cena, no final, em que eles queimam tudo, aquele *top secret* deles. Foi o que aconteceu, acho que foi isso mesmo que se fez. [...] Esse é um fenômeno de todas as guerras. Quando chega o momento de exorcizar alguma coisa, não se quer, porque magoa. E realmente em nossa guerra aconteceram coisas horríveis, detestáveis, péssimas E esse momento histórico com um significado mais amplo do que a guerra, era uma imensa mentira política e criou um fundo mentiroso e falso no país. E quando se toca nisso, as pessoas reagem, pois não se querem ver no espelho. E o que me parece é que tudo está à beira de ser já o sopro, de já não haver mais nada. (apud Gomes, 1993, p.157)

O segundo, de Eduardo Lourenço (1999, p.140), confirma a necessidade de registrar ainda a "versão da história" desses acontecimentos de fundamental importância para o modo como hoje se pode pensar Portugal e seu "destino imperial":[35]

Durante treze anos da guerra colonial na Guiné, em Angola e em Moçambique, milhares de quadros milicianos, estudantes, médicos, intelectuais foram mobilizados para a última e absurda

---

35 Pensamos que o livro do historiador brasileiro Lincoln Secco, *A revolução dos cravos e a crise do império colonial português*, publicado em 2004, contribui para essa reflexão incentivada por Eduardo Lourenço, bem como o fazem, num sentido mais amplo (ou seja, menos historicamente circunscrito ao acontecimento guerra colonial e fim do império, e mais afeito a uma reflexão sobre mudanças de paradigmas socioeconômicos, políticos e culturais conformadoras de uma crise do modelo civilizacional), as reflexões do sociólogo português Boaventura de Sousa Santos (1995), que vão, muitas vezes, em um sentido oposto às bases de sustentação do pensamento do próprio Eduardo Lourenço.

cruzada contra o independentismo africano. A história dessa mobilização – à parte a sua versão em meia dúzia de excelentes romances que mais tarde a irão ficcionar – não está escrita.

Podem-se deduzir, dos argumentos em causa, duas hipóteses que nortearão as análises dos romances que compõem este segmento: a primeira, que toda representação da guerra, nos contextos em que a situam os romances analisados, só se poderá realizar por um foco particular, privado, individual, inserido concretamente no interior da narrativa e configurador de um sentido na medida em que espelha a multiplicidade de pontos de vista e a multiplicação das versões capazes de fixar uma determinada visão dos fatos que se cruza inelutavelmente com o estar no mundo da voz narrativa. A segunda, cuja proposição serve-se também de outro argumento, de Frederic Jameson, refere-se à possibilidade de se considerarem históricos os romances aqui analisados, já que, se estamos situados no âmbito das reflexões sobre as relações entre ficção e história, é natural que uma discussão sobre a questão do gênero se imponha. Embora Jameson acentue, na sequência de sua reflexão sobre a banalização da crise histórica, que "se a vida cotidiana e existencial se tornou uma longa catástrofe histórica, se esta de fato se substituiu à vida cotidiana e a absorveu, então torna-se igualmente difícil estabelecer aquela dualidade de planos que é a condição indispensável para a existência do romance histórico" (2007, p.203), ele defende, em contrapartida, que são "aqueles eventos históricos paradigmáticos, como a própria guerra, que sempre devem estar no centro de um romance histórico [...] para que ele se qualifique como tal" (ibidem, p.191).

Levando-se em conta o motivo da guerra como eixo temático dos romances em análise, parece-nos ser possível a defesa deles como históricos, ainda que não nos passe despercebido o argumento, levantado por Maria de Fátima Marinho (1999, p.14), de que a proximidade dos acontecimentos que compõem a diegese de um romance como *A costa dos murmúrios,* relativamente aos fatos nos quais encontra sua ancoragem histórica, deveriam, em uma

A FICCIONALIZAÇÃO DA HISTÓRIA **201**

perspectiva mais tradicional, alertar-nos para o cuidado que deveríamos ter ao tratá-los como históricos.[36] Essa discussão aparecerá privilegiadamente, de todo modo, na análise de *Sinais de fogo*, e terá seu complemento na caracterização da fala mítica, nos termos barthesianos, configurada e desconstruída em *A costa dos murmúrios*, em mais uma tentativa de dar conta de todas as interações, inclusive conceituais, que formam a base da proposta deste livro.

Para finalizar esta apresentação inicial do tópico, um esclarecimento sobre a escolha dos romances analisados: embora ambos tratem de guerra, não tratam da mesma guerra. Se, como facilmente se identifica, *A costa dos murmúrios* remete à Guerra Colonial – neste caso, situada especificamente em Moçambique –, *Sinais de fogo* tem seu referente histórico em uma guerra mais distante e muito menos afeita, em um sentido estrito, a Portugal: a Guerra Civil Espanhola. No entanto, o que nos motivou a justapor os dois romances nesta análise foi o fato de seus contextos de referência situarem-se muito próximos aos dois pontos extremos que marcam o início e o fim da ditadura salazarista em Portugal.

Por um lado, como se sabe, o império colonial foi um dos sustentáculos do salazarismo. Salazar, inclusive, institucionaliza o eufemismo estratégico "províncias do ultramar" para camuflar a anacrônica situação colonial que Portugal mantinha com os países africanos. Por outro lado, é evidente que esses marcos cronológicos são um simples indicativo de uma reflexão que se quer situar muito mais no âmbito da configuração ficcional dos fatos narrados, com suas evidentes implicações ideológicas. Mas não deixa de ser signi-

---

36 "Ao apontar como distância mínima entre tempo da escrita e do enunciado 40 a 60 anos, seguimos conscientemente a indicação de Avrom Fleishman e que, regra geral, não é contestada. Todavia, casos há em que estudiosos ignoram esta limitação temporal, considerando que factores históricos determinantes, como uma revolução ou uma guerra, mesmo próximos ou directamente vivenciados pelo autor empírico, podem, se aproveitados num universo romanesco, ser apelidados de históricos numa acepção semelhante à que temos vindo a empregar" (Marinho, 1999, p.14). Como se pode notar, neste estudo as limitações cronológicas, assim convencionalizadas, não foram rigorosamente seguidas.

202 MÁRCIA VALÉRIA ZAMBONI GOBBI

ficativo que, "no início, o governo de Salazar só [tenha conhecido] um fato importante: o decisivo apoio que deu aos sublevados franquistas na Guerra Civil Espanhola", já que "os ataques ao regime eram logo sufocados" (Secco, 2004, p.54). Na outra ponta da linha do tempo aqui delimitada, deve-se considerar que, desde o início dos anos 1960, os graves abalos sofridos pelo salazarismo vinham não só daquilo que representava a guerra colonial em si, mas também do que ela representava em termos de afrontamento ao regime salazarista e à caducidade da mentalidade e das estruturas de poder que o sustentavam:

> O problema que mais estrangularia as opções e alternativas do governo português nos anos 1960 não era a guerra colonial. Esta era um capítulo de outra questão maior, e o fato de ter se tornado dominante nas preocupações das elites políticas devia-se àquilo que a fundamentava e que se encontrava subjacente na infraestrutura da sociedade civil: a necessidade de transformar um ultracolonialismo direto em um *indirect rule*, conforme já haviam feito outros países. Portugal não adotou essa via indireta, embora sua economia já não fosse tão dependente das relações comerciais com as colônias. A indagação persistente era: por que o regime político, implantado em 1926, sobrevivia tanto a essa rigidez da política colonial direta quanto à alteração de suas bases materiais? Mas uma outra pergunta ainda se impunha: por que a ideia de Império persistia como *conditio sine qua non* da manutenção das estruturas do regime? Havia uma crise. (ibidem, p.89)

Assim, colocando em paralelo estas duas narrativas de guerra, a intenção é verificar quais estratégias de elaboração ficcional são mobilizadas na construção de relatos que, mais ou menos intencionalmente, configuram um pensar sobre acontecimentos que contribuíram para (re)desenhar a face portuguesa no último século, da solidificação do salazarismo à descolonização, os quais contribuíram para pôr definitivamente em questão o mito do imperialismo português. Por sua proximidade com nosso tempo, tais acontecimentos, quando revistos pela ficção – pela pluralidade de vozes que os constitui e pela precariedade de suas certezas –, parecem atuar como uma medida cautelar, como uma vacina contra a forma com que os discursos do poder insistem em se solidificar. Só a desconstrução da fala mítica poderá oferecer-lhes resistência, em qualquer tempo, em qualquer lugar. Essa lição, mesmo que não queira, a ficção nos pode dar.

Uma encenação da história

Sinais de fogo é um romance desafiador, embora sua narrativa, organicamente estruturada, cative o leitor, de fato, por configurar exemplarmente o modelo do gênero romanesco. Em uma das inúmeras digressões metaficcionais que permeiam o texto, o narrador metaforiza este modelo ao referir-se a um personagem como "mais uma pessoa embrulhada na trama que alastrava [...] [e que] havia sido como aqueles tecidos que se pegam, quando a gente passa, e que arrastamos conosco na passagem" (Sena, 1981, p.218). Trama, tecido, séries paralelas de acontecimentos que se entrecruzam, ainda que momentânea e provisoriamente, ordenados retrospectivamente por um narrador/ator que patina sobre este solo instável, lançando-se à aventura do conhecimento de si, do outro, do mundo: essas metáforas constituem uma perfeita tradução da forma romanesca, realizada exemplarmente pela narrativa de Jorge de Sena.

Sabe-se que *Sinais de fogo* constitui uma parte – a única efetivamente realizada – de um ambicioso projeto literário concebido por Sena, que tinha o objetivo, reiteradamente declarado pelo escritor, de "cobrir, através das experiências de um narrador, a vida portuguesa desde 1936 a 1959" (Saraiva, 1968, p.424). Esse projeto não se consolidou completamente, mas o que restou daquilo que se poderia considerar o plano geral de uma épica portuguesa da modernidade (ou de uma épica deslocada, em tom menor e em perfeita consonância com o tempo de sua escrita, como mais adequadamente parece ser possível qualificar *Sinais de fogo*) jamais se poderia avaliar como um romance falhado, não só porque, formalmente, como acima foi exposto, *Sinais de fogo* é um romance modelar, mas também porque semelhante perigo (o de um romance falhar como romance), esclarece Lukács (196[-], p.78), "só pode ser vencido se for estabelecido como realidade final, em plena consciência e de maneira perfeitamente adequada, aquilo que este mundo tem de frágil e de inacabado, o que nele remete para outra coisa que o excede".

E esse vencimento é explícito em *Sinais de fogo*: a consciência da fragilidade, da imperfeição e da impostura do mundo e do homem no mundo avulta no romance de Sena como sua marca indelével, como seu *leitmotiv*. Ao lado dela, a própria marca do inacabamento está também explicitamente formalizada no romance, já que, além de não possuir a continuidade prevista no projeto original do autor, *Sinais de fogo*, publicado postumamente, ficou sem revisão final – e suas páginas de encerramento de fato sugerem mais uma suspensão da escrita do que um fechamento. Curiosamente, a fatalidade da morte do autor parece ter deixado impressa no romance a marca da sua grandeza, paradoxalmente realizada como falha, como imperfeição – características que nos parecem permitir qualificar *Sinais de fogo* como um romance de transição. Isso porque, por um lado, como vimos afirmando, a narrativa vincula-se à forma clássica do romance e, mais ainda, do romance histórico, já que nele se dá, também de maneira modelar, a intersecção do plano existencial da vida individual com o plano histórico e transindividual, "que é, ao menos em parte, o da relação do indivíduo com seus contemporâneos, bem como com as gerações anteriores e também, pode-se presumir, com as posteriores" (Jameson, 2007, p.186).

Nesse sentido é que se justifica o título deste capítulo do livro (O passado: medida cautelar), já que é também como uma reflexão que se projeta sobre um passado e sobre um futuro, sobre todas as formas de autoritarismo, sempre presentes, que se pode ler *Sinais de fogo*. Além disso, como lembra Anderson (2007, p.186), em sua revisitação do modelo lukácsiano do romance histórico, este gênero caracteriza-se por ser

A FICCIONALIZAÇÃO DA HISTÓRIA 205

[...] uma épica que descreve a transformação da vida popular através de um conjunto de tipos humanos característicos, cujas vidas são remodeladas pelo vagalhão das forças sociais. [...] A narrativa será centrada em personagens de estatura mediana, de pouca distinção, cuja função é oferecer um foco individual à colisão dramática dos extremos entre os quais se situam ou, mais frequentemente, oscilam.

É possível reconhecer esses princípios na narrativa de *Sinais de fogo*, e é por esse motivo que, entre suas inúmeras possibilidades de leitura, esta procura destacar a que privilegia a presença da história no romance (presença que, como temos visto, é constante, sistemática, quase onipresente no romance português pós-1974, do qual *Sinais de fogo* seria, portanto, um ilustre precursor, já que, embora publicado em 1978, acompanhou grande parte da trajetória literária de seu autor, ainda que sua escrita tenha sido mais de uma vez interrompida). E é precursor também porque o que o qualifica como romance de transição, como acima propusemos, e que constitui o contraponto da argumentação aqui apresentada, situa-se justamente no fato de que, embora ancorado nos princípios que regem o gênero em que se inscreve, pautando-se também, por isso, pela fidelidade à verossimilhança e a uma estrutura narrativa cronologicamente ordenada, *Sinais de fogo* tem como pano de fundo um acontecimento que, junto com outras catástrofes que imediatamente o sucederam, redesenharam, literalmente, a cara do mundo e nos colocaram frente a mudanças que hoje avaliamos como aquelas que esboçaram a face de uma nova era que, não sem grandes polêmicas, vem sendo tratada como a pós-modernidade.

É evidente que, se estamos argumentando no sentido de que há uma vinculação entre a ficção e a história, um novo desenho no modo de entender aquilo que nos cerca provoca um novo desenho no modo de dizê-lo – e vice-versa, já que esta relação jamais pode ser pensada como uma via de mão única. E, nesse sentido, parece que o efeito mais devastador deste novo tempo sobre o modo de o homem pensar seu estar no mundo foi aquele que destronou a possibilidade de crença em uma verdade, em todos os níveis – incluindo aí o do conhecimento histórico. Daí que aquela intersecção entre a série de acontecimentos no âmbito da história e os destinos individuais nos quais ela se reflete tenha tomado, a partir de então, novas direções no que diz respeito à sua representação pela narrativa ficcional, provocando uma revisão dos princípios lukácsianos que definiam, em termos genéricos, as regulagens dessa relação.

Em termos de construção narrativa, essas novas direções parecem ter convergido para a eleição privilegiada de uma determinada estratégia: o ponto de vista determina a verdade; mudado ele, muda ela. Portanto, legitimam-se as diferentes versões de um mesmo fato e avulta a importância de uma história da vida privada que acentua a fragmentação da percepção do real e institui a ironia como o procedimento narrativo por excelência, pelas ambiguidades e (dis) simulações que ela estrategicamente favorece.

Pois é exatamente neste trânsito que *Sinais de fogo* se realiza: retoma um acontecimento histórico de fundamental importância, situado no limiar de uma nova ordem mundial, e o revê sob um ponto de vista muito particular, ancorado no ponto exato em que esse acontecimento cruza a vida do protagonista – também em trânsito para a idade adulta –, o que acaba por determinar seu posicionamento diante do real, marcado pelo descrédito nas grandes e absolutas verdades e, por isso, pelo afloramento de uma visão crítica da realidade. Mais uma vez, portanto, no âmbito da análise textual que aqui se propõe, a hipótese que se lança é que a relação entre fato e ficção vem mediada pela ironia como modo de estruturação do discurso ficcional.

O mote que faz irromper a história em *Sinais de fogo* é a eclosão da Guerra Civil Espanhola. Instalado na Figueira da Foz no verão de 1936, Jorge, o protagonista do romance, imerge, quase sem querer, nas tensões latentes que o reduto (português) de turistas (espanhóis) acaba por manifestar, microcosmicamente, como réplica aos desarranjos que, no país vizinho, revelavam os seus diversos e conflitantes nacionalismos e que, na avaliação infelizmente equivocada do tio Justino, personagem do romance, não deveriam (tais conflitos) durar mais que dois ou três dias.

A FICCIONALIZAÇÃO DA HISTÓRIA   207

Sinais de fogo, sob uma perspectiva mais estritamente histórica, reinstala a discussão em torno de um acontecimento que surpreendeu, apaixonou e mobilizou não só os seus contemporâneos, e não só na Espanha e adjacências, mas que continua a fascinar e a desafiar muitos daqueles que ainda hoje querem compreender essa "guerra entre guerras", marcada pela dramática imposição do franquismo e pela decorrente delimitação coercitiva de um Estado sobre as diferenças culturais e regionais, e romanticamente tomada, com frequência, como a última grande causa do mundo europeu e que, de fato, constituiu o resultado dramático e indesejável das grandes contradições da história da Espanha, até hoje mal resolvidas.

Nesse sentido, talvez fosse importante destacar o que afirma Martin Blinkhorn a respeito do que poderíamos chamar de espanholização ou desespanholização do conflito – ou seja, a escolha (contraditória) entre um entendimento amplo das motivações da guerra que canaliza, em direção a ela, o sentido e o movimento de uma (nova) cruzada contra todos os males que agitavam a Europa na década de 1930, concentrados e superdimensionados quer no fascismo, quer no comunismo, conforme as prerrogativas ideológicas de cada grupo envolvido diretamente no combate e, de outro lado, o entendimento, acima referido, da guerra como produto de contingências muito específicas e concernentes exclusivamente à ambiência interna da Espanha no período:

> É fácil compreender que os contemporâneos, quaisquer que fossem suas simpatias, tenham visto a Guerra Civil Espanhola em perspectiva tão ampla. Embora a confrontação entre a República espanhola e seus opositores de direita possa ter diferido em alguns aspectos importantes dos acontecimentos relacionados com a morte da democracia na Itália, na Alemanha e na Áustria, por exemplo – afinal, na Espanha houve uma guerra civil durante três anos – os pontos de semelhança subjacentes eram bem reais. Devemos reconhecer contudo que o conflito não foi, num sentido sério, o produto de forças estranhas à Espanha. Em sua origem e essência, a Guerra Civil Espanhola foi precisamente isso: uma guerra civil provocada

208 MÁRCIA VALÉRIA ZAMBONI GOBBI

pelas condições do país; a despeito das contribuições estrangeiras, foi um conflito que opôs, fundamentalmente, espanhóis contra espanhóis. (1994, p.14)

Ainda no âmbito histórico, é evidente em *Sinais de fogo* a intencional justaposição da crise na Espanha, já manifesta pelo estado de guerra, e a crise portuguesa, interdita, calada ou desconfiada e desafiadoramente murmurada, cujas manifestações mais visíveis, naquele momento, e em sentidos completamente opostos, os quais darão a medida exata das tensões que ainda se prolongariam, em Portugal, por quatro décadas, serão o Comício do Campo Pequeno, com seu estudado ritual, simulacro degradado e, por isso, risível, mas ainda assim assustador, do fascismo que se avizinhava, e a revolta violentamente frustrada dos marinheiros do Dão e do Afonso de Albuquerque – uma intentona, como esclarece o narrador, recuperando uma memória de infância que lhe falava de outras revoluções falhadas – com que o romance se encerra. É por isso que podemos considerar *Sinais de fogo*, sob a perspectiva histórica que até agora tem fundamentado estas reflexões, não como um romance sobre a Guerra Civil Espanhola – ou não só como isso –, mas como um romance que, tomando tais acontecimentos e suas motivações como a interface de uma radical crise histórica, põe em evidência o ser português, ainda que tomado em escala reduzida – o grupo de amigos da Figueira, metonímia que reproduz a grande guerra na guerra de cada um:

O mundo em que eu vivia estalara. Ou estalara a fachada dele. O tumulto da Espanha abrira fundas ravinas nas nossas vidas, a princípio apenas como um terramoto as abre longe do seu epicentro. Mas, agora, mesmo que as armas não fossem brandidas, mesmo que a política não se definisse, não era já um terramoto distante, mas uma guerra civil que fendera de alto a baixo aquele mundo tão falsamente calmo como a tarde que me rodeava. Estaríamos todos ou de um lado ou do outro, e mesmo os nossos problemas particulares, as nossas amarguras, as nossas traições, tudo deixava de ter sentido, o estrito sentido que teria antes, para só significar em função disso. (Sena, 1981, p.375)

É o mesmo Jameson que volta a dar respaldo a esta análise na medida em que considera, no artigo citado, em que avalia a possibilidade da existência do genuíno romance histórico (nos termos lukácsianos) em nossos tempos, que é a forma narrativa desse evento primordial ou axial que deve estar presente, ou ser recriada, no romance histórico, para que ele se torne histórico no sentido genérico. Além disso, e argumentando sempre a favor da intersecção entre o plano do vivido individualmente e o plano da esfera pública dos acontecimentos historicamente motivados em que aquela existência se situa como a configuração que especifica o romance como histórico, afirma Jameson (2007, p.195) que,

> [...] dadas as restrições e os limites da representação narrativa, esse evento terá de figurar [...] na qualidade de uma irrupção coletiva [...]: deve, de algum modo, estar presente em carne e osso, e pela multiplicidade mesma de seus participantes representar alegoricamente aquilo que transcende a existência individual.
>
> O romance histórico não deve mostrar nem existências individuais nem acontecimentos históricos, mas a interseção de ambos: o evento precisa trespassar e transfixar de um só golpe o tempo existencial dos indivíduos e seus destinos.

O evento axial de *Sinais de fogo* é evidente e significativo: a guerra instala a suspensão dos sentidos, o afloramento das incertezas, das desconfianças e das contradições; põe em evidência a crise dos valores, e tudo isso se reflete em crise individual, como a trajetória de Jorge exemplarmente configura. É a partir da ideia de uma crise instalada irremediavelmente, portanto, que se estabelece uma ponte entre a perspectiva histórica de significação do romance e aquela que configura a sua especificidade estética – o modo próprio de o romance (de cada romance) apropriar-se das injunções contextuais que lhe servem de tema.

Daí que o conceito de crise pareça também merecer uma especial atenção: Ortega y Gassett (apud Kujawski, 1991, p.69) propõe um entendimento de crise histórica que se assemelha, em nosso entendimento, ao que vem manifesto pelo narrador de *Sinais de fogo*. Diz o filósofo que há crise histórica quando, ao sistema de convicções revogado, nenhum outro se sucede, ficando a nova geração desprovida de mundo, sem nenhum sistema de referências firme em que se apoiar. O homem volta a não saber o que fazer, porque já não sabe o que pensar do mundo. A mudança se superlativa em crise, e assume caráter catastrófico. A crise, assim, poria em xeque o processo histórico, exigindo uma tomada de consciência que poderia revelar a ambiguidade das convicções, o jogo do ser e do parecer manifestos pela ordem instituída, as simulações ideológicas.

Sinais de fogo parece fundado nesses pressupostos, (re)conhecidos a partir de uma perspectiva de crise individual, humana, que metaforiza outra, mais ampla, coletiva, institucional, histórica. Nele se registra o rito de passagem da adolescência à vida adulta, com o comprometimento, mais ou menos motivado, com o mundo, que de agora em diante haverá de se efetivar e que dessa iniciação decorre; a tomada de consciência daquilo que trama acontecimentos que se revelam, inesperadamente, desprovidos da ingenuidade que insiste ainda em revesti-los; a descoberta das sinuosidades, dos abismos, das simulações do homem, sempre confrontando o dito e o interdito – isso, e muito mais, se revela a Jorge nessas certamente irrepetíveis férias de verão, já que elas deixam vir à tona uma significativa etapa do processo de formação do protagonista nas três dimensões que determinarão o seu ser no mundo daí em diante: a dimensão afetiva, a política e a literária.

De fato, é o jogo da vida que aí se representa, em todos os seus lances, em todas as suas intersecções, mais ou menos surpreendentes. Há, aliás, uma cena no romance que parece emblemática desse jogo, por evidenciar justamente o seu caráter dissimulador: revela e omite, afirma e interroga, ignora sem negar, em um faz de conta que se dissemina por toda a narrativa, revelando o caráter ambíguo das relações que se estabelecem entre os personagens e entre eles e

A FICCIONALIZAÇÃO DA HISTÓRIA   211

o contexto histórico específico (e conturbado) em que se situam e que os afeta diretamente. Embora longa, parece-nos importante transcrevê-la:

> Entrei em casa e encontrei a minha tia na cozinha, conversando com uma das criadas. Fiquei perplexo, apenas respondi que já tinha almoçado, e subi à biblioteca, onde meu tio e os dois espanhóis estavam sentados à mesa de paninho verde, de cartas em punho.
> – A criada está lá embaixo, a falar com a tia – anunciei eu.
> Meu tio, de olhos fitos na jogada, fez-me sinal que me calasse, dobrou a parada, os outros mostraram as cartas. Quando arrebanhava os feijões, meu tio levantou os olhos para mim, com um sorriso, e explicou: – Pois está. Ela veio ver se nós já tínhamos voltado, e nós já tínhamos voltado.
> – E agora?
> Os dois espanhóis encolheram os ombros, com um ar de resignação. Meu tio respondeu: – Agora, eu já falei com ela, e disse-lhe que ela, se não falar, ganha uma parte do contrabando, quando conseguirmos fazê-lo passar.
> [...]
> Com um ar de desânimo, estudando as suas cartas, o velho Don Juan suspirou: – Nós outros, agora, somos contrabandistas.
> – Eu falei com o Ramos.
> Nenhum mostrou interesse. Eu repeti: – Já falei com o Ramos.
> Meu tio dignou-se a perguntar: – E ele?
> Eu senti uma frustração terrível. De certo modo, toda a minha vida estava envolvida naquilo, e eles pareciam tencionar passar a deles ali, jogando as cartas. Respondi secamente: – Na altura, ele avisa.
> – Tornou a falar em dinheiro? – perguntou o meu tio, e não ouviu a minha resposta negativa, porque, com uma exclamação triunfante, mostrava as suas cartas aos outros, e arrebanhava vitoriosamente os feijões. (Sena, 1981, p.166-7)

É claro o arranjo que a cena registra: ao dar abrigo a dois refugiados espanhóis, amigos antigos da família, o tio de Jorge, Justino, arrisca-se e não pode, portanto, deixar que a empregada perceba a situação, já que todas as desconfianças parecem, em condições como esta, justificadas. Por isso, simula primeiramente uma viagem, dispensando-a do serviço; ela, porém, percebendo movimentação na casa, retorna, e vem a necessidade de criar nova simulação – desta vez, com o disfarce do contrabando e com o argumento de que ele seria vantajoso também para ela, se mantivesse a discrição sobre o que ocorria ali dentro.

Jorge, que tinha sob sua responsabilidade tentar fazer contato com agentes que, clandestinamente, transportariam por mar os espanhóis de volta a seu país, surpreende-se com o jogo de simulações com que depara ao voltar para casa – jogo que está figurativizado na própria partida disputada pelo tio e seus amigos, fazendo com que a narrativa, assim, dobre-se sobre si mesma no que diz respeito ao sentido duplicado que a cena do jogo então assume relativamente à configuração do todo textual. Assim, militantes antifranquistas passam por contrabandistas; feijões, por dinheiro; a dispensa das criadas justifica-se por uma viagem (não feita) em função de uma doença (inexistente); gravidade e gratuidade, verdade e mentira, o político e o privado mesclam-se nas entrelinhas, nas meias-palavras, nos acordos tácitos de uma cena de faz de conta.

O pacto ficcional funciona da mesma forma. Por isso, parece-nos que, ao criar o seu pequeno mundo real, o romance amplia e replica o faz de conta em direção também ao histórico, instituindo o domínio do que poderia ter sido. Afinal, no âmbito do privado, essa história ainda não foi contada. E, se o foi, nada impede que outra versão seja dada a ela, já que o plano da existência daqueles personagens em tudo se encaixa no plano dos eventos históricos em que a narrativa se ancora: o romance cria, portanto, a sua própria verdade.

É nesse sentido, ainda, que a ironia se apresenta como o elemento controlador do processo de narrar em *Sinais de fogo*: não só porque põe em causa verdades estabelecidas, quer no plano pessoal, quer relativamente ao contexto de que o romance se apropria, revelando o outro lado de que qualquer história é feita (seja ela a de uma nação ou a de um indivíduo), mas também porque, ao revelar

A FICCIONALIZAÇÃO DA HISTÓRIA **213**

tais ambiguidades, o romance instrumentaliza um questionamento do mundo sem comprometer o seu ser estético, revelando-se justamente como outra coisa, como um faz de conta que, por isso mesmo, pode levar o leitor a desconfiar de outras imposturas – estas, com o aval da verdade e, portanto, muito mais perigosas:

> O jornal era de Lisboa e da véspera. Cheio de grandes parangonas sobre vitórias "nacionalistas" na Espanha, e vários retratos de heróis e de supostas vítimas ilustres do terror "vermelho", tinha uma notícia do Porto, muito pequena, dizendo que, das prisões da polícia, tinham fugido, em condições que faziam crer numa grande conspiração comunista, alguns presos que lá estavam para averiguações, entre eles dois espanhóis suspeitos de serem agentes, em Portugal, do Komintern [...]. Meu tio pegou no jornal, passou os olhos na notícia e disse: – Ou será que toda a gente foi jogada numa "provocação" que o governo queria que acontecesse? Ou que decidiu tirar partido do que era realmente uma provocação? [...]
>
> – Será que eles passam e chegam à Espanha, a lugar seguro? – perguntei.
>
> – Depende, por esta notícia que só foi publicada porque a censura deixou, ou porque a mandaram publicar... depende do efeito que o governo quiser tirar da coisa. Ou os caçam, para fazê-los confessar e armar um escândalo político; ou os deixam chegar lá, o que será maior prova da interferência que procuram demonstrar.
>
> – De qualquer maneira, conseguem o efeito desejado.
>
> – Quem consegue? – perguntou ironicamente o meu tio. (ibidem, p.355-6)

Parece desnecessário parafrasear a cena transcrita, já que, mais uma vez, ela explicita a mesma desconfiança em relação aos tantos mitos ideológicos e suas verdades impostas que uma situação de crise extrema, como é a da guerra, faz avultar. Por isso, pode-se dizer de *Sinais de fogo* que é um romance engajado: profundamente engajado a um humanismo a toda prova, porque seu protagonista manifesta, sistematicamente, as suas dúvidas, a sua impotência, a sua recusa, como a pedir ao outro que compartilha, pela leitura, as suas perplexidades, que as lance também ao sem sentido do mundo e que busque, com ele, o lugar deste sentido.

Em contrapartida, o romance se realiza também como um exemplo de engajamento estético, se assim é possível nomear a sua ânsia em criar, pela palavra, um mundo pleno em que todas as intersecções entre os planos narrativos que o compõem são significativas – incluindo aquela que remete indelevelmente a este outro mundo, precário, sempre por um triz, em que vivemos.

A tentativa de reconciliação do eu com o mundo se dá em *Sinais de fogo*, portanto, por meio da palavra poética, o que justifica que um dos planos que constituem o romance seja justamente aquele em que Jorge se descobre poeta, fazendo com que, também por essa via, a narrativa se dobre sobre si mesma, colocando em cena a própria construção da escrita, a sua própria fatura.

Por isso é que voltamos ao início para reafirmar que *Sinais de fogo* nos parece um romance modelar, dentro do gênero em que se inscreve, na sua opção por fazer-se histórico. E, nesse sentido, mais uma vez se pode dialogar com o texto de Jameson (2007, p.201-2), para finalizar esta leitura:

> O romance histórico, portanto, não será a descrição dos costumes e valores de um povo em um determinado momento de sua história (como pensava Manzoni); não será a representação de eventos históricos grandiosos (como quer a visão popular); tampouco será a história das vidas de indivíduos comuns em situações de crises extremas (a visão de Sartre sobre a literatura por via de regra); e seguramente não será a história privada das grandes figuras históricas (que Tolstói discutia com veemência e contra o que argumentava com muita propriedade). Ele pode incluir todos esses aspectos, mas tão-somente sob a condição de que eles tenham sido organizados em uma oposição entre um plano público ou histórico (definido seja por costumes, eventos, crises ou líderes) e um plano existencial ou individual representado por aquela categoria narrativa que chamamos de personagens. Seu

A FICCIONALIZAÇÃO DA HISTÓRIA   215

centro de gravidade, no entanto, não será constituído por tais personagens, ou por sua psicologia, suas vivências, suas observações, suas alegrias ou seus sofrimentos. Esse plano existencial pode incluir todos ou qualquer um desses aspectos, e o modo de ver do personagem pode variar do convencional ao disperso e pós-estrutural, do individualismo burguês ao descentramento esquizofrênico, do antropomórfico ao mais puramente actancial. A arte do romance histórico não consiste na vívida representação de nenhum desses aspectos em um ou em outro plano, mas antes na habilidade e engenhosidade com que a sua interseção é configurada e exprimida; e isso não é uma técnica nem uma forma, mas uma invenção singular, que precisa ser produzida de modo novo e inesperado em cada caso e que no mais das vezes não é passível de ser repetida.

Essa análise tencionou mostrar, ainda que em linhas gerais, o modo pelo qual, em *Sinais de fogo*, se concretiza a engenhosidade que trama o plano do indivíduo (seus desejos, descobertas, frustrações, medos – tudo isso possível de ser visto em Jorge) com o das injunções contextuais de seu próprio tempo; que trama, assim, os planos do sujeito e do mundo, da História e do homem nela, mobilizados na composição de uma narrativa que se edifica como uma invenção singular que merece ser sempre revisitada pela crítica, pelo muito que ainda lhe pode oferecer.

Uma autópsia da guerra (e de suas ruínas)

> [...] *renunciemos à mitologia da pureza, da transparência, à angélica pretensão de sermos, mais do que todos somos, um povo entre os povos. Que deu a volta ao mundo para tomar a medida da sua maravilhosa imperfeição.*
>
> Eduardo Lourenço, *Portugal como destino*

A costa dos murmúrios, romance de Lídia Jorge publicado em 1988, tem como interface histórica a Guerra Colonial, e situa-se

216 MÁRCIA VALÉRIA ZAMBONI GOBBI

especificamente em Moçambique. Se comparado a *Sinais de fogo*, romance que, com este, divide as motivações para uma reflexão sobre o imaginário da guerra, último dos pilares visitados por este livro, apresenta, como uma das primeiras semelhanças detectáveis entre ambas as narrativas, o fato de também partir, em grande medida, de uma experiência vivenciada por sua autora, como observadora próxima e privilegiada deste marco recente da história portuguesa que assinala, segundo a própria romancista, "o limite duma era, duma época". O romance seria, assim, "a balada para um tempo que findou, mas que não findou só para Portugal, que findou entre a Europa e a África. Fomos os últimos a fechar a porta duma determinada relação colonial" (Jorge apud Gomes, 1993, p.159).

Embora a distância entre os acontecimentos narrados e a sua escrita seja bem menor do que aquela que separa Jorge, o narrador--protagonista de *Sinais de fogo*, das suas reminiscências de juventude, também aqui há um hiato entre a observadora e a narradora – hiato que toma forma explicitamente na estrutura do romance, já que *A costa dos murmúrios* abriga não uma, mas duas narrativas. A primeira, intitulada *Os gafanhotos*, inicia o romance e conta, de uma forma ordenada e objetiva, os acontecimentos, justificadamente concatenados e emoldurados por um quadro intencionalmente – e artificialmente, como se verá – verossímil, os quais, cerca de vinte anos antes, foram vividos por Evita, a noiva portuguesa do alferes Luís Alex, então servindo em Moçambique, que vai até lá para casar-se. Tudo o que é narrado – a festa do casamento, as primeiras horas de convivência do casal, a morte maciça dos negros por ingestão de metanol, a chuva de gafanhotos que dá nome à narrativa e a morte do alferes pelo jornalista que supostamente é o narrador (ibidem, p.155) – passa-se em pouco mais de um dia, e situa-se primordialmente no interior do Stella Maris, hotel da Beira que, como era comum nos tempos da guerra colonial, havia se transformado em quartel-general dos portugueses, abrigando também as famílias dos oficiais.

Como se percebe, há uma compressão de todos os elementos que sustentam a narrativa – tempo, espaço, ação, foco em poucos per-

A FICCIONALIZAÇÃO DA HISTÓRIA   217

sonagens (os demais apenas povoando o cenário montado), modo de dizer enxuto e afirmativo – tudo contribuindo para que o leitor tome ciência dos acontecimentos em pouco mais de trinta páginas. No entanto, não é possível deixar de perceber que a história é cheia de falhas, que a concatenação entre os acontecimentos é precária, que nada fica muito bem contado; enfim, aquela história não satisfaz: algo ali não está dito – e é exatamente nesses vazios do não dito que aos poucos será construída a segunda narrativa, aquela que, escancaradamente, refaz a primeira, discute com ela, mostra seus artifícios de construção da verdade – os apagamentos, as sobreposições, os deslocamentos. É por isso que, ironicamente, em um dos primeiros momentos em que Eva Lopo, como narradora, enfrenta a verdade narrada em *Os gafanhotos*, assim se expressa:

> Definitivamente, a verdade não é o real, ainda que gêmeos, e n'*Os gafanhotos* só a verdade interessa. [...] A verdade deve estar unida e ser infragmentada, enquanto o real pode ser – tem de ser porque senão explodiria – disperso e irrelevante, escorregando, como sabe, literalmente para local nenhum. (Jorge, 2004, p.91)

Essa segunda narrativa, por isso mesmo, longe de ser afirmativa, positiva, coesa, como a primeira, mostra hesitações, não se articula cronologicamente de maneira precisa, dilata-se por força das digressões da narradora, perde-se nessa busca de uma memória viva que, assim, se mostra tão pouco objetiva, tão emaranhada. A reconstrução é dolorosa. A narradora, o tempo todo, reconhece que seria bem mais fácil deixar que as coisas fossem como foram ditas, legitimar aquela versão tão apaziguadora, apesar de também pouco feliz. Curiosamente, a justaposição das duas narrativas mostra também a "[transformação] de Evita em Eva" (Tutikian, 2003, p.124), já que, se na primeira ela não é a doadora do discurso, é em ambas a doadora da memória; no entanto, na primeira, a fala do narrador impõe a essa memória não só uma ingenuidade, uma ausência de visão crítica e mesmo de entendimento dos acontecimentos vividos, como também um ritmo discursivo monocórdico e uma sin-

218 MÁRCIA VALÉRIA ZAMBONI GOBBI

taxe sóbria que explodirão completamente na segunda narrativa, quando então a voz de Eva será diretamente ouvida.

É evidente que o contraste dessas versões promove uma reflexão sobre as próprias versões da guerra. Aliás, de todos os acontecimentos que abalam o mundo, talvez a guerra seja aquele em que mais concretamente se percebe quão infundadas podem ser as certezas que sobram, quão ideologicamente matizadas podem ser as verdades que se legitimam – portanto, quanto de míticas têm elas, naquele sentido, aqui tão reiterado, do mito como fala, como construção discursiva.

Várias cenas do romance figurativizam esse entendimento da verdade como construção da linguagem, favorecendo a avaliação da escrita de Lídia Jorge como um processo que "trabalha a mitologização para encaminhar à desmitologização, através de teses históricas dialeticamente pensadas" (ibidem, p.126). Uma dessas cenas coloca efetivamente a reflexão sobre a guerra no âmbito da linguagem, e por isso sua importância é fundamental para nossa análise:

> Para que você saiba – sempre que falar de *guerra*, estes dois sons, carregados de pedradas germânicas, têm vários sentidos – um deles encapotado na sua desvalorização intermédia e depois absoluta. Um outro tem a ver com a compreensão do capitão pela sua bonita mulher que nunca ninguém soube onde fora achada. Um terceiro liga-se a momentos genuínos, em que ninguém pronunciava a palavra guerra, embora uma leve alusão pudesse suscitar um significado superior de sacrifício definitivo que as criancinhas, mesmo elas, se não compreendiam, suspeitavam – disse Eva Lopo. Lembro-me da preparação e uso a palavra nos vários sentidos. O sentido de guerra colonial não é, pois, de ninguém, é só nosso. (Jorge, 2004, p.81)

Parece de fato que muitos dos sentidos da guerra perpassam essa fala conceitualmente ordenadora de Eva Lopo: o dos momentos genuínos, em que, por razões diversas, os povos ou indivíduos beligerantes nem precisavam do nome de guerra; não era um sen-

A FICCIONALIZAÇÃO DA HISTÓRIA **219**

tido que precisasse ser buscado, construído ou legitimado pela fala, já que sua motivação – a sobrevivência, real e imediata – era tão intestinamente definida que sua compreensão não precisava de mediações. Esse sentido é também mítico, mas não necessariamente no sentido deslocado em que o viemos tratando e, sim, muito mais na direção daquele sentido cosmogônico em que é preciso pôr ordem no caos, em que é preciso garantir o equilíbrio de forças, em que é necessária a morte para o restabelecimento da vida. Por isso, "mesmo as criancinhas" o compreendiam, já que, para elas, a compreensão totalizadora é muito mais facilmente dada.

A queda, a primeira degradação do sentido da guerra, vem com o seu deslocamento para o âmbito do indivíduo, e não mais da coletividade. É a guerra de cada um, motivada, no contexto em que aparece o fragmento, pela própria trama (em suas várias acepções) que o romance constrói e figurativizada na guerra psicológica, na opressão que o capitão Forza Leal exerce sobre sua Helena de Troia,[37] depois de ter descoberto que ela o traía: além de ter matado o amante de sua esposa em uma brincadeira de roleta russa que definiu a posse da bela mulher pelo sobrevivente, Forza Leal não perdia a oportunidade de exercer sobre Helena um poder despótico e neurótico, que ia do jogo de palavras, sempre remetendo implicitamente à traição passada, à violência explícita, tanto ao esbofeteá-la publicamente para depois manifestar teatralizadamente sua compaixão quanto ao proibi-la de sair de casa durante todo o tempo em que ele estivesse em ação na guerrilha.

Mas o mais interessante nesse fragmento do romance, para a reflexão que se procura estabelecer neste livro, é a referência que a narradora faz ao sentido da guerra "encapotado na sua desvalorização intermédia e depois absoluta", porque nos parece ser possível identificar aí a explicitação discursiva, no âmbito da ficção, daquela estratégia de construção da fala mítica tão bem estudada por Barthes.

---

37 A própria narradora, aliás, não deixa de nos lembrar – e de revelar a Helena – que "Dizer *Haec Helena* é o mesmo que dizer *eis a causa do conflito*" (Jorge, 2004, p.77; grifos da autora).

220 MÁRCIA VALÉRIA ZAMBONI GOBBI

Isso porque o sentido da guerra vem disfarçado – encapotado –, já que não remete exatamente àquele original, natural, que o próprio fragmento do romance cuida de explicitar, mas reenvia às múltiplas sobreposições, ideologicamente motivadas e historicamente eleitas, que se vieram agregando àquele sentido primeiro, dependendo da finalidade a que serviram, da função que lhes foi dada. Talvez seja importante, neste momento, recordar as palavras de Barthes (1987, p.139-40), para que essa estratégia de construção da fala mítica, como a vemos concretizada na própria narrativa de Lídia Jorge, fique melhor esclarecida:

O sentido continha todo um sistema de valores: uma história, uma geografia, uma moral, [...], uma literatura. A forma afastou toda essa riqueza: a sua pobreza presente requer uma significação que a preencha, [já que] como forma do mito, a proposição não revela quase mais nada desta longa história. [Então] o conceito [que é o sentido sobreposto ao signo, caracterizando a fala mítica] restabelece uma cadeia de causas e efeitos, de motivações e de intenções. [...] o conceito não é absolutamente abstrato, mas está repleto de uma situação. Através do conceito, toda uma história nova é implantada no mito. [...] o que se investe no conceito é menos o real do que um certo conhecimento do real; passando do sentido à forma, a imagem perde parte do seu saber; torna-se disponível para o saber do conceito. De fato, o saber contido no conceito mítico é um saber confuso, constituído por associações moles, ilimitadas. É preciso insistir sobre esse caráter aberto do conceito; não é absolutamente uma essência abstrata, purificada, mas, sim, uma condensação informal, instável, nebulosa, cuja unidade e coerência provêm sobretudo da sua função.

É o sentido da guerra que o romance põe em causa – e, segundo o que este livro vem defendendo, nos termos que Barthes propõe: o signo guerra sofreu uma desvalorização pela sua banalização, pelo seu uso indiscriminado; perdeu-se a especificidade daquilo que recobria; ficou "mole", amorfo, não diz mais nada; seu sentido,

A FICCIONALIZAÇÃO DA HISTÓRIA **221**

agora frouxo, está absolutamente disponível para ser preenchido por uma fala mítica, apropriada pelas diferentes situações criadas para promover essa deformação, para fazer com que ele perca a lembrança de sua historicidade.[38] É o signo *prêt-à-porter*, esvaziado da consciência de suas condições de existência. Segundo Barthes (1987, p.163), "[...] o mito é constituído pela eliminação da qualidade histórica das coisas: nele, as coisas perdem a lembrança da sua produção".

É o que o fragmento do romance a seguir transcrito explicitamente mostra:

Percebia também que ninguém falava em guerra com seriedade. O que havia ao Norte era uma revolta e a resposta que se dava era uma contra-revolta. Ou menos do que isso – o que havia era banditismo, e a repressão do banditismo chamava-se contra-subversão. Não guerra. Por isso mesmo, cada operação se chamava uma guerra, cada acção dessa operação era outra guerra, e do mesmo modo se entendia, em terra livre, o posto médico, a manutenção, a gerência duma messe, como várias guerras. As próprias mulheres ficavam com sua guerra, que era a gravidez, a amamentação, algum pequeno emprego pelas horas da fresca. Uma loja de indiano e de chinês era uma guerra. "Como vai aqui a sua guerra?" – já tinha o noivo perguntado a um paquistanês que vendia pilhas elétricas de mistura com galochas e canela. [...] A desvalorização da palavra correspondia a uma atitude mental extremamente sábia e de intenso disfarce. Porque um navio enorme, naquela tarde da Marisqueira, estava engolindo uma fila interminável de soldados verdes, que partiam em direcção ao Norte, e que desacostou do cais sem um gemido, sem um apito, e se fez ao largo com a serenidade de um pedaço

---

38 "[...] no mito, o conceito deforma o sentido. A relação que une o conceito do mito ao sentido é essencialmente uma relação de *deformação* [...]. O conceito, estritamente, deforma, mas não elimina o sentido: existe um termo que significa exatamente esta contradição: aliena-o" (Barthes, 1987, p.143-4; grifo do autor).

222 MÁRCIA VALÉRIA ZAMBONI GOBBI

de gelo que se desprende e vai, foi o Luís quem disse – "Lá vão eles para a nossa guerra!" (Jorge, 2004, p.79-80)

Banalizada, deslocada, familiarizada, recobrindo situações cotidianas e mesmo insignificantes, a palavra perde toda sua força significativa: fazer guerra é o mesmo que vender pilhas elétricas na esquina para ganhar a vida na guerra do dia a dia. Assim, a situação criada pelo romance pode ser interpretada no sentido de que, com esta naturalização, pela linguagem, do acontecimento específico, historicamente motivado (com suas forças tensivas e seus interesses, ideologicamente fundamentados e atuantes, aparecendo disfarçados, nublados, dissimulados), perdemos a capacidade de espantar-nos com ele, de nos dar conta do seu sem sentido, de rebelar-nos contra a barbárie que toda forma de violência representa.

Perdemos, enfim, a consciência de que se trata de uma guerra. Isso porque, afinal, ela não é nomeada: tirando da palavra o seu peso de significação historicamente reconhecível, aqueles que promovem essa banalização, esse esvaziamento do signo, se empenham em construir para aquilo que fazem outros nomes: não, aquilo não é uma guerra, mas, sim, revolta, banditismo, subversão – e, portanto, precisa ser reprimido por quem detém o poder de restabelecer a ordem, afinal desejada por todos. Mais uma vez, é o sentido de guerra santa, de cruzada contra todos os males do mundo que acabam por preencher o signo disponível da guerra.

Nessa estratégia, verifica-se, portanto, o ponto máximo de disponibilização da linguagem para a construção da fala mítica, pois, ainda segundo Barthes (1987, p.145), "o mito é uma fala definida pela sua intenção, [...] muito mais do que pela sua literalidade". Além disso, "[...] tudo se passa como se a imagem provocasse *naturalmente* o conceito, como se o significante *criasse* o significado [...] o mito é uma fala *excessivamente* justificada." (ibidem, p.150-1; grifos do autor). Ou seja, se não há o nome da guerra, então não há guerra. Ou então, o que há é uma imposição de um sentido próprio, "para o caso", como reiteradamente o romance enuncia, seja como nos fragmentos já transcritos ("O sentido de guerra colonial não é,

A FICCIONALIZAÇÃO DA HISTÓRIA   **223**

pois, de ninguém, é só *nosso*" (Jorge, 2004, p.81); "Lá vão eles para a *nossa* guerra!" (ibidem, p.79-80)), seja como neste outro, de responsabilidade do capitão Forza Leal, a respeito do metanol ingerido pelos negros, inadvertidamente:[39] "Isto não nos diz respeito, isto não é a *nossa* guerra, está a ouvir, ó Luís? Nada de se meter em uma guerra onde não é chamado" (ibidem, p.84; grifos nossos).

Também é possível verificar nesses fragmentos transcritos outra das características da fala mítica apontadas por Barthes (1987, p.145): "O mito possui um caráter imperativo, interpelatório: [...] é *a mim* que ele se dirige, [...] impõe-me a sua força intencional; obriga-me a acolher a sua ambiguidade expansiva" (grifo do autor). Ao assumir como "nossa" ou como "não nossa" uma determinada guerra – um determinado sentido da guerra –, as falas citadas apontam para a existência de um conjunto de valores específicos que vale a pena abraçar como "nossos" ou "não nossos" e que exigem, portanto, um posicionamento, uma escolha.

A propósito, lembra ainda Barthes que todo sistema semiológico é um sistema de valores: não tem a verdade como sanção. Assim, "o mito, como se sabe, é um valor: basta modificar o que o rodeia, o sistema geral (e precário) no qual se insere, para poder determinar com exatidão o seu alcance" (1987, p.165). Nesse processo, petrifica-se, já que elimina a sua contingência para fazer-se passar por natural, por eterno e imutável. O mito é, portanto, uma fala interessada. E o que a ficção pode fazer para desmitologizar é exatamente enunciar esse interesse, mostrar as artimanhas de construção da fala mítica e parodiá-las, como faz Lídia Jorge em *A costa dos murmúrios*.

---

39 É preciso lembrar, aqui, que o romance constrói ficcionalmente a suspeita, investigada por Eva Lopo e denunciada indiretamente pelo jornalista em sua Coluna Involuntária, de que o metanol tenha sido intencionalmente distribuído, acondicionado em garrafas de uísque e usado, assim, como uma estratégia dos portugueses para eliminar em massa os moçambicanos. Isso vem ao encontro do que Perry Anderson (2007, p.207) considera como a estratégia contemporânea da guerra, sustentada na ideia de uma grande conspiração. Ou seja, não há mais o ditador ostensivo, contra quem se rebelar, mas uma rede secreta, "vista como a ossatura escondida do poder", responsável por ações que representam "uma violência embotada, desprovida de qualquer dimensão refletida, sem falar em dimensão heróica, [que] se transforma em uma patologia irresponsável".

224 MÁRCIA VALÉRIA ZAMBONI GOBBI

Nesse sentido, há uma cena curiosa no romance, que a narradora reconstitui em detalhes, segundo sua óptica sempre irônica e intrusiva, já que ela está mostrando o outro lado de que a história é feita, que vem também revelar metonimicamente o processo de construção da fala mítica e a sua simultânea desestabilização, graças à ironia com que a cena é narrada. Trata-se do fragmento que descreve a conferência que se realiza no Stella Maris, intitulada *Portugal d'Aquém e d'Além mar é eterno*. É evidente o sentido irônico com que será tratada a presença dessa fala no romance, levando-se em conta o seu contexto de referência – exatamente aquele do Império arruinado, prestes a perder seus últimos territórios. A palestra é dada por um tenente-capitão cego que, "desde que ficou sem visão, entregou-se à História" (Jorge, 2004, p.232).

Apesar de longa, é importante a transcrição de parte da conferência referida, tal como é recontada pela narradora, que usa expressões com duplo sentido (como "o cego também foi atingido a nível da cabeça"), reproduz as enumerações e generalidades acríticas da fala do conferencista (como que para explicitar a sua insignificância), desloca sua atenção para as flores que enfeitam a mesa (colocando no mesmo nível a fala e o ornamento), revelando, por tudo isso, nas entrelinhas, a impostura do discurso vácuo-grandiloquente (Fiker, 2000, p.123), que é uma das estratégias mais recorrentes de construção da fala mítica – adotado pelo conferencista em todo o seu vigor expressivo. Essa estratégia narrativa cria uma contraleitura no interior do próprio discurso ficcional, como se pode observar:

> Para além dos olhos, o cego também foi atingido a nível da cabeça, embora guarde grandes tufos de cabelo jovem e brilhante. Falar da eternidade dum império sem ver, e com cabelo em peladas, cria na sala o temor de quando se faz aproximar a temporalidade do absoluto. [...] Ele diz no primeiro impulso – desde sempre os homens fizeram a guerra. Enumera as armas – paus, ossos, pedras, dentes de animais. Descreve a horda humana nua, cheia de paus, ossos, dentes. Não demora muito a dizer que desde sempre os povos da Ibéria se manifestaram aguerridos e belicosos, tendo começado com cajados,

A FICCIONALIZAÇÃO DA HISTÓRIA   225

fundas e pedras. Pouco demorou a chegar a D. Afonso Henriques, já com a terrível espada. E logo o Infante com o barco, e logo Dona Filipa de Vilhena com os filhos, e logo o Mapa Cor de Rosa com o hino. E logo diz colônias, e logo províncias, e entre elas o cavaleiro cego rapidamente destaca Moçambique, e quem fala de Moçambique tem de falar de Gungunhana, e Bonga, e Mussa Quanto. E logo depois uma lista por ordem alfabética de diferentes tribos, uma outra lista de diferentes intrusos. Uma outra ainda sobre a luta entre as tribos, os cativos, a venda dos cativos. E, assim, as flores, mesmo postas no canto mais afastado da mesa, ondulam sob o sopro do tenente-capitão de Cavalaria que prevê o esmigalhamento dum mapa que só está unido dentro duma linha quebrada, porque ele, o recém-historiador, está ali. Então as damas, os cavalheiros, os oficiais, os soldados que não estão ali estão necessariamente espalhados dentro do limite da enorme linha quebrada, para que seja possível a união, impensável sem a presença de todos os que estão ali, os que não estão, mas era como se estivessem. Já tinham estado e haveriam de estar. "Há quem não entenda..." – disse ele. [...] As mãos da primeira fila, quando se ouviu sair ao lado das rosas a palavra de desentendimento, começaram a aplaudir. [...] Eram palmas sem exuberância que batiam continuamente, como se os donos das mãos falassem com as palmas e dissessem de forma articulada – sim, sim, sim, estamos entre duas incompreensões, mas resistimos. (Jorge, 2004, p.233-4)

Não é possível deixar de referir também que a conferência ocorre no salão que era adornado por um enorme quadro da Invencível Armada,[40] imagem que sempre chamava a atenção de Eva Lopo e que constitui, afinal, mais um contraponto irônico da narrativa.

---

40 Lembremos que se trata do exército naval montado por Filipe II, então rei igualmente de Portugal, em 1588, para fazer frente à frota inglesa, em uma tentativa de impor-se também sobre os mares, dominado pelos súditos de Elizabeth I, com a intenção de pôr fim à guerra entre a Inglaterra e a Espanha. A Invencível Armada foi estrondosamente derrotada e isso constituiu a "primeira grande contrariedade que a união espanhola nos trouxe e teve em Portugal enorme repercussão" (Saraiva, 1978, p.181).

226 MÁRCIA VALÉRIA ZAMBONI GOBBI

Enfim, *A costa dos murmúrios* é um romance em que sobejam elementos narrativos que demonstram como o discurso literário pode incorporar as próprias estratégias de construção da fala mítica que recobre o registro da História para desestabilizá-la, mostrando-a como ideologicamente determinada, como petrificadora dos sentidos, como detentora do poder de eleger uma verdade e de fazê-la passar por natural e eterna. Os poucos fragmentos aqui considerados certamente exemplificam nossos argumentos, mas muitos outros mereceriam cuidadosa leitura.

Entre tantos que ficarão de fora desta análise, um deles merece pelo menos uma indicação de leitura, pelo muito que pode indiciar relativamente ao que a Guerra Colonial significou em termos de apropriação do Outro pelo imaginário português. Trata-se da até divertida forma, se tomada em uma perspectiva menos crítica, com que o capitão Forza Leal e sua mulher, Helena, nomeiam os mainatos a seu serviço. Temos pautado esta análise do romance a partir da questão da linguagem, e vimos já como no ato de nomear está figurada a própria construção da fala mítica. Pois bem: esse outro dado do romance vem exatamente ao encontro da argumentação aqui apresentada e vai até mais longe no sentido mesmo daquela questão da identidade também aqui considerada. O fato é que todos os mainatos, na residência do casal, perdem sua identidade de origem ao serem tratados com o nome de vinhos portugueses. Assim, temos o Camilo Alves, o Adão Terras Altas e o Mateus Rosé.

Nessa estratégia, parece-nos ser possível reconhecer aquilo que Barthes qualifica como a identificação: uma das figuras retóricas que recobrem "o mito, na direita" (1987, p.168). Assim ele caracteriza e avalia esta forma discursiva:

> O pequeno-burguês é um homem incapaz de imaginar o Outro. Se o outro se apresenta perante o seu olhar, o pequeno burguês tapa os olhos, ignora-o e nega-o, ou então, transforma-o em si mesmo. No universo pequeno burguês, todos os fatos de confrontação são fatos de reverberação: o outro, seja qual for, é reduzido ao mesmo. (ibidem, p.171)

Ao renomear os mainatos, trazendo-os para um campo semântico que reconhecem e dominam, os personagens estão reproduzindo, no nível da linguagem, o mesmo exercício de apagamento e controle que, afinal, está na base de qualquer relação colonial. Nesse sentido, os mainatos são levados, em grande medida, a fazer "a apropriação simbólica da identidade, da língua, do discurso e do comportamento do estrangeiro" (Tutikian, 2003, p.126), metaforizando a situação colonial.

Em um contexto como esse que a narrativa ficcionaliza, a oposição entre colonizador e colonizado dá-se não só na própria e evidente situação da guerra, mas pode ser vista também no âmbito da convivência diária entre aqueles que ficam – neste caso, especialmente as mulheres dos militares, já que é a perspectiva de uma delas que sustenta a narrativa. Não há efetivamente, no romance, a narração das ações de guerra que estão ocorrendo naquele recorte temporal que Eva Lopo reconstrói pela memória, a não ser esporadicamente, no retorno de um paraquedista ferido (que, aliás, é o responsável por revelar quanto de falso há na versão vitoriosa que os portugueses insistem em fazer circular) ou nos comentários pouco elucidativos de Luís Alex, também quando já de volta à Beira. Então, as notícias da guerra (e da situação colonial que a motiva, e da inominada e dissimulada guerrilha urbana, e das ações escusas de queima de arquivo) são vistas nesse âmbito deslocado, projetadas a partir do campo de visão de uma narradora que, se não tem a autoridade da voz dominante e grandiloquente, esforça-se por captar e deixar registrados ao menos os murmúrios de vozes dissonantes que não se contentam com o apagamento de uma história que, afinal, ainda nem foi contada (ou que só agora começa a ser).

Qual memória e que destino para uma identidade em ruínas?

Em 1986, José Saramago publicou *A jangada de pedra*, romance que se tornou emblemático da reflexão sobre o lugar que Portu-

228 MÁRCIA VALÉRIA ZAMBONI GOBBI

gal poderia – ou deveria – ocupar diante de uma nova organização social, econômica, cultural e política que vinha alterando, literalmente, a fisionomia do mundo: não era só a história (a recente, em especial) que passava por um visível processo de revisão crítica, com todas as tensões, os confrontos e as perplexidades que sempre vêm à tona com mais força nos momentos de crise generalizada e de alcance mundial, como têm sido estes em que vivemos. Era também toda uma geografia que se refazia, pondo em questão o *locus*, a noção de territorialidade, o ser no (seu?) espaço – deslocamentos e reposicionamentos que o romance metaforizava com uma força impressionante, sendo, também por isso, certamente um marco não só na trajetória de seu autor, como na da própria literatura portuguesa contemporânea. Era a identidade novamente posta em foco, e re(a)presentada com toda a solidez de suas tradições, de suas origens, de seus mitos, figurativizados nos percursos dos personagens inesquecíveis que são Pedro Orce, Maria Guavaira, Joaquim Sassa, José Anaiço e Joana Carda, responsáveis por esse trânsito invertido – e ainda assim mítico – que vai do apocalíptico despregamento da península ao novo, fecundo e eterno recomeço que o final do romance alegoriza; mas era também, e principalmente, a identidade lusíada questionada, vazada, indefinida, virada do avesso, remontada em novas bases, em face de sua iminente e inevitável (de fato e de direito) europeização; era uma percepção diferente da lusitanidade, já que levava em conta sua fragilidade, sua fluidez, sua necessidade de estar permanentemente aberta para tentar, paradoxalmente, conter ainda algo que a pudesse delimitar, mesmo que em linhas sempre provisórias, incessantemente redesenhadas. Era, ainda, o convite a uma busca, a uma nova busca que voltaria a aproximar Portugal de suas antigas colônias, não mais movido pelo desejo de conquista, que sempre camufla o de poder, autoriza a hierarquia e promove a exclusão, mas, sim, no sentido – utópico? – de uma fraternidade possível, a ser construída de forma consciente e consistente.

Dez anos depois, o açoriano João de Melo publica *O homem suspenso*, romance que tem como lastro histórico – digamos assim – a mesma entrada de Portugal para a Comunidade Europeia. João

A FICCIONALIZAÇÃO DA HISTÓRIA **229**

de Melo dedicou-se, na passada década de 1970, à composição de uma *Antologia panorâmica do conto açoriano*. O arquipélago – suas histórias e costumes, a especificidade de um imaginário plasmado no isolamento natural a que sua condição geográfica o submete, os dilemas entre o partir para o mundo e o ficar nas ilhas, entre uma identidade ao mesmo tempo portuguesa e propriamente açoriana – foi objeto de alentados ensaios críticos publicados pelo autor entre o final da década de 1970 e o início da seguinte.

A temática açoriana modula também a voz de muitos de seus textos ficcionais, embora se amplie, por exemplo, para a da guerra colonial – memória que ecoa naquele que talvez seja o seu romance mais conhecido, *Gente feliz com lágrimas,* publicado em 1988. Vê-se, portanto, que a questão da identidade sempre pontuou a escrita do autor, tanto ficcional quanto ensaística, e dela ele não foge em *O homem suspenso.* Ao contrário, amplia-a: é agora a própria ideia da lusitanidade, defrontando-se com uma ainda tateante europeidade, que o romance coloca em cena. O modo como nele se configura esse retorno ao tema basilar da literatura contemporânea em Portugal, e tão caro a seu autor, é o objeto das reflexões que seguem.

O primeiro capítulo de *O homem suspenso* abre-se, como um pórtico, para a cidade de Lisboa, cenário privilegiado do percurso afetivo-político-existencial que o narrador registrará em um tom menor, em uma linguagem intimista, claramente comovida, em que ressoam, por outro lado, diversas interferências intertextuais, emolduradas pela epígrafe de Jorge de Sena – "Eu sou eu mesmo a minha pátria" (Melo, 1996, p.9) – que determina, de fato, o cerne de toda a reflexão que o romance sugerirá, e pela *Peregrinação* de Fernão Mendes Pinto, guia de viagem desse náufrago de outras, mas igualmente perdidas eras.

Nesse sentido, podemos pensar, como primeiro passo na caracterização do romance, na imagem de um diário de navegação que se segue à separação de um casal – o protagonista e Carminho – depois de onze anos de convivência. Atordoado, à deriva, o homem (a quem falta um nome) vacila também na afirmação do modo de contar a sua história: alterna uma voz que fala de si em primeira pessoa com outra que tenta se distanciar – ou se aproximar pelo lado de fora – e falar de um "ele", mas que é logo arrastada para o redemoinho das reminiscências e de reflexões muito pessoais, e que, por isso, abdica de sua luta e assume, já pelo meio do livro, a impossibilidade do afastamento. Como bem assinalou o também açoriano Urbano Bettencourt, em sua leitura de *O homem suspenso*,

[a] narrativa na terceira pessoa é posta a serviço da recuperação de um tempo anterior, o do encontro, descoberta e, finalmente, perda de Maria do Carmo, aliás, Carminho. Por seu lado, a narrativa na primeira pessoa, de natureza predominantemente simultânea e tornada exclusiva a partir do capítulo quinze, assume-se como veículo representativo da viagem pelo interior e pela margem de Lisboa, onde os sinais de "uma aldeia de todos", familiar e afectiva, são já obscurecidos e ameaçados pelas nuvens que chegam dos "céus da Europa Unida", assépticas e displicentes, tão soberanas e distantes como as máquinas-símbolo do progresso e da comodidade que, mesmo pontapeadas e esmurradas, continuarão muito polidamente a aconselhar: "dirija-se ao multibanco mais próximo". (1996, p.1)

É essa tensão entre um dentro e um fora, entre um estar fixo e um estar em trânsito, entre algo (que parecia) sólido (o casamento, a casa, o lugar no mundo e o eu centrado nele) e a dissolução inesperada disso tudo, coincidindo, no plano da história, com a mesma tensão e o mesmo desconforto advindos da situação de Portugal frente à Europa Unida, que provocam a suspensão do protagonista, que, significativamente, como dissemos, nem nome tem – o que reforça esse sentido de perda das referências e das certezas consolidadas e apaziguadoras.

Nesse sentido, cabe aqui a reflexão de Zygmunt Bauman (2005, p.35), já que ele nos alerta para o fato de que

O anseio por identidade vem do desejo de segurança, ele próprio um sentimento ambíguo. Embora possa parecer estimulante no curto prazo, cheio de promessas e premonições vagas de uma experiência ainda não vivenciada, flutuar sem apoio num espaço pouco definido, num lugar teimosamente, perturbadoramente, "nem-um-nem-outro", torna-se a longo prazo uma condição enervante e produtora de ansiedade.

É justificável, portanto, que o protagonista, nesse momento em que perde o chão, procure recompor os traços que o identificam (ainda que, como herói de um romance, saiba que sua busca já é, de antemão, falhada, e que só poderá, de si, perseguir fragmentos), tentando remontá-los e articulá-los. Se parece que a identidade possa vir a se configurar como um quebra-cabeça em que os fragmentos finalmente encontram a paz do seu lugar no desenho, montando um todo coerente e coeso em que o indivíduo enfim se reconhece, é importante lembrar, em contrapartida, da bela metáfora criada por Bauman (ibidem, p.55; grifos do autor) para a identidade contemporânea, só passível de ser concebida como permanentemente incompleta:

> O quebra-cabeça que se compra numa loja vem completo numa caixa, em que a imagem final está claramente impressa, e com a garantia de devolução do dinheiro se todas as peças necessárias para reproduzir essa imagem não estiverem dentro da caixa ou se for possível montar uma outra usando as mesmas peças. E assim você pode examinar a imagem na caixa após cada encaixe no intuito de se assegurar que de fato está no caminho certo (único), em direção a um destino previamente conhecido, e verificar o que resta a ser feito para alcançá-lo.
>
> Nenhum desses meios auxiliares está disponível quando você compõe o que deve ser a sua identidade. Sim, há um monte de pecinhas na mesa que você espera poder juntar formando um todo significativo – mas a imagem que deverá aparecer ao fim do seu trabalho não é dada antecipadamente, de modo que você não pode ter certeza de ter todas as peças necessárias para montá-la, de haver selecionado as peças certas entre as que estão sobre a mesa, de as ter colocado no lugar adequado ou de que elas realmente se encaixam

para formar a figura final. [...] Você está *experimentando com o que tem*. Seu problema não é o que você precisa para "chegar lá", ao ponto que pretende alcançar, mas quais são os pontos que podem ser alcançados com os recursos que você já possui, e quais deles merecem os esforços para serem alcançados. [...] A tarefa de um construtor de identidade é, como diria Levi-Strauss, a de um *bricoleur*, que constrói todo tipo de coisas com o material que tem à mão...

De todo modo, como a identidade está essencialmente fundada na memória, já que esta é uma linha que nos liga ao passado – e não apenas ao passado que nós próprios vivemos –, o que se tem, no plano da diegese, é justamente a efetivação dessa tentativa de recompor-se pela retenção de pedaços de uma memória que vagueia no compasso dos movimentos desse homem, primeiramente, por espaços institucionalizados da sua vida pública, reconhecendo-os, mas já incapaz de incorporá-los novamente à novidade da sua situação de homem "expulso da vida e da casa de Carminho" (Melo, 1996, p.16): a universidade onde leciona literatura, a pensão quase surreal onde por um instante pensa em alojar-se, o açougue onde garimpa ossos para o seu cão, o hospital onde busca com seu psiquiatra o salvo-conduto para permanecer à deriva, a igreja onde faz pouso de emergência e a própria casa, para onde volta em busca apenas do necessário à sua sobrevivência.

Depois, o itinerário se amplia, e o homem volta à aldeia de sua infância e da casa de seus pais – quadro do amor e da dor, por onde "corre um rio invisível e profundo, um rio vindo de muito longe, um rio desde sempre anterior aos segredos todos do tempo e do mundo" (ibidem, p.160). Volta também aos arredores de Lisboa, onde habita, teme e espera Mariana – esta refiguração de uma Penélope eterna – e ao seminário do tempo antigo e da fé esquecida, em Fátima, até partir para a viagem que se quer sem volta, para a França. "Há muito, aliás, que a vida em mim é sempre uma travessia do espaço e a consciência disso" (ibidem, p.214), diz o narrador.

Esse percurso do narrador-protagonista parece figurativizar com precisão aquilo que Zygmunt Bauman (2005, p.30) considera

A FICCIONALIZAÇÃO DA HISTÓRIA **233**

como a característica primordial do problema da identidade no mundo contemporâneo: a perda da solidez da noção de pertencimento.[41] Diz ele: "Quando a identidade perde as âncoras *sociais* que a faziam parecer 'natural', predeterminada e inegociável, a 'identificação' se torna cada vez mais importante para os indivíduos que buscam desesperadamente um 'nós' a que possam pedir acesso" (grifo do autor).

É nessa busca de um "(ainda que ilusório ou fraudulento) sentimento de nós" (ibidem, p.31) que flagramos o protagonista. É, portanto, em um primeiro plano, a uma ideia de identidade individual em crise que o romance se volta – a do homem que sai à procura das âncoras sociais que possam ajudá-lo a recompor-se, a ajustar novamente o eixo que trinca a partir da crise conjugal, fio narrativo que conduzirá as reflexões do protagonista, em um plano ampliado, mas solidamente articulado à sua trajetória, sobre outra crise de identidade: a da lusitanidade.

É preciso esclarecer que essa reflexão sobre a questão da identidade, dada pelo entrelaçamento entre a esfera do indivíduo e a da coletividade,[42] é motivada, no enredo, pelo fato de o protagonista, professor universitário, estar prestes a se deslocar para Poitiers, na França, onde proferirá uma palestra sobre identidade – motivo tratado ironicamente, e até com um mal disfarçado sarcasmo, na passagem em que o personagem, tendo ido a Fátima para despedir-

---

41 É importante notar, todavia, que Bauman reconhece que essa noção de pertencimento, pressupostamente dada naturalmente ao indivíduo que se reconhece "pertencer-por-nascimento" a uma determinada comunidade (a uma nação, na sua formulação mais específica), foi sempre uma "convenção arduamente construída – a aparência de 'naturalidade' era tudo, menos 'natural'" (2005, p.29). Daí também o seu reconhecimento, análogo ao de Benedict Anderson (1989), já referido neste trabalho, de que "a 'nação' foi uma entidade imaginada que só poderia ingressar na *Lebenswelt* se fosse mediada pelo artifício de um conceito" (ibidem).

42 O romance contemporâneo tem explorado a perspectiva da memória individual como um ponto de vista sobre a memória coletiva, o que justifica esse entrelaçamento ficcional entre os planos referidos.

se de um grande amigo do passado, Frei Bernardo, a ele justifica sua viagem:

— Vou a Poitiers fazer não sei bem o quê – respondo. – Suponho que falar de identidade, do meu sentimento europeu, de uma nova portugalidade.

— Coisa feia, hem! – exclama de pronto Frei Bernardo, parando, olhando-me com surpresa e piedade. – Se fosse a ti, dava parte de doente, punha-me a dormir, livrava-me desses trabalhos. Identidade num tempo destes, menino?! Portugalidade! Sentimento europeu! Ah, tem dó, não ofendas a Santa Igreja, não renegues a Deus Nosso Senhor!

E então desatamos a rir, a rir e a rir como dois possessos, a rir do princípio até ao fim da alma [...]. (Melo, 1996, p.207)

Esse riso (que vem da alma) parece revelar a percepção da fragilidade e da condição eternamente provisória da identidade, que não podem mais ser ocultadas – ao contrário, precisam ser assumidas e escancaradas. Isso porque também a identidade é um mito, no sentido que o estamos concebendo aqui; também ela, como afirma o mesmo Bauman (2005, p.21), é "algo a ser inventado, e não descoberto"; também ela, portanto, é uma ficção, na medida em que se constitui como um "eu postulado" (ibidem) que, pela sua própria natureza, escapa ao controle da verificabilidade e, por conseguinte, ao princípio da verdade. Também ela se consolida como uma fala.

Curioso também é notar que nessas andanças do protagonista, não raramente o leitor se vê diante da indistinção entre o que de fato foi (e que agora ele narra) e o que ficou só no dito – mais um liame a vincular a narrativa à *Peregrinação* inspiradora, conhecedores que somos da "ilusão excessiva desse Fernão que mente no sabido estilo de todos os marinheiros de longo curso" (Aguiar, 1996, p.3) e também mais um dado a consolidar a adesão desse relato à esfera da ficcionalidade, do mundo criado como linguagem, que está ao mesmo tempo aquém e além do controle da verificabilidade, mesmo considerando-a no plano estrito do universo ficcional.

A FICCIONALIZAÇÃO DA HISTÓRIA **235**

Essa ambiguidade na representação do real ficcional e no estatuto de verdade que o narrador assume diante de seu relato ratificam, ainda, o caráter irônico da composição do romance. Por isso, o leitor fica também à deriva nesse tempo-espaço da memória do narrador, que ora desliza em câmera lenta, ora se precipita de forma tormentosa, querendo tudo fixar no limiar entre as coisas vividas e agora ausentes e aquelas só – e para sempre – imaginadas.

Nessa "ânsia de pertencimento" que caracteriza a trajetória do protagonista, como temos visto, um elemento novo ainda se destaca: o encontro que ele tem, em sua solidão, com um cachorro de rua, que passa a segui-lo e que o homem acaba por adotar. O homem também não lhe dá exatamente um nome: chama-o simplesmente de Cão. Cão passa a ser, portanto, a um só tempo, nome de batismo e condição. Solidário no silêncio, no abandono e na humildade, o cão aceita que o homem a ele dirija a sua necessidade de oferecer afeto e cuidado; aceita ser o outro, para referendar a existência daquele que o tem por companhia. Aceita ser parâmetro de identidade, existindo para que o homem não se perca ainda mais de si mesmo. Isso porque, como sabemos, toda ideia de identidade só pode se compor na diferença. É sempre o sentido da alteridade que a legitima: só em face do outro é que posso me reconhecer como "eu":[43]

> Afinal de contas, a essência da identidade – a resposta à pergunta "Quem sou eu?" e, mais importante ainda, a permanente credibilidade da resposta que lhe possa ser dada, qualquer que seja – não pode ser constituída senão por referência aos vínculos que conectam o eu a outras pessoas e ao pressuposto de que tais vínculos são fidedignos e gozam de estabilidade com o passar do tempo. (Bauman, 2005, p.75)

É evidente que, ao fazer de um cachorro abandonado a medida do reconhecimento e da sobrevivência da identidade do protago-

---

43 Todorov (2003, p.53), por exemplo, defende que toda construção identitária se faz com base em um processo de exclusão, uma vez que a alteridade deve ser entendida como "uma emoção surgida do centramento da autoconsciência num "eu" soberano que separa uma identidade de tudo o que ela exclui".

236 MÁRCIA VALÉRIA ZAMBONI GOBBI

nista, o romance, mais uma vez, joga ironicamente com seu leitor, chamando a atenção para o isolamento cada vez mais ostensivo – e mais pungente – a que o homem contemporâneo se vê submetido entre os seus pares, além de, no plano mais estrito da diegese, referendar o estado de espírito do protagonista em seu momento de crise.

Pelo que vimos demonstrando, parece inquestionável considerar que estamos diante de um romance que se ancora explicitamente em uma reflexão sobre o que sustenta, contemporaneamente, o sentido de identidade – não só a do homem, mas a da nação. Essa ampliação do objeto em questão – da identidade individual para a portugalidade – vai ficando mais evidente na medida em que o romance se encaminha para seu final, o que nos permite afirmar que a dimensão política de *O homem suspenso* não está implícita; ela é marcada e tem um referente claramente reconhecível, como a princípio já indicamos: ancora-se na polêmica e ainda problemática entrada de Portugal para a União Europeia. Nesse sentido, é fundamental atentarmos para este fragmento do romance:

> Tenho agora Portugal inteiro na minha frente. Começaram a nascer os filhos da Europa. E estão morrendo os velhos portugueses – tanto os crentes como os incrédulos. Se aos filhos não pudermos falar da vida e da nossa terra, que coisas iremos nós ensinar aos filhos da Europa, que não seja uma qualquer teoria, ou a arte e a manha, ou a artimanha de todos nos considerarmos fingidamente europeus? (Melo, 1996, p.177)

Parece-nos que esse fragmento põe em causa o grande nó do *estar no mundo* português nesse momento de sua história – daí ele parecer-nos tão significativo, assim como o romance que o contém: o que representa para o português "tornar-se europeu"? O que se perde e o que se ganha nesse processo de afrouxamento de uma identidade, ainda que imaginária, tão solidamente definida ao longo da história, e que agora precisa abrir-se para ser outra coisa – também esta outra coisa só imaginariamente possível de ser esboçada? O que fazer com tanto passado? Reduzi-lo a uma

A FICCIONALIZAÇÃO DA HISTÓRIA   **237**

insignificância? E como não levar em conta a necessidade de um reposicionamento de Portugal diante de uma inevitável "intensificação das interacções globais [que] parece desenvolver-se segundo uma dialéctica de desterritorialização-reterritorialização" (Santos, 1997, p.59) e que encaminha a necessidade de integração efetiva de Portugal no território da unidade europeia? Se toda identidade se estabelece como partilha de campos simbólicos, que redes Portugal conseguirá tramar com um território no qual foi, ao longo dos séculos, sistematicamente excluído ou ostensivamente ignorado? Como deixar de ser ilha – "ilha simbólica, entenda-se, mas é isso que importa"[44] – como afirma Eduardo Lourenço (1999, p.94)?

Pode-se considerar que *O homem suspenso* seja um livro datado, por remeter a um espaço e a um tempo específicos, ou mesmo que seja o "mais francamente ideológico" dos romances de João de Melo. Não se poderá, por outro lado, perder de vista o que afirmou Álamo de Oliveira em relação a esse romance, considerando-o

---

44 "Quando, nas primeiras décadas do século XIX, Portugal, pela pena dos primeiros representantes de um novo Portugal – saído da Revolução Liberal –, faz o balanço da sua situação no mundo, quer dizer, na Europa, e, ao mesmo tempo, se volta para o passado para saber se ainda terá futuro, fá-lo já como se não fosse Europa ou então uma outra espécie de Europa. É então que se dá conta de até que ponto a sua situação é singular. Dessa singularidade faz parte o estranhíssimo fenômeno, mais do que paradoxal, de ter sido durante séculos uma nação que viveu e se viveu simbolicamente como uma ilha, sendo ao mesmo tempo um povo que desde os séculos XV e XVI se instalara no papel de descobridor e colonizador, em terras da África, do Oriente e do Brasil. Nesse diagnóstico não era muito claro que essa situação de país isolado – e por isso em perigo – e esse alheamento, pelo menos relativo, do movimento geral da civilização e da cultura europeias, tinha uma relação íntima com esse fato, ainda hoje insólito, de uma pequena nação se ter convertido num Império. Só hoje, no fim desse Império, aparece com outra evidência que a nossa situação de "ilha", quando nos consideramos em relação à Europa, está intimamente conexa com o nosso destino imperial. Durante séculos, nem para nós nem para os outros Portugal era outra coisa do que um país que tinha um Império. E esse estatuto, que foi – e continua sendo na nossa memória – o identificador supremo de Portugal, convertera-nos na ilha histórica mítica por excelência da Europa. O Império português não foi um mero prolongamento da 'pequena casa lusitana', [...] mas foi, sobretudo para o Portugal europeu, um refúgio" (Lourenço, 1999, p.94-5).

238 MÁRCIA VALÉRIA ZAMBONI GOBBI

O retrato por ventura impiedoso e hiper-realista, duma geração portuguesa que amadurou intervindo na guerra colonial; que se deixou extasiar com a revolução de 25 de abril; que se foi desencantando com o evoluir político do sistema democrático; e que acabou por derrapar no Portugal da Europa, através da tábua rasa que procura nivelar comunidades profundas (como a portuguesa) e sistemas econômicos e culturais incompatíveis. (1996, p.6)

Quaisquer que sejam os argumentos propostos, parece-nos que a escrita de João de Melo articula a esse equacionamento de valores éticos e culturais e a essa reproposição do sentimento de exílio permanente, do ser estrangeiro – lá como em qualquer parte –, questões que são muito nossas e em que é possível, a cada um de nós, de forma mais difusa ou mais marcada, até reconhecer-se (talvez dizendo, como o fez Cristóvão de Aguiar (1996, p.7) em carta ao amigo autor, que a leitura do livro "deixou-me o pordentro em carne viva"). Isso porque *O homem suspenso* é também uma história de amor, daquelas que merecem ser contadas: amor de um homem por sua mulher, por seus pais, por sua história, por sua terra, por sua literatura, por seu cão – e, por que não, por todos nós, leitores (os amigos outros a quem o romance é dedicado), que havemos de recordar a história "com um pouco de alegria no coração" (Melo, 1996, p.218), como desejam as palavras finais do livro.

É, finalmente, o testemunho dessa identidade em suspenso que ecoa pela voz, entre angustiada e perplexa, do narrador do romance de João de Melo: "Sou um homem suspenso, um homem perfilado, banido, exilado na deriva e no inverno da sua vida" (ibidem). Escrito entre dezembro de 1991 e setembro de 1995 – como registram os parênteses finais do romance –, *O homem suspenso* não foge a um posicionamento a um só tempo político e ideológico, sem deixar de realizar-se como ficção: em meio ao mar revolto que, mais uma vez, atinge em cheio a realidade desse país que não quer se deixar naufragar, João de Melo edifica sua narrativa esgarçada, seu canto de despedida, seu homem adiado, suspenso entre o ser e o nada, em compasso de espera.

3
IDENTIDADE: IMAGEM/MIRAGEM

Mas quando nos julgarem bem seguros,
Cercados de bastões e fortalezas,
Hão de cair em estrondo os altos muros
E chegará o dia das surpresas.

José Saramago, "Ouvindo Beethoven"
(fragmento), em *Os poemas possíveis*

Finalizado o capítulo maior do livro, que procurou reconhecer e analisar a mitologia lusíada em sua versão refigurada parodicamente pela narrativa contemporânea, parece-nos evidente que o eixo central que esteve subjacente à discussão proposta encontra-se fincado na questão da identidade, tratada de modo mais direto no último romance analisado, mas certamente reconhecível em todos os outros, já que fundamentalmente tais narrativas se constroem a partir do reaproveitamento ficcional que promovem daquelas figuras e temas que, ao longo dos séculos, vieram configurando e mantendo as bases (ilusórias, criadas, construídas discursivamente, como temos insistido) dessa mesma identidade. Inegavelmente, trata-se de uma das questões mais discutidas e mais polemicamente tratadas no âmbito dos estudos culturais e da chamada pós-modernidade (ou da modernidade líquida, segundo denominação que dá ao nosso tempo o sociólogo judeu, polonês, exilado na Inglaterra Zygmunt Bauman, referência importante neste momento da nossa reflexão).

No caso português, é fato que as reflexões mais acuradas sobre a questão da identidade, nos nossos tempos, foram elaboradas por Eduardo Lourenço. Toda sua obra, nomeadamente os ensaios reunidos nos volumes *Mitologia da saudade seguido de Portugal como destino, O labirinto da saudade, A nau de Ícaro e Imagem e miragem da lusofonia,* expressa, como os inspirados títulos dos volumes já revelam, a sua visão da história e da cultura portuguesas; expressa, especialmente, o seu modo de entender o próprio processo de mitologização dessa história, em um sentido que não nos parece radicalmente disfórico, cético ou demolidor – ao contrário, busca questionar alguns pressupostos da afamada decadência portuguesa, em uma reflexão que seduz efetivamente seus leitores por revelar simultaneamente uma erudição e uma lucidez que não escondem, no entanto, a ligação comovida – e comovente – que jamais deixou de ter com seu país e com "as mitologias dele".

A propósito: José Saramago comenta, na contracapa da edição de 2002 de *Mitologia da saudade,* que Eduardo Lourenço, em sua trajetória de historiador, teria sempre se ocupado de Portugal,

> um Portugal que, depois de ter inventado, como lhe cabia, os seus mitos fundadores, fantasiosos como todos são, também precisou criar o que poderá ser chamado de mitos mantenedores, cujo ofício tem sido o de sustentar e prolongar as esperanças coletivas, sucessivamente colocadas em um porvir que sucessivamente se nega.

Essa avaliação sucinta e precisa do grande ficcionista português parece-nos mostrar o porquê de as reflexões de Eduardo Lourenço terem sido tão importantes neste livro: embora não se tencionasse tomar seus argumentos como inquestionáveis – ao contrário, o que se pretendeu foi revê-los também à luz de outras releituras que sobre o imaginário e a identidade lusitanos mais contemporaneamente se fizeram, até para não mitificá-los também e, principalmente, revê-los a partir do que nos mostrou a própria lei-

A FICCIONALIZAÇÃO DA HISTÓRIA **241**

tura dos romances –, não se pode negar o papel tutorial que seu pensamento assumiu aqui.

No entanto, é necessário relembrar que o sentido de identidade em que se basearam as análises aqui realizadas situa-se principalmente no seu entendimento no âmbito da linguagem, o que dá relevo à sua essência eminentemente discursiva, que nos autoriza a tratá-la também como fala mítica – entendimento que parece coincidir, por exemplo, com certas postulações de Benedict Anderson e do já mencionado Bauman. Para ambos, falar de uma hipotética alma dos povos – noção que ainda se faz presente nas formulações de Eduardo Lourenço[1] – é algo absolutamente impróprio e necessariamente refutável. Anderson (1989) considera tal noção, em si mesma, manifestação de um imaginário coletivo, uma vez que, como sintetiza Ivan Teixeira (2003, p.60) em sua leitura de *Nação e consciência nacional*,

[...] não há uma essência espontânea que unifique as pessoas de uma mesma nação. O que ocorre [...] é a construção cultural de um *logos* discursivo que institui um simulacro apreendido como verdade natural ou como imanência preexistente ao discurso, à espera de assimilação pelos membros da comunidade. As pessoas, empiricamente concebidas, não se confundem com o país. Ao contrário, elas só podem ser concebidas como representantes do povo de qualquer

---

1 "Cada povo só o é por se conceber e viver justamente como destino. Quer dizer, simbolicamente, como se existisse desde sempre e tivesse consigo uma promessa de duração eterna. É essa convicção que confere a cada povo, a cada cultura, pois um e outro são indissociáveis, o que chamamos 'identidade'. Como para os indivíduos, a identidade só se define na relação com o outro. Como essa relação varia com o tempo – é o que chamamos a nossa história –, a identidade é percebida e vivida por um povo em termos simultaneamnte históricos e trans-históricos. Mas só o que a cada momento da vida de um povo aparece como paradoxalmente inalterável ou subsistente através da sucessão dos tempos confere sentido ao conceito de identidade. Podemos assimilar essa estranha permanência no seio da mudança àquilo que os românticos alemães designaram, para desespero da historiografia iluminista, de 'alma dos povos'" (Lourenço, 1999, p.90).

país quando passam a incorporar traços da normatividade discursiva que institui a ideia de nação – normatividade que pode ou não representar as instituições oficiais.

Disso decorre o entendimento de que toda ideia de identidade é necessariamente ideológica – também na acepção menos positiva do termo, que, traduzido vulgarmente, a concebe como uma ilusão bem fundada nas aparências, motivadora, assim, de uma falsa consciência: o "simulacro apreendido como verdade natural" de que fala Anderson, a "linguagem roubada" de que fala Barthes (1987, p.139), que "tem efetivamente uma dupla função: designa e notifica, faz compreender e impõe".

No nosso caso, interessou considerar a imagem – portanto, um dado que leva em conta o parecer – que, ao longo do tempo, se veio construindo do ser português, lembrando-nos de que tal imagem se pauta, agora voltando sem hesitação a Eduardo Lourenço (1992, p.35), em um "apologetismo intrínseco da excelência ímpar [deste] ser", imagem que revela, ainda segundo o mesmo autor, um "irrealismo prodigioso" (ibidem, p.17). Isso nos leva a outro argumento proposto por Bauman (2005, p.26), segundo o qual

A ideia de "identidade", e particularmente de "identidade nacional", não foi "naturalmente" gestada e incubada na experiência humana, não emergiu dessa experiência como um "fato da vida" auto-evidente. Essa ideia foi *forçada* a entrar na *Lebenswelt* de homens e mulheres modernos – e chegou como uma *ficção*. Ela se solidificou num "fato", num "dado", precisamente porque tinha sido uma *ficção*, e graças à brecha dolorosamente sentida que se estendeu entre aquilo que essa ideia sugeria, insinuava ou impelia, e ao *satus quo ante* (o estado de coisas que precede a intervenção humana, portanto inocente em relação a esta). *A ideia de "identidade" nasceu da crise do pertencimento* e do esforço que esta desencadeou no sentido de transpor a brecha entre o "deve" e o "é" e erguer a realidade ao nível dos padrões estabelecidos pela ideia – recriar a realidade à semelhança da ideia.

A FICCIONALIZAÇÃO DA HISTÓRIA **243**

[...] Nascida como ficção, a identidade precisava de muita coerção e convencimento para se consolidar e se concretizar numa realidade (mais corretamente: na única realidade imaginável) – e a história do nascimento e da maturação do Estado moderno foi permeada por ambos. (grifos do autor)

Isso nos leva a refletir sobre a importância que adquire, nesse contexto e nessa ordem de reflexão, uma obra como *Os Lusíadas:* escrito exatamente no prólogo do estado moderno, o poema constrói as representações necessárias para consolidar a ficção da identidade portuguesa, "criando a realidade à semelhança da ideia". O serviço que assim presta à construção dessa imagem é, portanto, inegável e fundamental. E não queremos com isso avaliar negativamente sua função: ao contrário, o que queremos é ressaltar a força dessa ficção que, assim, soube criar uma imagem em que todos pudessem se reconhecer e, mais que isso, soube reconhecer o poder da palavra na construção de uma realidade (im)possível. Talvez aí resida o aspecto fundamental da modernidade de *Os Lusíadas*, a justificar o fato de ser o poema eleito privilegiadamente como interlocutor da ficção contemporânea que se volta para a história e para a mitologia de seu país. Um comentário de Eduardo Lourenço (1999, p.93) parece reforçar a importância do poema e de sua função estruturante de uma imagem comum ao ser português ao considerar que

A ideia de uma singularidade e ainda menos de uma especificidade de Portugal e do seu papel no mundo [...] é uma ideia tardia. As "memórias" do pequeno reino durante a Idade Média, na medida em que existem, não têm mais alcance que genealógico e em nada se distinguem das de outras nações da península. O tempo desse Portugal é o aleatório e fragmentário dos raros anais ou o mimético de crônicas inspiradas da historiografia castelhana ou dos países mais cultivados da Europa. O próprio relato do "milagre de Ourique" só adquire retrospectivamente uma configuração mítica.

244 MÁRCIA VALÉRIA ZAMBONI GOBBI

Essa configuração será dada justamente pelo épico camoniano, criador de um verdadeiro sistema nacional, no sentido de que nele se reconhecem, como define Antonio Candido (1993, p.24), as características internas (a língua, os temas e as imagens) e externas (elementos de natureza social e psíquica literariamente organizados) que, manifestadas historicamente, fazem da literatura um aspecto orgânico da civilização. A literatura, então, aparece como um "sistema simbólico por meio do qual as veleidades mais profundas do indivíduo se transformam em elementos de contato entre os homens, e de interpenetração das diferentes esferas da realidade". Passa-se, assim, do entendimento da identidade em um nível mais abstrato, conceitual, para aquele que diretamente nos interessa, por ser legível: o das obras literárias que dão forma a esse conjunto de imagens ou que, como vemos atualmente, o recodificam, em um processo necessário à reavaliação crítica desse passado reconhecido como ilusório.

Essa reavaliação torna-se ainda mais premente em nossos dias pelo fato de que fica cada vez mais evidente que toda ideia de identidade comporta em si a da exclusão – espectro que, alerta Bauman (2005, p.53), assombra os indivíduos contemporaneamente, já que para pessoas "inseguras, desorientadas, confusas e assustadas pela instabilidade e transitoriedade do mundo que habitam, a 'comunidade' parece uma alternativa tentadora" (ibidem, p.68). Assim, a ideia de identidade é sempre ambígua – uma faca de dois gumes:

> Parece um grito de guerra usado numa luta defensiva: um indivíduo contra o ataque de um grupo, um grupo menor e mais fraco (e por isso ameaçado) contra uma totalidade maior e dotada de mais recursos (e por isso ameaçadora); [...] é uma luta simultânea contra a dissolução e a fragmentação: uma intenção de devorar e ao mesmo tempo uma recusa resoluta a ser devorado... (ibidem, p.83-84)

Essa ambiguidade da identidade é também confirmada pela teoria do filósofo francês Felix Guattari. Ao estudar as formas de organização e reorganização cultural na modernidade, ele observa como o conceito de identidade supõe e fortalece territórios de cristalização de valores culturais. Para entender a relação entre tais fenômenos culturais e a formação da identidade, Guattari e seu parceiro intelectual, Gilles Deleuze, propõem os conceitos de subjetivação e singularização. O primeiro define uma forma de adoção e de compromisso com valores religiosos, artísticos e econômicos, entre outros, que cruzam os membros de uma determinada cultura. A singularização, por sua vez, expressa o processo de criação de novos valores ou modos de existir no interior da própria cultura.

O indivíduo vive, portanto, em um cruzamento de energias, percorrido transversalmente por uma multiplicidade de referências às quais ele adere sem crítica ou que modifica para atender a desejos e expectativas não contempladas. A identidade cultural seria, então, uma forma coletiva de territorializar, isto é, de circunscrever subjetividades em um sistema fechado de referência, cuja consequência imediata seria "a exclusão de grupos e indivíduos da possibilidade de pertencimento ou uso dos quadros semióticos da cultura circunscrita, resultando na oposição clássica entre identidade e alteridade" (Guattari & Rolnik, 2005, p.85). Ou seja: as identidades são fabricadas por meio da marcação da diferença; essa marcação ocorre tanto por meio de sistemas simbólicos de representação quanto por meio de formas de exclusão social. É nesse sentido que Bauman (2005, p.44) chama a atenção para o fato de que a identificação é também um fator poderoso na estratificação, "uma de suas dimensões mais divisivas e fortemente diferenciadoras":

> As batalhas de identidade não podem realizar a sua tarefa de identificação sem dividir tanto quanto, ou mais do que, unir. Suas intenções includentes se misturam com (ou melhor, são complementadas por) suas intenções de segregar, isentar e excluir. (ibidem, p.85)

Se a identidade portuguesa tem, então, matrizes territorializadas, próprias, é importante notar que ela se institui também como resposta a ingerências externas, alheias, estrangeiras e, portanto, constitui-se nesse embate com o diferente, com o outro. Talvez por isso a ideia de uma união europeia seja tão contraditoriamente incorporada pelo ser português, como discutimos em nossa análise de *O homem suspenso*: ela acaba por exigir um reposicionamento histórico, geográfico, político e ideológico que confronta as bases míticas da identidade portuguesa e a própria soberania e autonomia dessa imagem de si, sustentada por séculos. Trata-se, nos termos de Bauman (2005, p.28), de uma inegável "crise de pertencimento", afinal, tão característica de nosso tempo:

> A superposição do território domicilar com a soberania indivisível do Estado possibilita a afirmação de um poder de exclusão, cuja função é a de traçar, impor e policiar a fronteira entre "nós" e "eles". O "pertencimento" teria perdido o seu brilho e o seu poder de sedução, junto com a sua função integradora/disciplinadora, se não fosse constantemente seletivo nem alimentado e revigorado pela ameaça e prática da exclusão.

O que é importante ressaltar, mais uma vez, é que essas tensões, essas ambivalências, têm sido magistralmente trabalhadas pela ficção portuguesa contemporânea. Isso certamente justifica o fato de a considerarmos merecedora de uma atenção constante e cuidadosa, já que seu modo de ser parece caracterizar uma forma de pensar o mundo tão presente neste nosso tempo ao vivo. Mais que isso: a sua busca por dar corpo, ficcionalmente, a essas tensões que agitam e redefinem o que seja a identidade nacional, e mesmo a própria ideia de identidade, em sentido mais amplo, tem resultado em textos literariamente muito bem realizados, em termos da configuração de estratégias narrativas que sejam capazes de representá-las. Por isso é que tais narrativas inserem-se no cenário de uma reflexão que, certamente, está longe de fechar-se, e por isso nossa análise só pode também terminar em suspenso, como uma questão que se abre indefinidamente para uma imagem futura, a ser construída, da nação portuguesa. Seja esse futuro qual for, é importante lembrar que, para o bem ou para o mal, e como tem sido até aqui, ele "não poderá ser reduzido ao futuro dos outros" (Santos, 1997, p.73).

CONSIDERAÇÕES FINAIS

O imaginário português da literatura tem qualquer coisa de único, e professa de tal modo a fidelidade às suas origens que protesta também uma grande preocupação pelo sentido universal da sua cultura. É esse o ideal da literatura: poder mergulhar fundo nas raízes de um lugar geográfico ou imaginário, mas projectar para longe, em muitas direcções, a sabedoria, a memória, os ventos que sopram na direcção do futuro e do destino do Mundo.

João de Melo, *Suplemento açoriano de cultura*

Nestas considerações finais do nosso livro, ao retomarmos os termos que o embasaram e nos quais nossas análises procuraram se sustentar, não podemos deixar de ressaltar, em primeiro lugar, que o abrir-se para a História parece ser a marca consensual da diversidade que caracteriza a ficção contemporânea. Há nessa ficção, ao que parece, uma nítida insistência no resgate do passado que talvez traga consigo certa espécie de intenção restauradora, não no sentido já anacrônico de fazer o passado vingar novamente, mas no sentido bastante diverso – mais doloroso e angustiante, certamente – de reconhecer a falta de referências e de fundamentos que marca a contemporaneidade como algo que lhe é inerente, inalienável. Portanto, à literatura caberia não só expressar a sua perplexidade diante dessa falha, desse vazio, dessa ausência, como também, na tentativa de tocar o sentido ou de restaurá-lo, reconhecer que o passado é importante nessa tarefa porque ele tem determinações sobre o presente.

Passado, presente e futuro contaminam-se, e isso não só coloca em jogo muitas relações de força (e o entendimento que podemos ter delas, hoje), como também declara que algo importante para o sentido de nosso estar no mundo pode estar se perdendo. Nessa perspectiva, a busca por uma consciência do passado não se faz presente necessariamente como uma maneira de recuperar dele o que quer que seja para reforçar sua concretude, mas muito mais na direção de questionar os acontecimentos que o estabilizaram e mesmo de reescrevê-los, mostrando que no registro pela linguagem (única maneira que temos para reconhecê-lo) desse passado onipresente houve erros mais ou menos involuntários, lacunas, omissões e "acrescentamentos" ideologicamente motivados.

Além disso, essa atenção ao passado reforça a ideia de uma determinada identidade, já que, como observa Hobsbawm (1997, p.22), ser membro de uma comunidade humana é estabelecer uma relação com o passado desse grupo, ainda que apenas para rejeitá-lo. O passado é, portanto, uma dimensão permanente da consciência humana, um componente inevitável das instituições, dos valores e de outros padrões e parâmetros do arranjo humano em sociedade. No entanto, é preciso também ressaltar que, para a literatura que se volta para a história, são menos os fatos em si que precisam ser discutidos (já que sua intenção jamais pode ser identificada com o da história como ciência, como conhecimento do historiável) do que as relações que os articulam e que se projetam sobre o aqui e agora – daí o árduo exercício da criação literária para revelar os entraves dessa luta, os (des)caminhos dessa aventura do conhecimento que a ficção acaba por promover.

Nesse processo, é importante notar que ocorre uma historicização da própria forma, do material estético, da construção de linguagem que dá corpo a esta reescrita da História, já que a historicidade dos textos não está só no fato de o autor falar dos acontecimentos históricos de todos os tempos e do seu próprio: ela tem que ser apreendida no movimento de construção dos sentidos, no diálogo que, inevitavelmente, toda fala estabelece com o seu tempo. A história, nessa perspectiva, não é exterior ao texto, já que só ganha vida na obra literária se for devidamente reordenada pela fatura (Candido, 2004, p.10), concepção que nos diz que a capacidade que os textos possuem de convencer depende mais de sua organização própria que da referência ao mundo exterior. A literatura, assim, traduz melhor o mundo quanto melhor for a sua conformação artística.

O trabalho ficcional seria capaz de conduzir-nos, assim, a detectar as relações de força que tramam a nossa história. Dessa perspectiva, o olhar lançado à história teria seu sentido em uma espécie de projeção dos mecanismos do processo histórico no entendimento do presente, procedimento que talvez levasse à construção de um sentido – mesmo provisório, fragmentado e inconcluso. Assim, a presença do homem no mundo passa a ser entendida como um jogo estratégico, uma invenção de procedimentos que podem conduzir a um conjunto ainda que mínimo de significados, os quais sustentariam o seu estar no mundo.

Dessa construção de significados partilharia a literatura, sempre confrontada, como vimos, com o desafio da forma: dar sentido ao que não o tem. A forma que o texto literário dá à apropriação da história que empreende e o sentido que desse entrecruzar de discursos emana foram o objeto de estudo das análises aqui apresentadas.

Se agora pensamos, efetivamente, na ficção portuguesa contemporânea – mais especificamente no recorte que dessa vasta produção se fez aqui –, verificaremos, talvez sem grandes esforços, pelo muito que este tema já sugeriu e fez produzir na crítica acadêmica mais recente, que a busca do sentido que nos serve de mote passa, lá também, pela revisitação da história pátria.

Esse veio temático da literatura portuguesa contemporânea, na verdade, parece menos uma escolha que um imperativo, fundado naquela intenção já majestosamente entrevista por Eduardo Lourenço (1982, p.11) de questionar ontologicamente o ser português, entendido como a *"imagem* de Portugal enquanto produto e reflexo de sua existência e projeto históricos ao longo dos séculos e em particular na época moderna". Ou seja: não há em Portugal, segundo ensina o mesmo mestre, propriamente uma angústia de autodefinição, mas, sim, uma dissidência de fundo entre o ser português e a imagem – a representação imaginária[1] – que, historicamente, dele se tem feito; mais uma dissonância, portanto, a ser considerada.

Dessa perspectiva, à literatura contemporânea que se volta para a história caberia, então, promover uma "subversão a todos os níveis da mitologia cultural lusíada" (Lourenço, 1992, p.12) com o intuito de redesenhar, em termos simbólicos, a imagem da aventura (ventura ou desventura) portuguesa. O sentimento de periferia nutrido por Portugal em relação aos centros de poder europeus – a sua *ex-centricidade*, portanto – parece ser o núcleo de tensão das questões ligadas à identidade nacional ou, na lição acima aprendida, o nó do imaginário português.

É inegável que os projetos nacionais sempre necessitaram de figuras para organizar a sua memória. Nascem dessa forma os mitos nacionais. Como vimos, o mito afirma-se diferentemente da história pela capacidade de assegurar permanências, manifestações sobreviventes de um passado muitas vezes isolado do presente pelas muitas transformações, pelos cortes que fragmentam o tempo. O mito apresenta-se como lugar de persistência, de continuidade, de redundância. Ao realizar uma projeção do passado no presente, identificando as marcas de uma continuidade às vezes pouco notável, o mito problematiza a história, já que onde ela encontra diferenças, o mito produz semelhanças, lógicas, regularidades. Inventa-se, assim, o mesmo, o igual, para sublinhar a identidade que, na passagem de uma temporalidade a outra, poderia se perder.

---

1 "Se a História, no sentido restrito de 'conhecimento do historiável', é o horizonte próprio onde melhor se apercebe o que é ou não é a realidade nacional, a mais sumária autópsia da nossa historiografia revela o *irrealismo* prodigioso da imagem que os Portugueses se fazem de si mesmos" (Lourenço, 1992, p.17; grifo do autor).

A FICCIONALIZAÇÃO DA HISTÓRIA   251

A literatura contemporânea que parodia os mitos nacionais pode, então, estar interessada em mostrar o absurdo de uma sociedade que continua a precisar insaciavelmente deles para apoiar sua cegueira ou sua paralisia diante de novas imposições históricas que exigem reavaliações e reposicionamentos constantes, os quais não combinam com a imobilidade dos mitos. No entanto, não podemos descartar, nessa nossa interpretação da literatura contemporânea que os revisita, não só a ambivalência do próprio mito – que foi necessário para a construção dos fundamentos mesmos de uma ideia de nação e que, ao constituir-se como uma estrutura básica do imaginário de um povo, colabora para manter vivo um conjunto de conhecimentos e de laços semânticos quase sempre negligenciados pela história oficial –, como a ambivalência da paródia, que funciona como instrumento dessa retomada da mitologia lusíada, já que ela, ao mesmo tempo que revê criticamente, revive esses mitos, chamando novamente nossa atenção para eles, ainda que seja para destroná-los.

Assim, consideramos que o que se manifesta nas narrativas analisadas não é, estritamente falando, uma crítica às figuras que vieram dando corpo a essa mitologia nacional. O que elas põem em questão é a repetição esvaziada de conteúdo desses mitos – já que eles são forma, construção de linguagem que pode continuar a ser apropriada indefinidamente por aqueles que querem manter uma determinada imagem identitária que precisa ser rediscutida.

A ideia de uma memória rígida, repetitiva e anacrônica é o que essas narrativas questionam. Assim, criticam uma noção de identidade que nega a história e, portanto, a ideia de processo, convertendo a lusitanidade em algo fixado e imutável que perde todo seu sentido. Fundamentalmente, questiona-se o processo de canonização dessas figuras como parte de uma política conservadora que precisou desses mitos para estabelecer de maneira definitiva o ser português – hoje necessariamente posto em questão, como todas as definições que se desejam imutáveis. Isso porque, "num ambiente de vida líquido-moderno, as identidades talvez sejam as encarnações mais comuns, mais aguçadas, mais profundamente senti-

252 MÁRCIA VALÉRIA ZAMBONI GOBBI

das e perturbadoras da *ambivalência*" (Bauman, 2005, p.38; grifo do autor).

É essa ambivalência que nos parece percorrer todos os conceitos que aqui tomamos como basilares: o de mito, o de paródia, o de identidade. Projetam, assim, a ambivalência das próprias relações entre literatura e história que sobre eles se sustentam. E definem também a mesma ambivalência (a mesma pluralidade de sentidos) nas narrativas analisadas. Por isso é que, assumindo uma forma de interpretá-las, esperamos ter mostrado que não se tratou de aplicar um método rigoroso com intenção de homogeneizar os romances e contos que aqui se fizeram ouvir, perdendo a sua singularidade e tornando absolutamente monótonas e inócuas as leituras feitas. Ao contrário, pensamos em ressaltar que cada um desses textos inventa o passado à sua maneira, constrói esse real por meio da própria narração, ampliando o diálogo que se estabelece entre a contemporaneidade e a tradição – literária, cultural, mítica, imaginária – que se veio fixando ao longo de tantos séculos de lusitanidade.

Assim, nas narrativas que recuperam Afonso Henriques e o nascimento mítico da nação eleita, vimos que o relato anárquico funde tempos, espaços, personagens, e mostra, pela estridente ironia que o embasa, a força da palavra que engendra o real, misturando sem qualquer pudor o fato e a invenção.

Nas narrativas que reveem Inês de Castro, o deslocamento do foco narrativo mostra a "opção pelos outros" – por contar a história não só pelo olhar dos que não a protagonizaram, como também por desviá-la de suas certezas, assumindo a subjetividade que molda quer uma atitude investigativa, especulativa, que a própria adivinha simboliza, na narrativa de Agustina, quer uma atitude assumidamente imaginativa, livre de quaisquer limites que se possam estabelecer entre presente e passado, mito e história, herói, carrasco e vítima, baralhando sentidos e ajuizamentos e ressaltando, uma vez mais, as ambivalências do caso de Inês.

Isso também vale para o sebastianismo, cuja imagem, nas narrativas lidas, é virada do avesso, seja pelo franco tratamento paródico a ela dada, seja pela sugestão de algo tão duvidoso, tão confuso e

A FICCIONALIZAÇÃO DA HISTÓRIA   253

impalpável que suspende toda a verdade de sua significação tanto histórica quanto mítica, no sentido aqui postulado, graças à força de seus narradores – dos mais ricos e complexos, dentre todos os analisados neste livro.

Mas também são narradores instigantes os que orientam a revisitação do imaginário das navegações – seja pela sua desafiadora multiplicidade em *As naus*, seja pela não menos desafiadora poeticidade e introversão que apresentam no romance de Mário Cláudio –, todos eles capazes de, ao mesmo tempo, apropriar-se da grandiosidade e da solidez desse mito do império ultramarino e de chamá-lo às falas, rebaixando-o e interrogando seus modos e motivos.

Depois, lemos dois romances em que os protagonistas são jogados em guerras que não são deles: olham de fora e captam as ambiguidades e as tensões de um passado ainda tão recente e tão forte que é capaz de nos alertar para o fato de que "não [pode] triunfar nos tempos presentes uma causa dos tempos passados" (Torga, 1996, p.309): toda forma de autoritarismo precisa desocupar lugar no mundo. Finalmente, deixamos uma leitura em suspenso: desta reavaliação crítica da mitologia lusíada decorre o repensar da ideia de uma identidade nacional que hoje, indiscutivelmente, é necessário e está efetivamente em processo.

Ainda que levando em conta essa suspensão, parece-nos que a tarefa aqui realizada fecha ciclos: em primeiro lugar, por termos voltado às relações entre ficção e história que vieram dando corpo à nossa reflexão sobre a literatura contemporânea, mote do nosso trabalho acadêmico até aqui; em segundo lugar, por termos tentado estabelecer certa ordenação para as narrativas eleitas como *corpus* da pesquisa, baseada no modo pelo qual reveem criticamente os mitos nacionais que as sustentam, tomados em uma perspectiva que procurou organizá-los cronologicamente, das origens da portugalidade à situação atual de abertura do país para a europeidade que ronda sua tão sólida construção identitária; finalmente, porque recolocando em cena, ao mesmo tempo (e ainda que em uma visada breve e inevitavelmente redutora), a imagem que a literatura veio construindo desse ser português e a ressignificação que a ele tem dado a ficção contemporânea, construímos um determinado sentido para a literatura portuguesa – sentido que, necessariamente, passa pelo lugar de fala do sujeito que o postula.

Se a tarefa está cumprida, fica, no entanto, a sempre inevitável falha, o registro permanente de uma impossibilidade: reverenciar a literatura como se desejaria, pela grandeza ilimitada que ela nos oferece. Por isso, o ensaio interpretativo que aqui se apresentou assume sua abertura e sua necessidade de estar em permanente diálogo – única justificativa possível para que ele, finalmente, se conclua.

REFERÊNCIAS BIBLIOGRÁFICAS

ADORNO, T. Lírica e sociedade. In: *Benjamin, Horkheimer, Adorno, Habermas. Textos escolhidos.* 2.ed. Trad. José Lino Grunnewald et al. São Paulo: Abril Cultural, 1983. p.193-208. (Os pensadores)

_____. Posição do narrador no romance contemporâneo. In: *Benjamin, Horkheimer, Adorno, Habermas. Textos escolhidos.* 2.ed. Trad. José Lino Grunnewald et al. São Paulo: Abril Cultural, 1983. p.269-273. (Os pensadores)

AGUIAR, C. de. Carta a João de Melo sobre *O homem suspenso. Correio dos Açores*, 21 nov. 1996, Suplemento Açoriano de Cultura, n.43, p.7.

ANDERSON, B. *Nação e consciência nacional.* Trad. Lólio L. de Oliveira. São Paulo: Ática, 1986.

ANDERSON, P. Trajetos de uma forma literária. Trad. Milton Ohata. *Novos Estudos Cebrap*, n.77, p.205-20, mar. 2007.

ANTUNES, A. L. *As naus.* Lisboa: D. Quixote, 1988.

BAKHTIN, M. Epos e o Romance. In: _____. *Questões de literatura e de estética*: a teoria do romance. Trad. Aurora Fornoni Bernardini [et al.]. São Paulo: Edunesp/ Hucitec, 1988. p.397-428.

BAKHTIN, M. *Marxismo e filosofia da linguagem.* Trad. M. Lahud e Yara F. Vieira. 9.ed. São Paulo: Hucitec, 1999.

BARTHES, R. O efeito de real. In: _____. et al. *Literatura e semiologia.* Trad. Célia Neves Dourado. Petrópolis: Vozes, 1972. p.35-44.

_____. *Mitologias.* Trad. Rita Buongermino e Pedro de Souza. 7.ed. São Paulo: Difel, 1987.

256 MÁRCIA VALÉRIA ZAMBONI GOBBI

———. O discurso da história. In: ———. O rumor da língua. Trad. Mario Laranjeira. São Paulo: Brasiliense, 1988, p.145-7.

BAUMAN, Z. Identidade. Trad. Carlos Alberto Medeiros. Rio de Janeiro: J. Zahar, 2005.

BENJAMIN, W. A modernidade e os modernos. Trad. Heidrun Krieger Mendes da Silva, Arlete de Brito e Tânia Jatobá. Rio de Janeiro: Tempo Brasileiro, 1975.

———. Sobre o conceito de História. In: ———. Magia e técnica, arte e política: ensaios sobre literatura e história da cultura. Trad. Sérgio Paulo Rouanet. 2.ed. São Paulo: Brasiliense, 1986. p.222-32.

BENJAMIN, W. O narrador. Considerações sobre a obra de Nikolai Leskov. In: ———. Magia e técnica, arte e política: ensaios sobre literatura e história da cultura. Trad. Sérgio Paulo Rouanet. 2.ed. São Paulo: Brasiliense, 1986. p.197-221.

BESSA-LUÍS, A. Adivinhas de Pedro e Inês. Lisboa: Guimarães, 1983.

BETTENCOURT, U. Um homem vê no espelho a sua imagem inexistente. Correio dos Açores, 21 nov. 1996, p.1-2. Suplemento Açoriano de Cultura n.43.

BLINKHORN, M. A guerra civil espanhola. Trad. Sérgio Bath. São Paulo: Ática, 1994.

BRAIT, B. Ironia em perspectiva polifônica. Campinas: Ed. Unicamp, 1996.

BRANDÃO, J. L. A invenção do romance: narrativa e mimese no romance grego. Brasília: UnB, 2005.

BUESCU, A. I. Vínculos da memória: Ourique e a fundação do reino. In: CENTENO, Y. K. (Coord.). Portugal: mitos revisitados. Lisboa: Salamandra, 1993. p.9-50.

CAMÕES, L. de. Os Lusíadas. Mem Martins: Europa-América, 1980.

CANDIDO, A. Literatura e sociedade. 7.ed. São Paulo: Nacional, 1985.

———. O discurso e a cidade. São Paulo: Duas Cidades, 1993.

CARVALHO, M. de. A inaudita guerra da Avenida Gago Coutinho. In: ———. A inaudita guerra da Avenida Gago Coutinho e outras histórias. Lisboa: Rolim, 1983. p.23-32.

CASTORIADIS, C. A instituição imaginária da sociedade. Trad. Guy Reynaud. 5.ed. Rio de Janeiro: Paz e Terra, 2000.

CLÁUDIO, M. Peregrinação de Barnabé das Índias. 2.ed. Lisboa: D. Quixote, 1998.

COMPAGNON, A. O mundo. In: ———. O demônio da teoria. Literatura e senso comum. Trad. Cleonice Paes Barreto Mourão e Consuelo Fortes Santiago. Belo Horizonte: Ed. UFMG, 2001. p.97-138.

A FICCIONALIZAÇÃO DA HISTÓRIA 257

COSTA E SILVA, V. Mar português: percursos e meandros de um mito nacional. *Estudos portugueses e africanos*, Campinas, n.42, p.29-44, jul-dez 2003.

CURTO, D. R. O Bastião! O Bastião! (Actos políticos e modalidades de crença, 1578-1603). In: CENTENO, Y.K. (Coord.). *Portugal:* mitos revisitados. Lisboa: Salamandra, 1993. p.139-76.

DALMAZ, C., NETTO, C. A. A memória. São Paulo, *Revista Ciência e Cultura* (SBPC), v.56, n.1, p.30-1, 2004.

DELEUZE, G. *Diferença e repetição.* Trad. Luís Orlandi e Roberto Machado. Rio de Janeiro: Graal, 1988.

DEL PRIORI, M. Tradição. *Folha de S. Paulo,* São Paulo, 21 set. 2003, Mais!, p.9.

DIAS, A., LYRA, P. Paródia: introdução. *Revista Tempo Brasileiro,* Rio de Janeiro, n.68, p.3-5, 1980.

DURAND, G. *O imaginário:* ensaio acerca das ciências e da filosofia da imagem. Trad. René Eve Levié. Rio de Janeiro: Difel, 1998.

_____. *Campos do imaginário.* Trad. Maria João Batalha Reis. Lisboa: Instituto Piaget, 1998.

_____. *Imagens e reflexos do imaginário português.* Trad. Lima de Freitas. Lisboa: Hugin, 2000.

_____. *As estruturas antropológicas do imaginário.* Trad. Hélder Godinho. São Paulo: Martins Fontes, 2001.

EAGLETON, T. *Teoria da literatura:* uma introdução. Trad. Waltensir Dutra. São Paulo: Martins Fontes, 1983.

ECO, U. *Sobre literatura.* 2.ed. Trad. Eliana Aguiar. São Paulo, Rio de Janeiro: Record, 2003.

ELIAS, A. J. *Spatializing History:* representing history in the postmodernist novel. Pittsburgh: The Pennsylvania State University Press, 1991.

ELIADE, M. *Mito e realidade.* Trad. Póla Civelli. São Paulo: Perspectiva, 1972.

ELIADE, M. *O sagrado e o profano.* Trad. Rogério Fernandes. São Paulo: Martins Fontes, 1996.

FARIA, A. *O conquistador.* Rio de Janeiro: Rocco, 1993.

FERRAZ, M. L. A. Ironia romântica. In: BUESCU, H.C. (Coord.). *Dicionário do romantismo literário português.* Lisboa: Caminho, 1997. p.246-9.

FERREIRA, V. Uma língua é o lugar donde se vê o Mundo [...]. In: *Catálogo da exposição "Língua Portuguesa, um oceano de culturas".* Lis-

258 MÁRCIA VALÉRIA ZAMBONI GOBBI

boa: Instituto Camões/Ministério dos Negócios Estrangeiros, 1998. p.29.

FIKER, R. *Mito e paródia*: entre a narrativa e o argumento. Araraquara: Laboratório Editorial da FCL/Unesp; São Paulo: Cultura Acadêmica, 2000.

FRANCO, J. E. Fernando Oliveira, o construtor do mito de Portugal. *Revista Camoniana*. 3ª. série. Bauru (SP): Edusc, v.16, 2004, p.205-237.

FRYE, N. *Anatomia da crítica*. Trad. Péricles Eugênio da Silva Ramos. S. Paulo: Cultrix, 1973.

_____. *Fábulas de identidade*. Estudos de mitologia poética. Trad. Sandra Vasconcelos. São Paulo: Nova Alexandria, 2000.

GADAMER, H. G. e FRUCHON, P. *O problema da consciência histórica*. Rio de Janeiro: FGV, 1998.

GUATTARI, F., ROLNIK, S. *Micropolítica:* cartografias do desejo. 7.ed. Petrópolis: Vozes, 2005.

GUINZBURG, C. *Relações de força*. Trad. Jônatas Batista Neto. São Paulo: Companhia das Letras, 2002.

HALBWACHS, M. *A memória coletiva*. Trad. Laís Teles Benoir. São Paulo: Centauro, 2004.

HALL, S. *A identidade cultural na pós-modernidade*. Trad. Tomás T. da Silva e Guacira L. Louro. Rio de Janeiro, DP&A, 2002.

HELDER, H. Teorema. In: _____. *Os passos em volta*. 5.ed. Lisboa: Assírio e Alvim, 1975. p.117-21.

_____. Lugar lugares. In: _____. *Os passos em volta*. 8.ed. Lisboa: Assírio e Alvim, 2001. p.53-7.

HELLER, A. A estética de Georg Lukács. Trad. Leandro Konder. *Revista Novos Rumos*. São Paulo, ano 1, n.2, p.119-34, 1986.

HERCULANO, A. *História de Portugal*. 9.ed. Lisboa: Bertrand, 19[--]. v.3.

HOBSBAWM, E. *Sobre história*: ensaios. Trad. Cid. Knipel Moreira. São Paulo: Companhia das Letras, 1997.

HOBSBAWM, E., RANGER, T. (Org.). *A invenção das tradições*. 2.ed. Trad. Celina Cardin Cavalcante. São Paulo: Paz e Terra, 1997.

HUTCHEON, L. *Uma teoria da paródia*. Trad. Teresa Louro Perez Lisboa: Ed. 70, 1985.

_____. *Poética do pós-modernismo*: história, teoria, ficção. Trad. Ricardo Cruz. Rio de Janeiro: Imago, 1991.

_____. *Teoria e política da ironia*. Trad. Júlio Jeha. Belo Horizonte: Ed. da UFMG, 2000.

ISER, W. *O fictício e o imaginário*. Perspectivas de uma antropologia literária. Trad. Johannes Kretschmer. Rio de Janeiro: Ed. da UERJ, 1996.

JAMESON, F. O romance histórico ainda é possível? Trad. Hugo Mader. *Novos Estudos Cebrap*, n.77, março 2007, p.185- 203.

JENNY, L. et al. *Intertextualidades*. Trad. Clara Crabbé Rocha. Coimbra: Almedina, 1979.

JOLLES, A. *Formas simples*. Trad. Álvaro Cabral. São Paulo: Cultrix, 1974.

JORGE, L. *A costa dos murmúrios*. Rio de Janeiro: Record, 2004.

KAYSER,W. *Análise e interpretação da obra literária*. Trad. Paulo Quintela. 3.ed. Coimbra: Armênio Amadoed, 1963. v.I. (Introdução à ciência da literatura)

KUJAWSKI, G. M. *A crise do século XX*. 2.ed. São Paulo: Ática, 1991.

LA CAPRA, D. História e romance. *Revista de História*, São Paulo, n.2-3, p.107-24, 1991.

LÄMMERT, E. "História é um esboço": a nova autenticidade narrativa na historiografia e no romance. Trad. Marcus Vinícius Mazzari. *Revista Estudos Avançados*, São Paulo, v.9, n.23, p.289-308, 1995.

LOPES, O. *Os sinais e os sentidos:* literatura portuguesa no século XX. Lisboa: Caminho, 1986.

LOURENÇO, E. *O labirinto da saudade:* psicanálise mítica do destino português. 5.ed. Lisboa: D. Quixote, 1992.

_____. *Mitologia da saudade seguido de Portugal como destino*. São Paulo: Companhia das Letras, 1999.

_____. *A nau de Ícaro e Imagem e miragem da lusofonia*. São Paulo: Companhia das Letras, 2001.

LOWENTHAL, D. *The past is a foreign country*. Cambridge: Cambridge University Press, 1990.

LUKÁCS, G. *Le roman historique*. Trad. Robert Sailley. Paris: Payot, 1965.

_____. Narrar ou descrever? In: _____. *Ensaios sobre literatura*. Trad. Giseh Vianna Konder. Rio de Janeiro: Civilização Brasileira, 1968. p.47-99.

_____. *Teoria do romance*. Trad. Alfredo Margarido. Lisboa: Presença, [196-]

_____. O romance como epopeia burguesa. Trad. Letizia Zini Antunes. *Ad Hominem*, São Paulo, n.1, p.87-136, 1999.

MACEDO, H. *Vícios e virtudes*. Rio de Janeiro: Record, 2002.

260 MÁRCIA VALÉRIA ZAMBONI GOBBI

MARINHO, M. F. *O romance histórico em Portugal*. Porto: Campo das Letras, 1999.

_____. Inventar o passado (O romance histórico da pós-modernidade). *Derivas* – Conferências do Departamento de Línguas e Culturas. Aveiro: Universidade de Aveiro, 2006. p.9-30.

MELO, J. de. *O homem suspenso*. Lisboa: D. Quixote, 1996.

MIELIETINSKI, E.M. *A poética do mito*. Trad. Paulo Bezerra. Rio de Janeiro: Forense Universitária, 1987.

MOURA, V. G. Sobre Agustina e Almeida Faria. *Colóquio Letras*. Lisboa, n.69, p.36-39, 1982.

NIETSZCHE, F. Considerações extemporâneas II – Da utilidade e desvantagem da História para a vida. In: _____. *Obras incompletas*. 2.ed. Trad. Rubens Rodrigues Torres Filho. São Paulo: Abril Cultural, 1978. p.58-70. (Os Pensadores).

NIETSZCHE, F. Verdade e mentira no sentido extramoral. In: _____. *Obras incompletas*. 2.ed. Trad. Rubens Rodrigues Torres Filho. São Paulo: Abril Cultural, 1978. p.45-52. (Os Pensadores).

OLIVEIRA, Á. *O homem suspenso*: a beleza de uma escrita. *Correio do Açores*, p.6, 21 nov. 1996, Suplemento Açoriano de Cultura n.43.

PATLAGEAN, E. A história do imaginário. In: _____. LE GOFF, J. (dir.). *A história nova*. Trad. Eduardo Brandão. São Paulo: Martins Fontes, 2001. p.291-318.

PAZ, O. *O arco e a lira*. Trad. Olga Savary. 2.ed. Rio de Janeiro: Nova Fronteira, 1982.

PERRONE-MOISÉS, L. *Flores da escrivaninha*: ensaios. São Paulo: Companhia das Letras, 1990.

PESSOA, F. *O eu profundo e os outros eus* (seleção poética). Rio de Janeiro: Nova Fronteira, 1986.

RICOUER, P. *Tempo e narrativa*. Trad. Constança Marcondes César. Campinas: Papirus, 1994.

ROCHA, H. M. R. Utopia e distopia em Lobo Antunes. In: DUARTE, L. P. et al. (Org.). *Encontros prodigiosos*. Anais do XVII Encontro de Professores Universitários Brasileiros de Literatura Portuguesa. Belo Horizonte: FALE/UFMG e PUC Minas, 2001. p.391-5. v.1.

RUTHVEN, K. K. *O mito*. Trad. Esther E. H.de BeerMann. São Paulo: Perspectiva, 1997.

SANTILLI, M. A. A obra literária como representação. In: _____. *Arte e representação da realidade no romance português contemporâneo*. São Paulo: Quíron, 1979. p.27-52.

A FICCIONALIZAÇÃO DA HISTÓRIA **261**

SANTOS, B. S. *Pela mão de Alice*: o social e o político na pós-modernidade. São Paulo: Cortez, 1995.

SARAIVA, A. Falando com Jorge de Sena [entrevista]. *O tempo e o modo*. Lisboa, n.59, 1968, p.409-430.

SARAIVA, J. H. *História concisa de Portugal*. Mira-Sintra: Europa-América, 1978.

SARAMAGO, J. *A jangada de pedra*. Lisboa: Caminho, 1986.

_____. *História do cerco de Lisboa*. Lisboa: Caminho, 1989.

_____. História e ficção. *Jornal de Letras, Artes e Ideias*. Lisboa, n.400, 6-12 mar.1990, p.17-20.

SCHELLING, F. W. J. *Ideias para uma filosofia da natureza*. Trad. Carlos Morujão. Lisboa: Imprensa Nacional-Casa da Moeda, 2001.

SCHLEGEL, F. *Conversa sobre a poesia e outros fragmentos*. Trad. Victor Pierre Stirnimann. São Paulo: Iluminuras, 1994.

SECCO, L. *A Revolução dos Cravos e a crise do império colonial português*. São Paulo: Alameda, 2004.

SEIXO, M. A. História do cerco de Lisboa ou a respiração da sombra. *Colóquio Letras*. Lisboa, n.109, p.33-40, 1989.

SENA, J. de. *Estudos de história e de cultura*. Lisboa: Ocidente, 1963. v.I.

_____. *Sinais de fogo*. 2.ed. Lisboa: Edições 70, 1981.

SÉRGIO, A. A conquista de Ceuta (ensaio de interpretação não romântica do texto de Azurara). In: _____. *Ensaios*. 3.ed. Lisboa: Sá da Costa, 1980. p.253-271. v.I.

_____. Interpretação não romântica do Sebastianismo. In: _____. *Ensaios*. 3.ed. Lisboa: Sá da Costa, 1980. p.239-251. v.I.

SEVCENKO, N. A força da história. *Folha de S. Paulo*, 11 jan. 2003. Jornal de Resenhas, p.5.

SILVA, F. L e. A liberdade de imaginar. *Literatura e sociedade*, São Paulo, n.6, p.240-253, 2001-2002.

SILVA, L. de O e. A crítica da virtude heroica no Velho do Restelo. In: CENTENO, Y. K. (Coord.). *Portugal*: mitos revisitados. Lisboa: Salamandra, 1993. p.69-97.

SILVA, T. T. (Org.). *Identidade e diferença*: a perspectiva dos estudos culturais. Petrópolis: Vozes, 2004.

SIMÕES, M. de L. N. *As razões do imaginário*. Salvador: Casa de Jorge Amado/Editus, 1998.

SOUSA, M. L. M. Pedro I de Portugal e Inês de Castro. In: CENTENO, Y. K. (Coord.). *Portugal*: mitos revisitados. Lisboa: Salamandra, 1993. p.52-68.

262 MÁRCIA VALÉRIA ZAMBONI GOBBI

STIERLE, K. *A ficção.* Trad. Luiz Costa Lima. Rio de Janeiro: Caetés, 2006.

TEIXEIRA, I. Literatura como imaginário: introdução ao conceito de poética cultural. *Revista Brasileira,* Rio de Janeiro: Academia Brasileira de Letras, fase VII, ano X, n.37, p.43-67, 2003.

THOMSON, O. *A assustadora história da maldade.* São Paulo: Ediouro, 2002.

TODOROV, T. *A conquista da América:* a questão do outro. São Paulo: Martins Fontes, 2003.

TORGA, M. *A criação do mundo.* Rio de Janeiro: Nova Fronteira, 1996.

TUTIKIAN, J. Os bastidores revelados (as mulheres e as narrativas históricas). XVIII Encontro da ABRAPLIP. *Anais...* Santa Maria: Abraplip, 2003. p.122-128.

WESSELING, E. *Writing history as a prophet:* postmodernist innovations of the historical novel. Amsterdam/Philadelphia: John Benjamins Publishing Company, 1991.

WHITE, H. *Meta-história:* a imaginação histórica do século XIX. Trad. José Laurênio de Melo. São Paulo: Edusp, 1992.

_____. *Trópicos do discurso.* Trad. Alípio Correia de Franca Neto. São Paulo: Edusp, 1994.

Bibliografia consultada

ABDALA JR., B. *Literatura, história e política:* literaturas de Língua Portuguesa no século XX. São Paulo: Ática, 1989.

AGUIAR, F. W., MEIHY, J. C. S. B., VASCONCELOS, S. G. T. (Org.). *Gêneros de fronteira.* São Paulo: Xamã, 1997.

ARISTÓTELES. *Poética.* Trad. Eudoro de Souza. Porto Alegre: Globo, 1966.

ARMSTRONG, K. *Breve história do mito.* São Paulo: Companhia das Letras, 2005.

ARNAUT, A. P. *Post-modernismo no romance português contemporâneo:* fios de Ariadne, máscaras de Proteu. Coimbra: Almedina, 2002.

AUERBACH, E. *Mimesis:* a representação da realidade na literatura ocidental. Trad. George Sperber. São Paulo: Perspectiva/Edusp, 1971.

BAKHTIN, M. *Estética da criação verbal.* Trad. Maria Ermantina Galvão Gomes Pereira. São Paulo: Martins Fontes, 1992.

BARK, W. C. A metamorfose medieval. In: _____. *Origens da Idade Média.* Trad. Waltensir Dutra. Rio de Janeiro: J. Zahar, 1962. p.100-45.

A FICCIONALIZAÇÃO DA HISTÓRIA **263**

BARTHES, R. História ou literatura? In: BARRENTO, J. (Org.). *História literária* – problemas e perspectivas. Trad. Aires Graça e Maria Antónia Amarante Santos. 2.ed. Lisboa: Apaginastantas, 1986. p.46-64.

_____. A escrita do acontecimento. In: _____. *O rumor da língua.* Trad. Mario Laranjeira. São Paulo: Brasiliense, 1988. p 166-71.

BOËCHAT, M. C. et al. (Org.). *Romance histórico*: recorrências e transformações. Belo Horizonte: Fale/UFMG, 2000.

BOLLE, W. *Fisiognomia da metrópole moderna.* Representação da História em Walter Benjamin. São Paulo: Edusp/Fapesp, 1999.

BRITO, B. G. de. *História trágico-marítima* (quatro naufrágios selecionados por Damião Peres). Lisboa: Verbo, 1972.

BRUNEL, P. (Org.). *Dicionário de mitos literários.* Trad. Carlos Sussekind et al. Rio de Janeiro: José Olympioed., 1997.

CAMPBELL, J. *O poder do mito.* Trad. Carlos Felipe Moisés. São Paulo: Palas Athena, 1990.

CANDIDO, A. Ironia e latência. In: BERRINI, B. (Org.). *A ilustre casa de Ramires/Cem anos.* São Paulo: Educ, 2000.

_____. Entre campo e cidade. In: _____. *Tese e antítese.* 4.ed. São Paulo: T. A. Queiroz, 2002. p.29-52.

CARPEAUX, O. M. Canudos como romance histórico. *O Estado de S. Paulo,* São Paulo, 29 nov. 1958, Suplemento Literário.

CARPEAUX, O. M. Formas do romance. *Literatura e sociedade,* São Paulo, n.1, p.114-8, 1996.

CARVALHAL, T. F. Sob a égide do cavaleiro errante. *Revista Brasileira de Literatura Comparada,* v.1, n.8, 2006, p.11-7.

CASSIRER, E. *Linguagem e mito.* São Paulo: Perspectiva, 2000.

CASTELO, J. Inventando a realidade. *Valor,* São Paulo, p.10-3, 12-14 dez.2003.

CENTENO, Y. K. (Coord.). *Portugal:* mitos revisitados. Lisboa: Salamandra, 1993.

CHAUÍ, M. *O que é ideologia.* São Paulo: Brasiliense, 1979.

CHIAPPINI, L. Literatura e História. Notas sobre as relações entre os estudos literários e os estudos historiográficos. *Literatura e sociedade,* São Paulo, n.5, 1991, p.18-28.

DE MARCO, V. Na poeira do romance histórico. BOËCHAT, M. C. et al. (Org.). *Romance histórico:* recorrências e transformações. Belo Horizonte: Fale/UFMG, 2000. p.313-327.

DIAS, M. H. M. A presença de elementos míticos na narrativa de Teolinda Gersão. http://www.teolinda-gersao.com/art_dias_maria_heloisa.htm.

264 MÁRCIA VALÉRIA ZAMBONI GOBBI

DUMEZIL, G. *Do mito ao romance.* Trad. Álvaro Cabral. São Paulo: Martins Fontes, 1992.

DURAND, G. *A imaginação simbólica.* Trad. Liliana Fitipaldi. São Paulo: Cultrix, Edusp, 1988.

ESTEVES, A. R. O novo romance histórico brasileiro. In: ANTUNES, L. Z. (Org.). *Estudos de literatura e linguística.* São Paulo: Arte & Ciência, 1998. p.123-58.

FEHÈR, F. *O romance está morrendo?* Trad. Eduardo Lima. São Paulo, Rio de Janeiro: Paz e Terra, 1997.

FILIZOLA, A. Agustina Bessa-Luís e Inês de Castro: nem história nem ficção. In: IANNONE, C. A., GOBBI, M. V. Z., JUNQUEIRA, R. S. (Org.). *Sobre as naus da iniciação:* estudos portugueses de literatura e história. São Paulo: Ed. Unesp, 1991. p.119-34.

FREITAS, M. T. de. *Literatura e história:* o romance revolucionário de André Malraux. São Paulo: Atual, 1986.

FREITAS, M. T. de. Romance e História. *Uniletras,* Ponta Grossa, n.11, p.109-18, 1989.

FRIEDMAN, N. O ponto de vista na ficção. Trad. Fábio Fonseca de Melo. *Revista USP,* São Paulo, n.53, p.166-82, 2002.

FRYE, N. *The secular scripture:* a study of the structure of romance. Massachusetts: Harvard University Press, 1978.

GENETTE, G. Fronteiras da narrativa. In: _____ et al. *Análise estrutural da narrativa.* Trad. Maria Zélia Barbosa Pinto. 2.ed. Petrópolis: Vozes, 1971. p.255-74.

GIRARDET, R. O Salvador. In: _____. *Mitos e mitologias políticas.* Trad. Maria Lúcia Machado. São Paulo: Companhia das Letras, 1987.

GOBBI, M. V. Z. Relações entre ficção e história: uma breve revisão teórica. *Itinerários,* Araraquara, n.22, p.37-57, 2004.

GUINZBURG, C. Apontar e citar: a verdade da História. *Revista de História,* São Paulo, n.2-3, p.39-46, 1991.

HAMON, P. O que é uma descrição? In: VAN ROSSUM-GUYON, F. (Org.). *Categorias da narrativa.* Trad. Fernando Cabral Martins. Lisboa: Arcádia, 1976. p.61-83.

HEGEL. *Estética VII.* Trad. Orlando Vitorino. Lisboa: Guimarães, 1964.

HEISE, E. (Org.). *Fundadores da modernidade na literatura alemã.* São Paulo: FFLCH/USP, 1994.

HERCULANO, A. *Lendas e narrativas.* 16.ed. Lisboa: Bertrand; Rio de Janeiro: Francisco Alves, 19[--]. v.2, p.81-102.

HOBSBAWM, E. O ressurgimento da narrativa: alguns comentários. *Revista de História,* São Paulo, n.2-3, p.91-106, 1991.

A FICCIONALIZAÇÃO DA HISTÓRIA   265

HOLANDA, S. B. *Visão do paraíso*. 6.ed. São Paulo: Brasiliense, 1994.

HUIZINGA, J. *Homo ludens*: o jogo como elemento da cultura. Trad. João Paulo Monteiro. São Paulo: Perspectiva, 2000.

HUIZINGA, J. *O declínio da Idade Média*. Trad. Augusto Abelaira. Lisboa-Rio de Janeiro: Ulisseia, 19[--].

JABOUILLE, V. *Do mythos ao mito*: uma introdução à problemática da mitologia. Lisboa: Cosmos, 1993.

JOBIM, J. L. Desconstruindo a diferença. Narrativa, estória, história. Limites: *Anais do 3º. Congresso da ABRALIC*. Niterói: Abralic; São Paulo: Edusp, 1995. v.1, p.793-9.

KRISTEVA, J. *Estrangeiros para nós mesmos*. Trad. Maria Carlota Carvalho Gomes. Rio de Janeiro: Rocco, 1993.

LANCIANI, G., TAVANI, G. *Dicionário da literatura medieval galega e portuguesa*. Lisboa: Caminho, 1983.

LEFEBVE, M. J. Literatura-sociedade-história. In: _____. *Estrutura do discurso da poesia e da narrativa*. Trad. José Carlos Seabra Pereira. Coimbra: Almedina, 1975. p.263-92.

LENHARDT, J., PESAVENTO, S. J. (Org.). *Discurso histórico e narrativa literária*. Campinas: Edunicamp, 1998.

LIMA, L. C. A questão da narrativa. 34 Letras, Rio de Janeiro, n.4, p.90-98, junho 1989.

_____. *Mímesis*: desafio ao pensamento. Rio de Janeiro: Civilização Brasileira, 2000.

_____. *História. Ficção. Literatura*. São Paulo: Companhia das Letras, 2006.

LOPES, E. Formação do pensamento científico no século XX. In: _____. *A identidade e a diferença*. São Paulo: Edusp, 1997. p.171-80.

LOPES, F. *Crônicas*. Rio de Janeiro: Agir, 1968.

LÖWY, M. *Walter Benjamin*: aviso de incêndio – uma leitura das teses "sobre o conceito de história". Trad. Wanda Nogueira Caldeira Brant et al. São Paulo: Boitempo, 2005.

LUKÁCS, G. Alegoria y símbolo. In: _____. *Estética*. Trad. Manuel Sacristán. Barcelona/México-DF: Grijalbo, 1967. v.I, p.423-74.

MAGALHÃES, B. História e representação literária: um caminho percorrido. *Revista Brasileira de Literatura Comparada*, n.6, p.67-81, 2002.

MATOS, C. N. Singular e/ou plural. *34 Letras*, Rio de Janeiro, n.4, p.120-33, jun. 1989.

MELETINSKI, E. M. *Os arquétipos literários*. Trad. Aurora Fornoni Bernardini, Homero Freitas de Andrade e Arlete Cavalieri. Cotia: Ateliê, 1998.

266 MÁRCIA VALÉRIA ZAMBONI GOBBI

MENARD, J. Luckács et la théorie du roman historique. *La Nouvelle Revue Française*. Paris, n.236, p.229-38, 1972.

MELLO, A. M. L. de. Os estudos do imaginário. In: _____. *Poesia e imaginário*. Porto Alegre: Ed. PUCRS, 2002.

NATALI, M. P. *A política da nostalgia*: um estudo das formas do passado. São Paulo: Nankin, 2006.

NUNES, B. Narrativa histórica e narrativa ficcional. In: RIEDEL, D. C. *Narrativa, Ficção & História*. Rio de Janeiro: Imago, 1988. p.9-35.

OSAKABE, H. A pátria de Inês de Castro. In: IANNONE, C. A., GOBBI, M. V. Z., JUNQUEIRA, R. S. (Org.). *Sobre as naus da iniciação*: estudos portugueses de literatura e história. São Paulo: Ed. Unesp, 1998.p.105-17.

PAZ, O. *Os filhos do barro*. Trad. Olga Savary. Rio de Janeiro: Nova Fronteira, 1984.

PERRONE-MOISÉS, L. A intertextualidade crítica. In: _____ et al. *Intertextualidades*. Coimbra: Almedina, 1979. p.209-30.

PINTO, F. M. *Peregrinação*. Porto: Lello & Irmão, 19[--]. 2v.

PESAVENTO, S. J. (Org.). *Leituras cruzadas*: diálogos da história com a literatura. Porto Alegre:ed.UFRS, 2000.

PLATÃO. *A república*. Trad. M. Helena da Rocha Pereira. 3.ed. Lisboa: Fundação Calouste Gulbenkian, 1980. (Livro X).

REYES, G. *Polifonía textual*: la citación en el relato literario. Madri: Gredos, 1984.

RIBEIRO, M. C. *Uma história de regressos*: Império, guerra colonial e pós-colonialismo. Porto: Afrontamento, 2004.

QUEIRÓS, E. de. *A ilustre casa de Ramires*. São Paulo: Brasiliense, 1973.

RIEDEL, D.C. (Org.). *Narrativa*: ficção e história. Rio de Janeiro: Imago, 1998.

ROSENFELD, A. Reflexões sobre o romance moderno. In: _____. *Texto/contexto*. São Paulo: Perspectiva, 1969. p.73-95.

SANTOS, M. I. R. S., RIBEIRO, A. S. (Org.). *Entre ser e estar*. Raízes, discursos e percursos de identidade. Porto: Afrontamento, 2002.

SCHNAIDERMAN, B. Tempo. Literatura. História. Algumas variações. *Literatura e sociedade*, São Paulo, n.5, 1991, p.12-7.

SERRÃO, J. *Do sebastianismo ao socialismo*. Lisboa: Livros Horizonte, 1983.

SMOLKA, A.L.B. *A memória em questão*: uma perspectiva histórico-cultural. http://www.scielo.br.

VANOOSTHUYSE, M. *Le roman historique*: Mann, Brecht, Döblin. Paris: PUF, 1996.

A FICCIONALIZAÇÃO DA HISTÓRIA   267

VERNANT, J.-P. A bela morte e o cadáver ultrajado. Trad. Elisa A. Kossovitch e João A. Hansen. In: RIBEIRO, R. J. (Dir.). *Discurso*. São Paulo: LECH/USP, n.9, p.31-62, 1978.

_____. Razões do mito. In: _____. *Mito e sociedade na Grécia Antiga*. Rio de Janeiro: J. Olympio, 1992. p.171-221.

VEYNE, P. *Como se escreve a História*. Foucault revoluciona a História. Trad. Alda Baltar e Maria Auxiliadora Kneipp. Brasília: Ed. UnB, 1982.

WATT, I. O realismo e a forma romance. In: _____. *A ascensão do romance:* estudos sobre Defoe, Richardson e Fielding. Trad. Hildegard Feist. São Paulo: Companhia das Letras, 1990. p.11-33.

_____. *Mitos do individualismo moderno:* Fausto, D. Quixote, D. Juan, Robinson Crusoe. Trad. Mario Pontes. Rio de Janeiro: J. Zahar, 1997.

WEINHARDT, M. Considerações sobre o romance histórico. *Revista Letras*, Curitiba, n.43, p.43-9, 1994.

WILLIAMS, R. *Cultura*. Trad. Lólio Lourenço de Oliveira. Rio de Janeiro: Paz e Terra, 1992.

ZILBERMAN, R. O aproveitamento do caudal de mitologias. In: _____. *Do mito ao romance:* tipologia da ficção brasileira contemporânea. Porto Alegre: UCS-EST, 1977. p.15-89.

_____. Romance histórico – história romanceada. *Quinto Império*: revista de cultura e literaturas de língua portuguesa, Salvador, n.1, p.11-27, 1997.

SOBRE O LIVRO

Formato: 14 x 21 cm
Mancha: 23,7 x 42,5 paicas
Tipologia: Horley Old Style 10,5/14
Papel: Offset 75 g/m² (miolo)
Cartão Supremo 250 g/m² (capa)
1ª edição: 2011

EQUIPE DE REALIZAÇÃO

Coordenação Geral
Marcos Keith Takahashi

202305030400596